JN300760

マクロ経済動学

マクロ経済動学

Macroeconomic Dynamics

西村和雄　矢野　誠

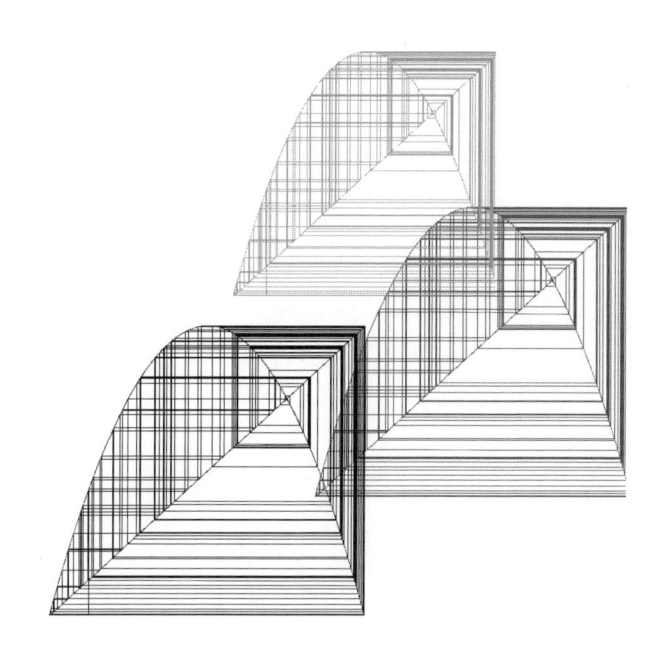

岩波書店

序

　1970年代から，アメリカの大学院の授業で講義されるマクロ経済学の内容は大きく変わってきた．それまでの授業がIS-LM分析で代表されるような均衡を逸脱したマクロ経済モデルを基礎に展開されていたのに対し，動学的経路そのものを均衡(動学的均衡)としてとらえる分析手法に焦点がおかれるようになってきたからである．また，数学の分野で急速に発展しつつあった複雑系・非線形動学の理論が動学的均衡分析に導入され，ビジネス・サイクルなどマクロ的経済変動に関する研究も大きく進歩した．

　そのようなアメリカでの教育のあり方の変化や最先端のマクロ経済動学の変化にも関わらず，現代のマクロ経済学を基礎理論から複雑系・非線形動学分析にまたがり体系的に紹介する教科書は存在せず，この分野の大学院の授業は，学術誌に発表された論文をたどってゆく以外に方法がなかった．そこで，我々は，1970年代から現代までの動学的均衡分析の発展を踏まえて，学部上級から大学院にかけてのマクロ経済学の教科書として，本書を著すことにしたのである．

　複雑系・非線形動学の理論では，カオスとよばれる現象がよく知られている．数学として，その言葉が初めて用いられたのは，1975年のリーとヨークの論文(Li and Yorke 1975)である．それ以前にも，カオスはいろいろな分野の研究者によって発見されていた．中でも，1960年代初めの気象学におけるエドワード・ローレンツ，電気工学における上田睆亮，1970年代の数理生態学におけるロバート・メイの研究が有名である．

　カオスを始めとする複雑系分析は，数学以外の広い分野にわたって理論的な影響を与えてきた．カオスは，気象の変化，生物の個体数の変動，惑星の動き，乱数，心電図などの日常の中に発見できる現象で，その理論は極めて直観的で実用的であるからである．この意味で，相対性理論，量子力学に並ぶ，20世紀の科学の三大発見の1つだとして言いきる科学者もいる．

　本書では，現代のマクロ経済学で用いられている最も標準的なモデルを基に

した経済動学モデルによって，非線形動学的な見地から，均衡理論を展開し直してゆく．本書の前半部分では，動学的均衡モデルにおける大域的安定性を，後半部分では，動学的均衡が振動したり，周期性をもったり，カオス的振る舞い，そして，複雑系としての動きをするケースについて議論する．

　本書は，我々が，大学，大学院で講義をしてきた講義ノートを基にしてつくられた．最初の原稿が書かれたのは 1993 年で，『経済セミナー』(日本評論社，1993 年 4 月号～94 年 3 月号) に 12 回にわたって連載された．また，本書は 1997 年以来，我々が関わってきた COE プロジェクトの産物でもある．

　その間に，均衡動学理論の新たな発展を加え，修正を重ねて，今日にいたっている．また，多くの学生から，様々なコメントがよせられ，内容も改訂されてきた．最初の頃の原稿を用いて学んだ大学院生は，既に大学院を修了して，アメリカや日本の大学で教鞭をとっている．本書の改善に貢献した人達の名前を挙げてゆくと，きりがない．学生から学ぶことは，教師に許された特権と考え，特に名前を挙げるのは，差し控えることにした．

　ただ，出版準備の最後の段階で，京都大学経済研究所の前研究員近藤豊将氏（あつまさ）(現広島大学助教) には索引を作成して頂き，現研究員の松尾美紀氏には Tex ファイルで原稿を改善して頂き，現研修員の堀勝彦氏には表紙のデザインを提供して頂いたことに，お礼を申し上げたい．また，本書の編集を担当して下さった岩波書店の髙橋弘氏にも感謝の意を表したい．

　経済学者としての我々の DNA は，若いころに学んだ教育の中で受け継いだものである．とりわけ，ロチェスター大学大学院時代の博士論文の指導教授であり，経済動学研究の手ほどきをして下さったライオネル・マッケンジー教授には，この場を借りて心からお礼を申し上げたい．

　本書をきっかけとして経済学研究に関心をもつ読者が出てくるなら，それが我々が受けてきた教育に対するご恩返しとなるのではないかと考えている．

　　2007 年 8 月

　　　　　　　　　　　　　　　　　　　　　　　西村和雄・矢野　誠

目 次

序

第1章 生産と消費 ... 1
- 1.1 生産の構造 ... 2
- 1.2 生産関数の性質 ... 2
- 1.3 凹関数 ... 5
- 1.4 準凹関数 ... 6
- 1.5 CES 生産関数 ... 8
- 1.6 1人当たりに正規化された関数 ... 9
- 1.7 完全競争下での条件 ... 10
- 1.8 消費財の供給 ... 11
- 1.9 効用関数の性質 ... 12

第2章 ソローの成長モデル ... 17
- 2.1 新古典派成長モデル ... 18
- 2.2 動学化 ... 19
- 2.3 仮定の再検討 ... 21
- 2.4 資本蓄積の黄金律 ... 22
- 2.5 局所的安定性 ... 24
- 2.6 1階の差分方程式 ... 27
- 2.7 2階の差分方程式 ... 30
- 2.8 n 階の差分方程式と1階の連立差分方程式 ... 32

第3章 動学的競争モデル ... 37
- 3.1 動学的一般均衡 ... 38
- 3.2 一般均衡モデルから最適成長モデルへ ... 41

3.3	最適性原理	46
3.4	長期均衡	48
3.5	動学的均衡モデルにおける利子率	49
3.6	逆向きの帰納法の意味	51

第4章 最適成長モデル … 57

4.1	1部門モデル	58
4.2	解の性質	58
4.3	最適性の十分条件	62
4.4	長期均衡の安定性	65

第5章 動学的最適モデルの応用 … 73

5.1	動学的一般均衡と中立性命題	74
5.2	最適成長と準中立性命題	78
5.3	既約型効用関数モデル	83

第6章 ターンパイク定理と大域的安定性 … 87

6.1	動学的均衡の必要条件	88
6.2	双対軌道	90
6.3	微分可能なケース	96
6.4	定常軌道	98
6.5	経済モデル	101
6.6	ターンパイク定理と大域的安定性	102
6.7	最適軌道の存在，最適動学関数・価値関数の連続性	112
6.8	補論：定理 6.4 の証明	126

第7章 連続時間モデル … 129

7.1	1部門モデル	130

7.2 変分法 ……………………………………………………… 132
7.3 位相図による解析 …………………………………………… 135
7.4 局所的安定性 ………………………………………………… 139
7.5 価値関数と最適性原理 ……………………………………… 141
7.6 最適軌道の分析 ……………………………………………… 144
7.7 最大値原理 …………………………………………………… 146
7.8 オイラー方程式と最大値原理 ……………………………… 148

第8章 非線形動学と局所分岐 …………………………… 151

8.1 定常解の分岐 ………………………………………………… 152
   8.1.1 鞍状結節分岐 …………………………………………… 153
   8.1.2 交叉安定性分岐 ………………………………………… 155
   8.1.3 熊手型分岐 ……………………………………………… 158
8.2 より複雑な解の分岐 ………………………………………… 161
   8.2.1 倍周期分岐 ……………………………………………… 161
   8.2.2 ホップ分岐 ……………………………………………… 166

第9章 経済の均衡動学と分岐 …………………………… 171

9.1 動学的均衡の性質 …………………………………………… 172
9.2 局所的安定性 ………………………………………………… 177
9.3 定常解の分岐 ………………………………………………… 180
9.4 ワイツマン＝サミュエルソン・モデルの大域的分析 … 186
   9.4.1 定常解の値 ……………………………………………… 187
   9.4.2 定常解が不安定に変わる ρ の値 …………………… 187
   9.4.3 周期解の存在 …………………………………………… 188
9.5 サザーランド・モデルの大域的分析 ……………………… 194
   9.5.1 効用関数の性質 ………………………………………… 194
   9.5.2 定常解と安定性 ………………………………………… 195
   9.5.3 内部周期解 ……………………………………………… 196
   9.5.4 右下がりの関数 g の形状 …………………………… 198

第10章　非線形動学とカオス … 201

- 10.1　一般の周期解の存在 … 202
- 10.2　周期解の安定性 … 206
- 10.3　位相的カオス … 209
- 10.4　不変測度とエルゴード性 … 212
- 10.5　エルゴード・カオス … 215
- 10.6　リアプノフ指数 … 217
- 10.7　エルゴード・カオスを生む十分条件 … 219
  - 10.7.1　拡大的写像 … 219
  - 10.7.2　シュワルツ導関数が負の関係 … 223

第11章　動学的均衡としてのカオス … 231

- 11.1　最適経路の単調性と循環 … 232
- 11.2　逆問題 … 235
- 11.3　位相的カオス … 243
- 11.4　資本の減価償却率とカオス … 251
- 11.5　割引因子の役割 … 253

第12章　2部門モデルとカオス … 257

- 12.1　社会的生産関数 … 258
- 12.2　2部門最適モデル … 264
- 12.3　その他の2部門モデル … 270
- 12.4　エルゴード・カオス … 273

第13章　その他の均衡動学モデル … 287

- 13.1　外部効果をもつ2部門モデル … 288
- 13.2　S字型生産関数をもつ最適成長モデル … 297
  - 13.2.1　$f'(0) > \rho^{-1}$ の場合 … 303
  - 13.2.2　$f'(0) < \rho^{-1} < \max[f(k)/k]$ の場合 … 303

13.2.3　$\max[f(k)/k]<\rho^{-1}$ の場合 ·························· 307
関連図書 ·· 309
索　引 ·· 315

第1章　生産と消費

　本章では，マクロ経済の動学的均衡分析において繰り返し用いられる生産関数と効用関数の基本的性質を確認する．

　一般に，マクロ経済の基本的なモデルは生産と消費のモデルに立脚する．生産要素を利用して生産を行い，生産物を消費に供するというのが経済の基本的な構造だからである．一方で，静学的経済学では，生産要素から生産物が生産され，それが消費されるというプロセスに分析の焦点が置かれる．そのため，資本や労働は賦存量が外生的に定まっている本源的生産要素であると仮定される．他方で，動学的経済学では，資本の再生産のプロセスも含めて分析が進められる．資本は中間的な生産要素としてとらえられ，投資を通じて，そのレベルが調節できると仮定される．企業の動学的利潤最大化行動を通じて，生産物の供給量や資本蓄積のための投資資金への需要が決定される．投資資金の供給を決定するのは貯蓄である．消費と貯蓄は表裏一体の関係にあり，動学的均衡分析では消費に関する消費者の意思決定と貯蓄に関する消費者の意思決定は同一の行動であるとみなされる．

　動学的均衡経路は生産の技術と消費への選好に規定される．本書では，生産要素から生産物が形成されるプロセスを生産関数によって記述し，消費財から効用が生み出されるプロセスを効用関数によって記述する．

1.1 生産の構造

マクロ経済学では,国内総生産 Y が,消費 C と投資 I に等しいことを均衡条件とする.

$$Y = C+I \tag{1.1}$$

投資 I は,次期の資本ストック K を増加させるために用いられる.増加した資本ストックは,労働と共に,次期の生産のために用いられる.(1.1)式は,静学的なマクロモデルの均衡条件である.これを動学化するためには,次期の資本ストックと労働が,生産高を決める過程を明示的に表現する必要がある.

生産関数は,資本ストック K と労働 L の投入量と,生産物 Y との関係を表わすものである.ここで,K と L は,集計的な変数である.もちろん,集計された変数を用いずに,異なる企業(あるいは産業)の資本ストックと雇用量を区別して,生産活動を,一般均衡理論的に,記述することも可能である.しかし,それでは,経済をマクロ的にとらえることが難しくなるので,できる限り単純化して,生産面をとらえることにする.集計量を用いるのは,その1つの方法である.

そこで,経済の生産過程が,

$$Y = F(K, L) \tag{1.2}$$

という,生産関数で表わされるとしよう.

1.2 生産関数の性質

資本ストック量 K および総労働量 L は,非負であり,生産物の量 Y も非負である.したがって,生産関数 $F(K,L)$ は非負象限 $\mathbb{R}^2_+$ から,非負象限への関数である[1].しかも,投入量が 0 であれば,生産量も 0 であると考えられ

---

[1] $\mathbb{R}^n_+ = \{(x_1, \cdots, x_n) | x_1 \geq 0, \cdots, x_n \geq 0\}$, $\mathbb{R}^n_{++} = \{(x_1, \cdots, x_n) | x_1 > 0, \cdots, x_n > 0\}$ と定義する.

るので，

A1 （no free lunch） $F(0,0)=0$

と仮定される．この仮定は**桃源郷の不可能性**（Impossibility of the land of Cockaigne's）ともよばれている．

次に，投入量を増加させるなら，生産量も増加する，あるいは，減少することはない，という仮定をおく．

A2 (i) $K'≥K, L'≥L$ ならば $F(K',L')≥F(K,L)$
  (ii) $K'>K, L'>L$ ならば $F(K',L')>F(K,L)$

なお，生産関数 $F(K,L)$ は非負象限 $\mathbb{R}_+^2$ 上で，連続関数となることを，本書を通じて仮定する．また，微分可能性についても，さしつかえがない限り仮定してゆく[2]．

偏微分を用いるなら，A2(i) は，$F_K≥0, F_L≥0$ すなわち K, L の限界生産物が非負という仮定で，おきかえることができる[3]．

更に，生産技術は，すべての投入物の量を2倍にすれば，生産物の量も2倍となり，逆に，投入量を $\frac{1}{2}$ 倍にすれば，生産量も $\frac{1}{2}$ 倍となるような性質をもつと仮定する．つまり，より一般的には，

A3 （1次同次性）任意の $\lambda>0$ に対して，$\lambda F(K,L)=F(\lambda K,\lambda L)$

と仮定する．この性質をもつ関数は，1次同次関数とよばれる[4]．図1-1と図1-4でわかるように，1次同次関数を，3次元の曲面で表わすと，(K,L)平面上にあり，原点を通る任意の直線 r に従って，投入物が増加すると共に，生産量は曲面上の直線 OR に従って，比例的に増加する．

---

2) 図1-5のレオンチェフ型の生産関数 $Y=\min\{K,L\}$ では，$K=L$ になる点で，微分可能性がみたされない．
3) ここで，$F_K=\frac{\partial F}{\partial K}, F_L=\frac{\partial F}{\partial L}$ とおいてある．
4) 関数 $f(x_1,\cdots,x_n)$ が次の性質をみたすとき，ℓ 次同次であるという．
$$\lambda^\ell f(x_1,\cdots,x_n)=f(\lambda x_1,\cdots,\lambda x_n)$$
なお，ℓ 次同次関数について，$\lambda=0$ とおくと，$0=f(0,\cdots,0)$ が成立する．よって，A3を仮定すれば，連続関数である限り，A1を仮定する必要がない．

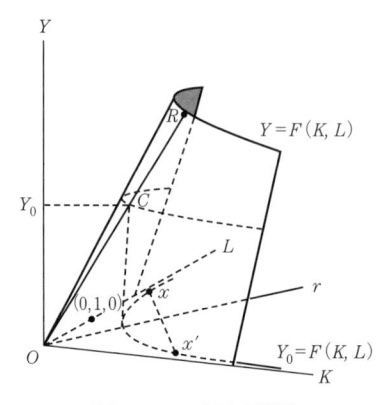

図 1-1　1次同次関数

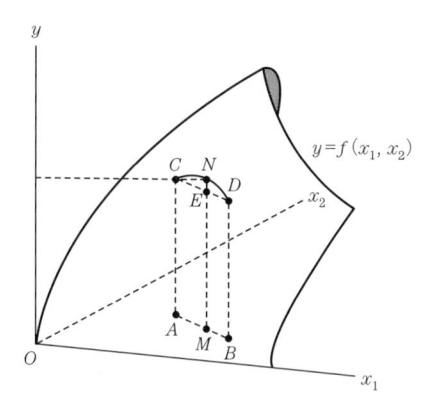

図 1-2　強い意味の凹関数

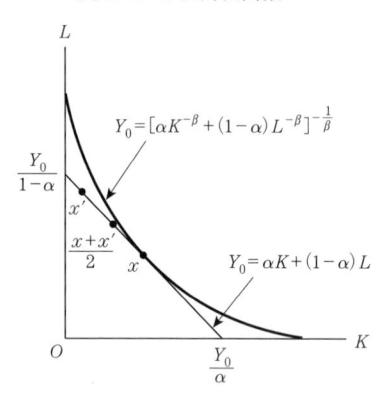

図 1-3　生産関数の等量曲線，$-1\leq\beta<0$

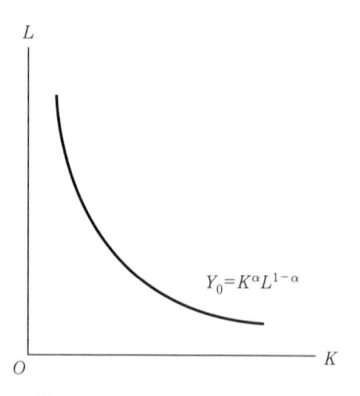

図 1-4　コブ・ダグラス型生産関数の等量曲線，$\beta=0$

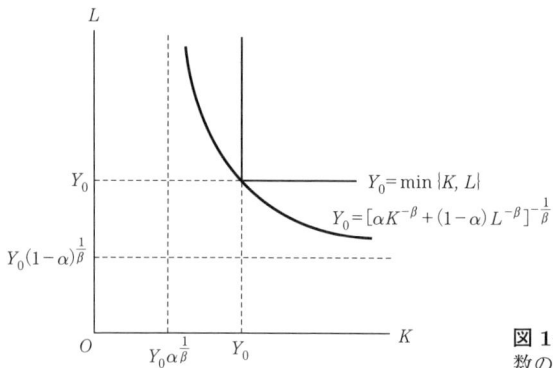

図 1-5　レオンチェフ型生産関数の等量曲線，$\beta>0$

一定の生産量 Y を生産する投入物の組み合わせは (K, L) 平面上の曲線をなす．これを等産出量曲線あるいは等量曲線とよぶ．図 1-1 では，等量曲線は，原点に対して強く凸となっている．このような性質を定義するための準備として，凹関数と準凹関数を，下で説明しておこう．

1.3 凹関数

一般的に凸集合上で定義された関数 $y=f(x_1, \cdots, x_n)$ を考えよう．ここで，$\bm{x}=(x_1, \cdots, x_n)$ とおく．任意の異なる 2 点 $\bm{x}$, $\bm{x}'$ での関数の値を，$y=f(\bm{x})$, $y'=f(\bm{x}')$ とおく．$\bm{x}$ と $\bm{x}'$ を結ぶ線分上の中点 $\bm{x}^*=\frac{1}{2}(\bm{x}+\bm{x}')$ における関数の値が，常に $\frac{1}{2}(y+y')$ より大きいか少なくとも等しい場合に，f は**凹関数**とよばれる．$\bm{x}^*$ における関数の値が，常に $\frac{1}{2}(y+y')$ より大きい場合に，f は**強い意味の凹関数**とよばれる．

定義 1.1 任意の異なる 2 点 $\bm{x}$, $\bm{x}'$ と任意の $0<\lambda<1$ に対して，

$$f(\lambda\bm{x}+(1-\lambda)\bm{x}') \geq \lambda f(\bm{x})+(1-\lambda)f(\bm{x}') \tag{1.3}$$

が成り立つとき，f は凹関数である．

定義 1.2 任意の異なる 2 点 $\bm{x}$, $\bm{x}'$ と任意の $0<\lambda<1$ に対して，

$$f(\lambda\bm{x}+(1-\lambda)\bm{x}') > \lambda f(\bm{x})+(1-\lambda)f(\bm{x}') \tag{1.4}$$

が成り立つとき，f は強い意味の凹関数である．

図 1-2 は，強い意味の凹関数の例である．点 A, B とその中点 M における関数の値は，曲面上の点 C, D と N の高さで表わされる．N が線分 CD の中点 E より上方にあることがわかるであろう．このように，強い意味の凹関数は，強い意味で上に凸の曲面で表わされる．また，f が強い意味の凹関数であれば，凹関数でもあることは，定義 1.1, 定義 1.2 から明らかである．しかし，すべての凹関数が，強い意味の凹関数となるわけではない．図 1-1 の例では，

関数 F は，上に凸の曲面で表わされている．しかし，底面上の原点を通る直線 r 上の値と対応する曲面上の値は，直線 OR 上にある．これは，r 上に2点 $\boldsymbol{x}, \boldsymbol{x}'$ をとると，定義 1.1 の広義の不等号が等号で成立することを意味している．したがって，図 1-1 の関数 F は，凹関数であって，強い意味の凹関数ではない例である．

1.4 準凹関数

次に，等量曲線の形状を考えてみよう．図 1-1 と図 1-3〜1-5 を見てほしい．すべて，等量曲線は，原点に対し凸形をなしている．いいかえると，等量曲線に異なる2点 $\boldsymbol{x}, \boldsymbol{x}'$ と，その中点 $\frac{1}{2}(\boldsymbol{x}+\boldsymbol{x}')$ をとると，中点は同じ等量曲線上もしくはより高い等量曲線上にある．生産関数が，このような性質をもつことは次のような理由による．いま，投入量 (K, L) と (K', L') が共に生産量 Y を生みだすとしよう．このとき，1次同次性から投入量 $\left(\frac{K}{2}, \frac{L}{2}\right)$ と $\left(\frac{K'}{2}, \frac{L'}{2}\right)$ を用いて，共に $\frac{Y}{2}$ の財を生産することが可能である．したがって，$\left(\frac{K+K'}{2}, \frac{L+L'}{2}\right)$ を投入するなら，少なくとも Y の量を生産することが可能でなければならないのである．

以上の性質をもう少し一般的に表現すると次のようになる．

定義 1.3 $f(\boldsymbol{x}') \geq f(\boldsymbol{x})$ なる任意の異なる2点 $\boldsymbol{x}, \boldsymbol{x}'$ と任意の $0 < \lambda < 1$ に対して，

$$f(\lambda \boldsymbol{x}+(1-\lambda)\boldsymbol{x}') \geq f(\boldsymbol{x}) \tag{1.5}$$

となるとき，f は準凹関数である．

図 1-1 および図 1-4 の等量曲線と図 1-3 および図 1-5 の等量曲線を比較すると，図 1-1 と図 1-4 においては，$\boldsymbol{x}$ と $\boldsymbol{x}'$ の中点では，$\boldsymbol{x}$ や $\boldsymbol{x}'$ よりも高い等量曲線上にある．一方，図 1-3 の線形の等量曲線や図 1-5 の L字型の等量曲線においては，$\boldsymbol{x}$ と $\boldsymbol{x}'$ の選び方次第では，$\boldsymbol{x}$ と $\boldsymbol{x}'$ の中点も，同じ等量曲線上に位置している．図 1-1 と図 1-4 の等量曲線は，原点に対して強く凸で

あり，図 1-3 と図 1-5 の線形あるいは L 字型の等量曲線は，原点に対して凸ではあるが，強く凸ではないことになる．定義 1.3 の意味で，共に準凹関数である図 1-1, 図 1-3〜1-5 のケースのうち，図 1-1 と図 1-4 のみを，強い意味の準凹関数とよぶ．

定義 1.4 $f(\boldsymbol{x}') \geq f(\boldsymbol{x})$ なる任意の異なる 2 点 $\boldsymbol{x}, \boldsymbol{x}'$ と任意の $0<\lambda<1$ に対して，

$$f(\lambda\boldsymbol{x}+(1-\lambda)\boldsymbol{x}') > f(\boldsymbol{x}) \tag{1.6}$$

となるとき，f は強い意味の準凹関数である[5]．

さて，ここで，生産関数の性質に戻ると，1 次同次性 A3 をみたすので，生産関数は，強い意味の凹関数にはならず，凹関数となるのみである．そこで，生産関数については，通常は，

A4 $F(K, L)$ は凹関数である．

あるいは，

A4′ $F(K, L)$ は強い意味の準凹関数である．

ことが仮定される．F が連続性に加えて A2, A3, A4′ をみたせば，A4 がみたされ，かつ，$\frac{K}{L} \neq \frac{K'}{L'}$ なる 2 点 (K, L) と (K', L') とについて，

$$F(\lambda K+(1-\lambda)K', \lambda L+(1-\lambda)L') > \lambda F(K, L)+(1-\lambda)F(K', L')$$

が成り立つことが証明される[6]．

---

[5] f が凹関数であれば，それは準凹関数ともなる．また，f が強い意味の凹関数であれば，それは強い意味の準凹関数ともなる．

[6] これは，一般の n 変数の場合も成り立つ．その証明は，Khang, C., and Y. Uekawa (1973), "The Production Possiblility Set in a Model Allowing Interindustry Flows," *Journal of International Economics*, vol.3, pp.283-290 の注 4，あるいは，西村和雄 (1990)『ミクロ経済学』東洋経済新報社，203 頁を参照せよ．

1.5 CES 生産関数

1次同次関数の例として，経済学でよく用いられる関数の例を説明しよう．まず，$0<\alpha<1$, $-1\leq\beta$, $\beta\neq 0$ に対して定義される，

$$Y = \left[\alpha K^{-\beta}+(1-\alpha)L^{-\beta}\right]^{-\frac{1}{\beta}} \tag{1.7}$$

を CES 関数とよぶ[7]．CES 関数の定義式から，以下の3つの関数が特殊ケースとして導かれる．

(1.7)式で，$\beta=-1$ とおくと，線形関数，

$$Y = \alpha K+(1-\alpha)L \tag{1.8}$$

が得られる．この関数の等量曲線は，図 1-3 に描かれているように，右下がりの直線である．図 1-3 では，等量曲線が，横軸，縦軸とそれぞれ，$K=\frac{Y_0}{\alpha}$，$L=\frac{Y_0}{1-\alpha}$ で交わっている．同様に，CES 関数においても，$-1<\beta<0$ ならば，CES 関数の等量曲線は座標軸と交わる．これは，K, L の一方が0となっても，他の一方の財のみの投入によって，生産ができることを意味する．

(1.7)式で，β を0に近づけてゆくと，CES 関数は，コブ・ダグラス型関数，

$$Y = K^{\alpha}L^{1-\alpha} \tag{1.9}$$

に近づいてゆく．この関数の等量曲線は，原点に対し強い凸状の形を成し，座標軸と交わることがない(図 1-4)．したがって，投入物 K あるいは L の一方が0であれば，生産量も0となる．

最後に，β を無限大にもってゆくと，CES 関数はレオンチェフ型生産関数，

$$Y = \min\{K, L\} \tag{1.10}$$

---

[7] CES 関数の CES は，代替の弾力性一定を意味する constant elasticity of substitution のイニシャルをとったものである．代替の弾力性の定義については，必要が生じた箇所で触れることにする．

に近づいてゆく[8]．図 1-5 の L 字型の実線は，レオンチェフ型関数の等量曲線である．これは，$K=Y_0$, $L=Y_0$ でそれぞれ垂直，水平な半直線から成る．CES 関数も $\beta>0$ のケースの等量曲線は，$K=Y_0\alpha^{\frac{1}{\beta}}$, $L=Y_0(1-\alpha)^{\frac{1}{\beta}}$ を漸近線とすることを示せる

1.6　1 人当たりに正規化された関数

集計化された変数 K, L, Y は，十分に長い期間をとると，大きく変動する．しかも，時間を無限の将来までもってゆけば，無限に大きくなる可能性がある．そのようなケースも扱い得るためには，何らかの方法で，相対化した変数を用いるのが望ましい．通常用いられるのは，人口 1 人当たりの変数を用いる方法である．いま，K と Y を L で割って，それぞれを k と y とおこう．次に，生産関数 $Y=F(K,L)$ の両辺を L で割ると，

$$y = F(k,1) \tag{1.11}$$

が得られる．これは，1 次同次性の仮定 A4 において，$\lambda=\frac{1}{L}$ とおいて得られる式である．次に (1.11) の右辺を $f(k)$ とおくことにする．ここで用いる f は，労働者 1 人当たりの生産関数であって，凹関数や準凹関数を定義する際に用いた一般的な関数 $f(x_1,\cdots,x_n)$ とは異なるものである．(1.11) 式が，図 1-1 の生産関数の曲面を，$(0,1,0)$ を通り (K,Y) 平面に平行で，底面に垂直な平面で切った，切り口となる曲線を表わしている．このことからも，$y=f(k)$ が，$k\geq 0$ で連続であることがわかるであろう．また，さしつかえがない限り，f は $k>0$ で微分可能と仮定する．また $F(K,L)$ が凹関数であることから，$f(k)$ も凹関数となる．最後に，

$$Lf\left(\frac{K}{L}\right) = F(K,L)$$

---

[8]　CES 関数で $\beta\to 0$ あるいは $\beta\to\infty$ としたときの極限が，コブ・ダグラス型あるいはレオンチェフ型の生産関数となることの証明は，西村和雄 (1990)『ミクロ経済学』東洋経済新報社，197-199 頁，あるいは，ヴァリアン (1986)『ミクロ経済分析』(佐藤隆三・三野和雄訳) 勁草書房，36-37 頁を参照せよ．

の両辺を K で微分すると，

$$f'(k) = F_K(K,L) \geq 0 \qquad (1.12)$$

となることを注意しておく．

1.7 完全競争下での条件

いま，生産物市場と要素市場が共に完全競争的であると仮定しよう．すると，各企業は，生産物価格と要素価格を与えられたものとして，利潤を最大化するように，要素投入量および生産量を決める．利潤を最大化する企業から成る経済では，集計化された変数についても，総利潤が最大化されることが示せる．そこで，生産物，資本サービス，労働サービスの価格をそれぞれ，P, R, W とおいて，利潤，

$$\Pi = PY - RK - WL \qquad (1.13)$$

を最大化する問題を考える．$Y = F(K,L)$ を代入して，利潤を最大化すると，

$$PF_K = R, \quad PF_L = W \qquad (1.14)$$

が得られる．ここで，同次関数についてのオイラーの定理から，

$$Y = F_K K + F_L L \qquad (1.15)$$

が成り立つので，(1.15)式に P を乗じて，(1.14)を代入すると，

$$PY - RK - WL = 0 \qquad (1.16)$$

が得られる．これは，最大利潤 Π が0となることに他ならない．

以上を，1人当たりの変数を用いて書き直してみよう．まず，(1.12)と(1.15)から，

$$F_K = f'(k), \quad F_L = f(k) - kf'(k) \qquad (1.17)$$

が得られる．(1.13)式を PL で割って，

とおくと，

$$\pi = \frac{\Pi}{PL}, \quad r = \frac{R}{P}, \quad w = \frac{W}{P} \tag{1.18}$$

$$\pi = y - rk - w \tag{1.19}$$

が，また，(1.14), (1.17) から，

$$\begin{aligned} f'(k) &= r \\ f(k) - k f'(k) &= w \end{aligned} \tag{1.20}$$

が得られる．ここで w は賃金の，r は資本のレンタル価格の生産物価格に対する比である．

図 1-6 では，最大利潤 0 に対応する等利潤直線の y 切片が w，k 切片が $-\frac{w}{r}$ となっていることに注意せよ．

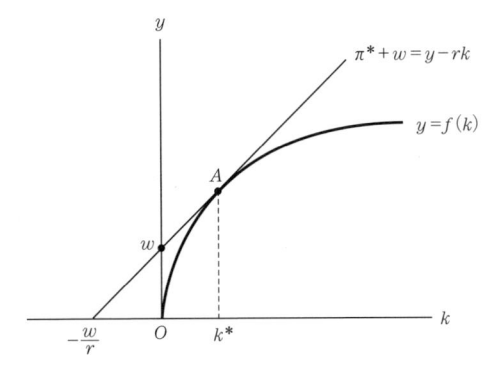

図 1-6 利潤最大化解　$r = f'(k^*) (\pi^* = 0)$

1.8 消費財の供給

これまでは，生産関数の性質を議論した．次に，生産物をどのように配分するかを考えよう．ここで，期間を明示する為に，変数に添字 t をつけることにする．生産物 Y_t は，消費 C_t と投資 I_t に使用される．

$$Y_t = C_t + I_t \tag{1.21}$$

投資 I_t は，前期 $t-1$ までに蓄積された資本ストック K_{t-1} の減耗分を償い，次期の生産に用いる資本ストック K_t を形成するために今期になされるものである．$1-\delta_t$ を減価償却率とする．$0 \leq \delta_t < 1$ である．すると，

$$I_t = K_t - \delta_t K_{t-1} \tag{1.22}$$

が成り立つ．次に，労働量は，毎期 $n_t - 1$ の率で増加するとする．t 期の労働力を L_t とすると，

$$L_{t+1} = n_t L_t \tag{1.23}$$

が成り立つ．(1.21)–(1.23) において，Y_t, C_t, K_{t-1} を L_t で，K_t を L_{t+1} で割って，1人当たりの変数に変換すると，

$$y_t = c_t + n_t k_t - \delta_t k_{t-1} \tag{1.24}$$

が得られる[9]．

以下では，簡単化のために，n_t と δ_t を一定値，それぞれ 1 と 0 に等しいと仮定する．すると，$y_t = f(k_{t-1})$ と (1.24) 式から，

$$f(k_{t-1}) = c_t + k_t \tag{1.25}$$

が得られる．

1.9 効用関数の性質

財の動学的配分問題を考察するために，社会的厚生関数を導入したい．上で，1人当たりの変数を用いて生産関数を表現したのに対応して，社会的厚生は，1人当たりの消費量に依存すると仮定する．いま，t 期の1人当たり

---

[9] k_{t-1} を，$t-1$ 期に生産された資本ストック K_{t-1} を t 期の労働量 L_t で割った値とする．したがって，$k_{t-1} = \frac{K_{t-1}}{L_t}$ である．また，$\frac{K_t}{L_t} = \left(\frac{K_t}{L_{t+1}}\right)\left(\frac{L_{t+1}}{L_t}\right) = n_t k_t$ に注意せよ．

の消費を c_t，初期から無限の将来に渡る，1人当たりの消費の流列を $\mathbf{c}=\{c_1, c_2, c_3, \cdots\}$，社会的厚生関数を $U(c_1, c_2, c_3, \cdots)$ としよう．特に注意をしない限り，各変数について微分可能であるとする．代表的消費者は，現時点で c_1 の消費をし，その後は $\{c_2, c_3, \cdots\}$ の消費をすることを知っているとする．この消費計画から，現時点で得られる満足（効用）を表わす数値を，関数 U が与えている．$U(\mathbf{c})$ を効用関数とよぶ．効用関数は次の仮定をみたす[10]．

A5 U は準凹関数である．

A6 $c'_t \geq c_t$ $(t=1, 2, \cdots)$ で，かつ，少なくとも1つの t について狭義の不等号で成り立てば，$U(\mathbf{c}') > U(\mathbf{c})$ が成り立つ．

次に，c_1 と c_2 以外の消費 c_t $(t=3, 4, \cdots)$ をすべて固定して，(c_1, c_2) と効用の関係を考えよう．図1-7は，同じ効用をもたらす (c_1, c_2) の組を，曲線として描いたものである．

個々の曲線は無差別曲線とよばれる．それが，原点に対して凸となっているのは，効用関数が準凹性をもつからである．無差別曲線の傾きに -1 を乗じたものは，現在の消費と将来の消費の限界代替率 MRS である．全微分を用いると，これを，

$$-\frac{dc_2}{dc_1} = \frac{U_1}{U_2} \qquad (1.26)$$

と表わすことができる[11]．限界代替率から1を引いた値は，時間選好率とよばれる．時間選好率が正の場合，現在の消費 c_1 を1単位減少することによる効用の低下をうめ合わせるためには，将来の消費 c_2 を1単位以上増加する必要がある．

時間選好率は，すべての消費の組 (c_1, c_2) について，定義することができる．しかし，一定の消費の流列 $c_t = c$ $(t=1, 2, \cdots)$ について，時間選好率を評価する方が，時間を選好するという意味が明瞭であろう．$c_1 = c_2$ なる点は，図1-7の45°線上にある．この上の点で，それ以後の期の消費量 $c_t = c$ $(t=1, 2,$

---

[10] A5における準凹性の定義は，(1.5)の $\mathbf{x}'$, $\mathbf{x}$, f を $\mathbf{c}'$, $\mathbf{c}$, U におきかえたものである．なお，A6においては，$\mathbf{c}' = \{c'_1, c'_2, \cdots\}$, $\mathbf{c} = \{c_1, c_2, \cdots\}$ とおいている．

[11] $U_1 = \frac{\partial U}{\partial c_1}$, $U_2 = \frac{\partial U}{\partial c_2}$ である．

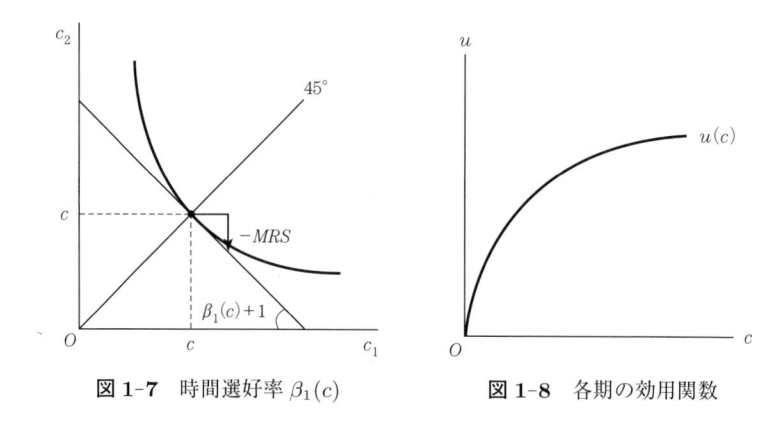

図 1-7 時間選好率 $\beta_1(c)$　　　　**図 1-8** 各期の効用関数

…) と等しい点は 1 点のみである．この点で，(1.26)の限界代替率を測り，そして，1 を引いて，時間選好率を求める．これを $\beta_1(c)$ としよう．c は，一定量の消費水準である．

以上では，c_1 と c_2 の限界代替率と時間選好率を求めた．同様にして，c_t と c_{t+1} の間の限界代替率 MRS_t，

$$-\frac{dc_{t+1}}{dc_t} = \frac{U_t}{U_{t+1}} \tag{1.27}$$

を求めることができる．そして，やはり，一定の消費の流列の上で評価した限界代替率から 1 を引いた値を時間選好率 $\beta_t(c)$ とする．

ここで，時間選好率が一定なケースとして，次の例を考えよう．

$$U = u(c_1) + \rho u(c_2) + \rho^2 u(c_3) + \cdots \tag{1.28}$$

これは，効用関数 U が，各期の消費量から得られる効用の加重和として定義される場合である．(1.28)では，$u(c_t)$ は凹関数と仮定する (図 1-8)．

限界代替率 MRS_t をとると，

$$-\frac{dc_{t+1}}{dc_t} = \frac{u'(c_t)}{\rho u'(c_{t+1})} \tag{1.29}$$

となる．消費が一定 $c_t = c_{t+1} = c$ であると仮定すると，(1.29)の右辺は ρ^{-1} と等しくなる．この場合の時間選好率は，t にも，c の水準にも依存しない一定値，

$$\beta = \rho^{-1} - 1 \tag{1.30}$$

となる．

　以下の多くの場合に，加法的な効用関数(1.28)が用いられるであろう．各期の効用関数 u は，凹関数であると仮定されるが，これは，U を準凹関数とする場合の特殊ケースにすぎない．しかし，最も頻々に用いられる特殊ケースである．

第2章 ソローの成長モデル

　現代の経済動学の中核をなすのは動学的一般均衡モデルである．第3章以下で検討する準備として，本章ではソローの成長モデルを議論する．動学的一般均衡モデルは市場における需給均衡と消費者と企業の動学的意思決定に立脚している．ケインズ経済学の影響を強く受けて発展した初期のマクロ動学モデルでは，生産要素市場での不完全雇用が仮定され，貯蓄はケインズ経済学流の記述的貯蓄関数によって決定されると仮定された．ソローの成長モデルでは，生産要素市場では完全雇用が仮定される一方で，ケインズ流の記述的貯蓄関数の存在が仮定された．この意味では，ソロー・モデルはケインズ的経済動学モデルと動学的一般均衡モデルとの間の架け橋のような意味をもつ．そのため，ソロー・モデルを最初に検討することで，消費に関する複雑な動学的意思決定に立ち入ることなく，生産の側でのマクロ経済変数の関係を理解することができる．

　もともとのソロー・モデルは連続時間を仮定して微分方程式で記述された．しかし，以下では，離散時間に直され，差分方程式で記述される．

　本書の特色の1つは，離散時間モデルにもとづいた動学的モデルに分析の焦点が置かれることである．これは，複雑系として均衡動学モデルをとらえ，複雑系の背後にある経済学的メカニズムを解明するには，連続時間モデルよりも，離散時間モデルが適しているからである．その準備として，ソロー・モデルを離散時間の枠組みで紹介し，最後に差分方程式の一般的解法を解説する．

2.1 新古典派成長モデル

生産関数 $Y=F(K,L)$ は，1次同次な強い意味の凹関数であるとする．そして，$K>0, L>0$ のとき，微分可能性がみたされるとする．このような生産関数を，**新古典派生産関数**とよぶ．したがって，以下のソローによる成長モデルは，新古典派成長モデルとよばれる[1]．

生産部門では，完全競争が仮定され，利潤が最大化されている．生産物の供給量 Y^s は，

$$Y^s = F(K^d, L^d) \qquad (2.1)$$

で与えられる．K^d, L^d は，資本と労働に対する需要量である．生産物をニューメレールとすると，利潤最大化条件から，

$$r = \frac{\partial F(K^d, L^d)}{\partial K}, \quad w = \frac{\partial F(K^d, L^d)}{\partial K} \qquad (2.2)$$

が成り立つ．資本と労働の供給量を(存在量)K, L とすると，資本市場と労働市場の均衡条件は，

$$K^d = K, \quad L^d = L \qquad (2.3)$$

で与えられる．要素の完全雇用，すなわち(2.3)式の成立を仮定して，(2.1)，(2.2)式の K^d, L^d を K と L でおきかえる．

生産物 Y^s のうち，消費財需要 C を賄った余りは，貯蓄 S と定義される．

$$Y^s = C+S \qquad (2.4)$$

一方，生産物に対する需要 Y^d は，消費財需要 C と投資財需要 I からなる．

$$Y^d = C+I \qquad (2.5)$$

生産物への需要と供給が一致するのは，(2.1)，(2.4)，(2.5)より，

---

1) 以下のモデルは，Solow, R. M. (1956), "A Contribution to the Theory of Economic Growth," *Quarterly Journal of Economics*, LXX, 1, pp.65-94 によっている．

$$F(K,L) = C+I \tag{2.6}$$

または，

$$S = I \tag{2.7}$$

のときである．$Y^s=Y^d$ が成立しているとき，$Y=Y^d=Y^s$ は，**均衡国内総生産**である．

また，生産関数の1次同次性より，

$$Y = rK+wL \tag{2.8}$$

が成り立つので，資本の実質稼得額 rK と労働の実質稼得額 wL の和，すなわち国民所得は，国内総生産 Y と等しい．

2.2 動学化

これまでの条件は，一定期間内での生産に関する静学的条件とよばれるものである．期間を経過すると生産要素は変化する．まず，労働の供給量は，一定の率 $n-1$ で増加すると仮定しよう．この仮定は，必ずしも必要ではないが，当面，分析を簡単化するためのものである．すると，労働市場での均衡労働量 L は，

$$L_{t+1} = nL_t \tag{2.9}$$

をみたしている．

次に，資本ストックは，一度生産に用いる度に $1-\delta$ の率で，磨耗してゆく．ここで $0 \le \delta \le 1$ とする．$t-1$ 期に形成された資本ストック K_{t-1} は，L_t と共に t 期の次の期に生産に用いられた後には δK_{t-1} となる．また，資本ストックの増加は，投資によって賄われる．よって，

$$K_t = I_t + \delta K_{t-1} \tag{2.10}$$

の関係が成り立つ．生産関数は $Y_t = F(K_{t-1}, L_t)$ である．

次に，ソローは，貯蓄率 s が一定であること，および，

$$S_t = sF(K_{t-1}, L_t) \tag{2.11}$$

を仮定する[2]．(2.7), (2.10), (2.11) から，$I_t = S_t$ として，すべてを L_t で割って，1人当たりの変数に変換する．ここで，$k_{t-1} = K_{t-1}/L_t$ かつ，

$$\frac{K_t}{L_t} = \left(\frac{L_{t+1}}{L_t}\right)\left(\frac{K_t}{L_{t+1}}\right) = nk_t \tag{2.12}$$

であることに注意すると，

$$nk_t = sf(k_{t-1}) + \delta k_{t-1} \tag{2.13}$$

が得られる．ここで，簡単化のために $\delta=0$ とおこう．これは，資本が一度生産に投入された後には消滅する場合である．$\delta=0$ とおいて，(2.13)式を k_t について解くと，

$$k_t = \frac{s}{n} f(k_{t-1}) \tag{2.14}$$

となる．この式は，k_{t-1} が次期の資本ストック k_t を決める関係式である．この関係式を描いたのが図 2-1 である．

(2.14)式を表わす曲線が 45°線と交わる点では，資本 K と労働 L の成長率が同じであり，その比率が一定値 k^* に保たれる．これを**斉一成長解**とよぶ．また，生産物と資本ストックの比率は，(2.14)式で $k_{t-1}=k_t=k^*$ とおいて，得られる式，

$$\frac{f(k^*)}{k^*} = \frac{n}{s} \tag{2.15}$$

から決まる．(2.15)式の右辺が一定で，Y/K に等しいので，生産物も，資本と同様に，労働の成長率 $n-1$ と等しい率で増加する．

図 2-1 のように，曲線が 45°線と交わるためには，

---

[2] これは，労働者の貯蓄率と資本家の貯蓄率が等しいならばみたされることである．よって，それぞれの貯蓄額 swL, srK の和が，
$$s(wl+rl) = sY$$
と，総国民所得の一定割合となることと解釈される．

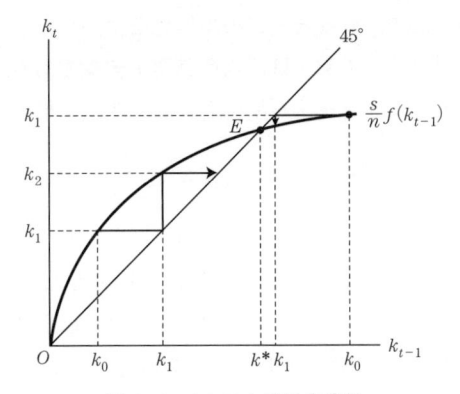

図 2-1　k^* の大域的安定性

$$f(0) = 0, \quad \lim_{k \to 0} f'(k) > \frac{n}{s}, \quad \lim_{k \to \infty} f'(k) > \frac{n}{s} \qquad (2.16)$$

がみたされることが必要である．関数 $f(k)$ は，凹関数と仮定すると，斉一成長解 k^* は一意的に定まる．しかも，任意の初期値 $k_0>0$ から出発する解は，時間と共に，単調に変動して，k^* へ収束してゆく．$0<k_0<k^*$ であれば，k_0 から出発する解 k_t は，増加しながら k^* に収束する．$k_0>k^*$ なる初期値から出発する解 k_t は，減少しながら k^* に収束してゆく．よって，任意の点 $k_0>0$ を初期値とする解が k^* に収束するという意味で，斉一成長解 k^* は，大域的な安定性をもっている．

2.3　仮定の再検討

上記のモデルでは，資本は，1期で，完全に償却されるとして，$\delta=0$ と仮定したが，この仮定は，簡単化のためのもので，モデルの分析を本質的に変えるものではない．また，人口成長率 $n-1$ は，外生的に与えられた一定値であると仮定した．この仮定を弱めて，人口の成長率が内生的に定まるとすることもできるが，それは，むしろ，消費者行動を含めたモデルの中で，行われるべきなので，ここでは議論を避けるべきであろう．

次に，生産関数は，微分可能で，強い意味で，凹関数と仮定した．この仮定によって，資本・労働比率 k_t が可変的となるので，要素市場の完全雇用を維

持することが可能になる．貯蓄と投資の均等化条件から，均衡国民所得が決まる．この意味で，ソロー・モデルは，均衡動学モデルである．もし，生産関数が固定投入係数をもつレオンチェフ型であれば，要素市場の均衡条件は，

$$k_{t-1}^d \leq k_{t-1}, \quad L_t^d \leq L_t \qquad (2.17)$$

と修正されるべきであろう．レオンチェフ型生産関数の下では，資本・労働の供給量の比率が，所与の固定投入係数の比率と一致しなければ，どちらかの要素が過剰供給となる．ハロッド＝ドーマー・モデルは生産関数がレオンチェフ型であり，投入係数が固定的なモデルである．したがってどちらかの要素が過剰となり，必ずしも均衡が達成されない，不均衡モデルである．しかし，ソロー・モデルでは(2.14)の動学過程が定義され斉一成長解は安定である．一方，いわゆるハロッド＝ドーマー・モデルでは，そのような動学過程が定義されていない．したがって，安定性が保証されないのである．ハロッド＝ドーマー・モデルの不安定性の原因は，生産関数が固定係数的であることにより，動学調整過程が定義されていないので，不均衡が回復されないことにある[3]．レオンチェフ型モデルにおいても，ソロー・モデルと同じく動学が(2.14)のように定義されるなら，図2-1で証明された斉一成長解の，大域的安定性は，成立し得るのである．

貯蓄が総所得 Y の一定割合であると仮定しているので，定義式 $Y=C+S$ から，消費量 C も Y の一定割合となる．

$$C = (1-s)Y \qquad (2.18)$$

貯蓄と消費が，このように機械的に決まることで，消費者が消費を決定する行動がモデルに十分反映されていない．

2.4　資本蓄積の黄金律

ソロー・モデルでは，一定の貯蓄率 s の下で，斉一成長経路が存在するこ

---

[3] この点は，Nikaido, F. (1975), "Factor Substitution and Harrod's Knife-Edge," *Zeitschrift für Nationalökonomie* 35, pp.149-154 によって指摘された．

と，そして，任意の初期値から出発する解が，斉一成長経路に収束することを証明した．もし，貯蓄率の水準が変われば，斉一成長経路も変化する．そこで，斉一成長経路を $k^*(s)$ と書いて，その値が貯蓄率に依存することを明確にしよう．$k^*(s)$ は，(2.14)式で，$k_{t-1}=k_t=k$ とおいて得られる式，

$$f(k) = \frac{n}{s}k \tag{2.19}$$

の解である．

　異なる貯蓄率の中で，最も望ましい貯蓄率を選択する規準はないのであろうか．そのような規準として，斉一成長経路における1人当たりの消費量を最大化する貯蓄率を考えてみよう．(2.15)式から，$sf(k^*)=nk^*$ なので，斉一成長経路における1人当たりの消費額 $c^*(s)$ とは，

$$c = f(k) - nk \tag{2.20}$$

の右辺に，$k^*(s)$ を代入して得られる値である．そこで，c を最大とする条件を求めるために(2.20)式を s に関して微分して，

$$\frac{dc}{ds} = [f'(k) - n]\frac{dk}{ds} = 0 \tag{2.21}$$

とする．dk/ds は正なので[4]，1人当たりの消費量を最大とする条件は，

$$f'(k) = n \tag{2.22}$$

である．(2.22)をみたす k^* に対して，貯蓄率を，

$$s^* = \frac{nk^*}{f(k^*)} \tag{2.23}$$

と決めるならば，貯蓄率 s^* をもつソロー・モデルの斉一成長解 $k^*(s)$ は，(2.22)の条件をみたすことがいえる．(2.22)の関係式は，資本貯蓄の**黄金律**(golden rule)とよばれる．そのときの斉一成長経路 $k^*(s^*)$ は，**黄金律成長経**

---

[4] (2.19)式から dk/ds を計算して，$f=\frac{n}{s}k$ を代入すると，
$$\frac{dk}{ds} = \frac{kf}{s(f-kf')}$$
となる．f が強い意味の凹関数で $f(0)=0$ ならば，$f-kf'>0$ であり，$dk/ds>0$ となる．

路とよばれる[5]．図 2-2 は，曲線 $y=f(k)$ と直線 $y=nk$ の垂直差 c を最大とする k の値は，$f(k)$ の傾きが n に等しい点で求まること，そして，直線 $y=\frac{n}{s}k$ が，その点を通るような s の値が黄金律貯蓄率 s^* となることを表わす．

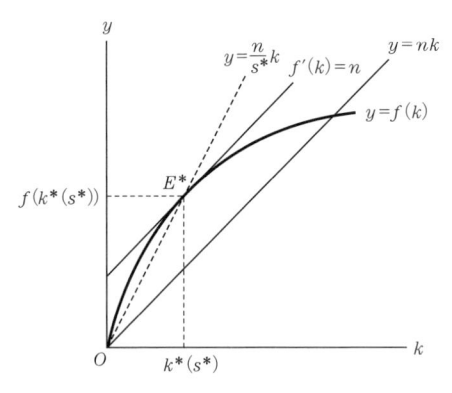

図 2-2 資本蓄積の黄金律

2.5 局所的安定性

上の (2.14) 式のように，変数 k_{t-1} と，一定の時間的間隔をへだてた変数 k_t の関係を表わす方程式を**差分方程式**という[6]．**差分**とは，変数の変化 Δk の，時間の変化 Δt に対する比，$\frac{\Delta k}{\Delta t}$ である．いま，$\Delta t=1$ とおくなら，差分は，$\Delta k=k_1-k_{t-1}$ である．

(2.14) 式の右辺は，非線形関数である．変数が非線形関数で関係づけられている差分方程式を，非線形差分方程式とよぶ．

ソロー・モデルで，斉一成長解 k^* が安定であったのは，この点で，(2.14) 式の表わす曲線が正の傾きをもち，45°線を上からよぎっていたからである（図 2-1）．いいかえると，図 2-1 の $y=f(k)$ の k^* における接線の傾き $\frac{s}{n}f'(k^*)$ が正で，1 より小さい値をとるからである．接線は，点 E における曲線の動

---

[5] 黄金律成長経路は Phelps (1961), Robinson (1962), Swan (1963) 等によって検討された．
[6] 差分方程式が k_{t+1} と k_t の関係を表わすなら，1 階の差分方程式という．k_{t+2}, k_{t+1}, k_t の関係を表わすなら，2 階の差分方程式，$k_{t+n}, k_{t+n-1}, \cdots, k_{t+1}, k_t$ の関係を表わすなら，n 階の差分方程式という．

きを近似するものである．図2-3のℓは，(k^*, k^*)を通る傾きが0と1の間の直線である．

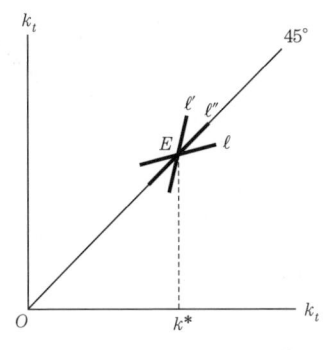

図 2-3 k^*の安定・不安定

接線がこのような傾きをとるとき，k^*に十分に近い点を初期値とする解がk^*に収束するという意味でk^*は局所的に安定となる．いま，1階の非線形差分方程式が，

$$k_t = h(k_{t-1}) \tag{2.24}$$

で与えられ，$k_{t-1}=k_t=k^*$が一意的な均衡であるとする．以下の説明では，hが凹関数であるという性質などは仮定しない．$h(k_{t-1})$の$k_{t-1}=k^*$における接線を図2-3で表わしているとする．ℓはk^*が局所的に安定の場合であることは既に述べた．

一方，図2-3のℓ'は，傾きが1より大きい直線である．(k^*, k^*)における接線がこのようなときには，k^*は局所的に不安定となる．Eでの接線は，1点Eの近傍における非線形関数$h(k)$の形を近似しているだけなので，接線から得られる解の動きに関する情報は局所的なのである．

ℓ''は，傾きが1の直線である．接線の傾きが1のときは，それだけでは元の非線形差分方程式が安定か不安定かは判断できない．接線ℓ''は，近似であり，実際の関数の形が図2-4(i)のケースでは，k^*は不安定，図2-4(ii)のケースでは，k^*は安定となるのである．どちらも$h'(k^*)=1$のケースである．

図2-5は，$h(k)$のk^*における接線ℓの傾きが負で，-1より大きいケース

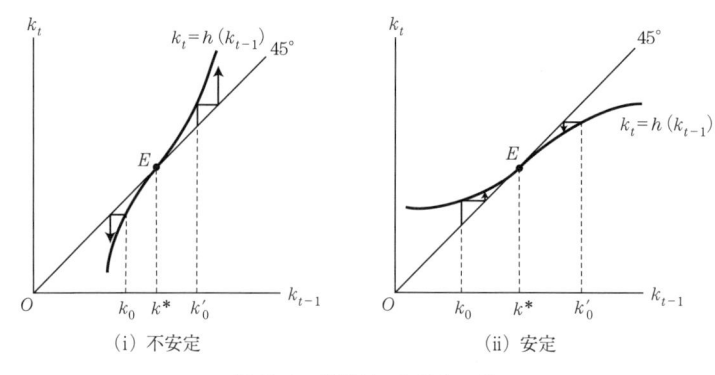

図 2-4 $f'(k^*)=1$ のケース

(i) 不安定　　(ii) 安定

である．

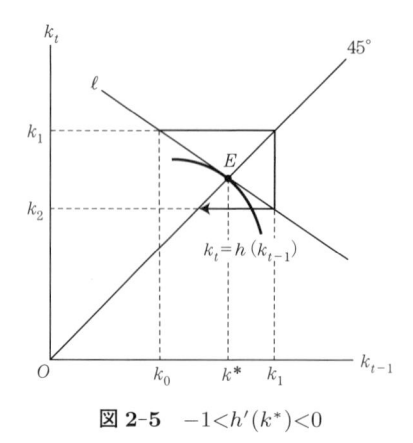

図 2-5 $-1<h'(k^*)<0$

この場合に，解は，振動しながら，k^* に収束する．接線の傾きが，-1 より小さいときには，k^* が不安定となることを読者自身で確かめてほしい．また，接線の傾きが -1 のときには，傾きが 1 の場合と同様に元の非線形差分方程式で，k^* が安定となるケースも，不安定となるケースもあり得る．

以上をまとめると，$h(k)$ の k^* における接線の傾き $h'(k)$ の絶対値が 1 でないときには，$|h'(k^*)|$ が 1 より小さいか，大きいかで，元の非線形差分方程式の均衡 k^* が安定か不安定かを判別できることになる．一般に，経済学では非線形差分方程式を扱うが，その解を明示的に求めるまでのことをしない．均衡

で，非線形差分方程式を線形差分方程式で近似して，解の局所的な性質を調べるのである．そこで，以下では，線形差分方程式の解について議論することにしよう．

2.6　1階の差分方程式

以下では，変数を y_t の代わりに $y(t)$ と表わす．変数にかかる係数が実定数である差分方程式，

$$y(t+n)+a_1 y(t+n-1)+\cdots+a_n y(t) = b_t \tag{2.25}$$

を n 階の線形差分方程式という．$b_t \neq 0$ の場合を**非同次系**，$b_t=0$ の場合を**同次系**という．

(2.25)式をみたす特定の解を $\overline{y}(t)$ とする．これを**特殊解**とよぶ．$\overline{y}(t)$ の選び方は，(2.25)式の解であれば何でもよい．特殊解が，

$$\overline{y}(t+n)+a_1 \overline{y}(t+n-1)+\cdots+a_n \overline{y}(t) = b_t \tag{2.26}$$

をみたすので，(2.25)式から(2.26)式を引いて，$x(t)=y(t)-\overline{y}(t)$ とおくと，

$$x(t+n)+a_1 x(t+n-1)+\cdots+a_n x(t) = 0 \tag{2.27}$$

となる．$x(t)$ は非同次系の差分方程式(2.25)と対応する同次系の差分方程式の解である．逆に，非同次系の差分方程式の特殊解 $\overline{y}(t)$ に，対応する同次系の差分方程式の一般の解 $x(t)$（これを**一般解**とよぶ）を加えると，非同次系の差分方程式の一般解，

$$y(t) = x(t)+\overline{y}(t) \tag{2.28}$$

が求められる．ここでの，$x(t)$ は**補助関数**とよばれる．

経済学では，多くの場合，非同次系の差分方程式で，b_t が定数のケースを扱う．そこで，以下では $b_t=b$ と仮定する．$b_t=b$ の場合は，**自律系**の差分方程式とよばれる．

まず，最も簡単な1階の差分方程式，

$$y(t+1)+ay(t) = b \qquad (2.29)$$

の解を求めよう．

まず，(2.29)に対応する同次差分方程式の一般解(補助関数)を求める．そこで，

$$x(t+1) = -ax(t) \qquad (2.30)$$

に，$x(t)=-ax(t-1)$ を代入する等の操作を続けて $x(t+1)=(-a)^{t+1}x(0)$ を得る．$x(0)$ は，$x(t)$ の初期値である．$t+1$ を t におきかえて，かつ，後の高階の差分方程式と比較するために，$\lambda=-a$ とおくことにする[7]．すると，補助関数は，

$$x(t) = \lambda^t x(0) \qquad (2.31)$$

となる．

一方，非同次差分方程式(2.29)の特殊解は，$a+1\neq 0$ のケースと，$a+1=0$ のケースに分けて求めることにする．

(i) $a+1\neq 0$ の場合

(2.29)式に，$\overline{y}(t)=\overline{y}(t+1)=\overline{y}$ を代入すると，

$$(1+a)\overline{y} = b \qquad (2.32)$$

となる．t から独立な定数解 $y=\frac{b}{1+a}$ が特殊解となる．よって，非同次差分方程式の一般解は，

$$y(t) = \lambda^t x(0) + \frac{b}{1+a}$$

となる．ここで，$x(0)=y(0)-\frac{b}{1+a}$ であることに注意せよ．

(ii) $a+1=0$ の場合

(2.29)式に，$a=-1$ を代入して，

---

[7] $x(t+1)+ax(t)=0$ が与えられたとき，$\lambda+a=0$ を解いて，解 $\lambda=-a$ を得ると考えると，高階の差分方程式の場合の解法と対応する．

$$y(t+1) = y(t)+b \tag{2.33}$$

とする．これに，$y(t)=y(t-1)+b$ を代入する等の操作を続けて，$y(t+1)=y(0)+b\cdot(t+1)$ が得られる．$y(0)$ の値が決まると，(2.33)式をみたす解の1つが決まる．そこで，$y(0)=0$ に対応する(2.33)の特殊解 $\overline{y}(t)$ を求めよう．すると，$t+1$ を t に書き直して，特殊解は，

$$\overline{y}(t) = bt \tag{2.34}$$

である．よって，$x(0)=y(0)-\overline{y}(0)=y(0)$ となることに注意せよ．

以上をまとめると，

$$\begin{aligned}a \neq -1 \text{ のとき } y(t) &= \left[y(0)-\frac{b}{1+a}\right]\lambda^t+\frac{b}{1+a} \\ a = -1 \text{ のとき } y(t) &= y(0)+tb\end{aligned} \tag{2.35}$$

が差分方程式(2.29)の解となる．ただし，$\lambda=-a$ であり，$y(0)$ は初期値である．

(2.35)式より，$\lambda=1$ ($a=-1$) のとき，任意の初期値から出発する解 $y(t)$ は，$b>0$ の時は単調に増加，$b<0$ のときは単調に減少し続ける．$b=0$ なら $y(t)=y(0)$ と一定になる．

$\lambda=0$ ($a=0$) のときには，任意の初期値から出発する解は，1期後に，$y(1)=\frac{b}{1+a}$ に到達して，その点に留まる．

次に $\lambda\neq1,0$ ($a\neq-1,0$) としよう．このとき $y(0)=\frac{b}{1+a}$ を初期値とする解は，初期値にとどまる．$y(0)\neq\frac{b}{1+a}$ を初期値とする解は，$\lambda>0$ のとき，単調に変動し，$\lambda<0$ のときは，振動する．単調に変動するとは，$y(0)$ から $y(1)$ へ増加(減少)したら，その後も増加(減少)し続けることである．振動するとは，$y(0)<y(1)$ $[y(0)>y(1)]$ なら，$y(1)>y(2)$ $[y(1)<y(2)]$ となり，増加と減少を交互に繰り返すことである．

更に，$|\lambda|<1$ のときに，任意の初期値 y_0 から出発する解は，$\frac{b}{1+a}$ に収束し，$|\lambda|>1$ のときは，$y(0)\neq\frac{b}{1+a}$ から出発する解は，すべて発散する．$\lambda=-1$ のときには，$y(0)\neq\frac{b}{1+a}$ を初期値とする解は，すべて，周期2の周期解となる．これは，解が $y(0), y(1), y(0), y(1), \cdots$ となることである．以上は，すべて，

(2.35)式の直接的な結果である．読者自ら，確かめてほしい．

2.7　2階の差分方程式

2階の非同次差分方程式,

$$y(t+2)+a_1 y(t+1)+a_2 y(t) = b \tag{2.36}$$

の解を求めよう．そのために，まず対応する同次差分方程式,

$$x(t+2)+a_1 x(t+1)+a_2 x(t) = 0 \tag{2.37}$$

の一般解を求める．これは $x(t)$ と $x(t+1)$ が与えられると $x(t+2)$ が決まるシステムである． $x(t)=\lambda^t$ とおくと,

$$\lambda^{t+2}+a_1\lambda^{t+1}+a_2\lambda^t = \lambda^t\left(\lambda^2+a_1\lambda+a_2\right)$$

となるので,

$$\lambda^2+a_1\lambda+a_2 = 0 \tag{2.38}$$

をみたす λ をとったとき λ^t は(2.37)の解となる．そこで(2.38)の解を λ_1, λ_2 とする．(2.38)式は，**特性方程式**，その解は**特性解**とよばれる．このとき，$x(t)=c_i\lambda_i^t$, $i=1,2$ とおくと，これが(2.37)をみたすことがわかる．2次方程式(2.38)の判別式 $D=a_1^2-4a^2 \neq 0$, すなわち $\lambda_1 \neq \lambda_2$ のときは,

$$x(t) = c_1\lambda_1^t+c_2\lambda_2^t \tag{2.39}$$

は，やはり(2.37)式をみたす．そして，$x(0)$ と $x(1)$ を与えると,

$$c_1+c_2 = x(0), \quad c_1\lambda_1+c_2\lambda_2 = x(t) \tag{2.40}$$

を解いて， c_1 と c_2 が決まる．この解は,

$$c_1 = \frac{x(0)\lambda_2-x(t)}{\lambda_2-\lambda_1}, \quad c_2 = \frac{x(0)\lambda_2-x(t)}{\lambda_1-\lambda_2} \tag{2.41}$$

である．与えられた初期値 $x(0), x(1)$ からの(2.37)の解は,

$$x(t) = \frac{x(0)\lambda_2 - x(1)}{\lambda_2 - \lambda_1}\lambda_1^t + \frac{x(0)\lambda_1 - x(1)}{\lambda_1 - \lambda_2}\lambda_2^t \qquad (2.42)$$

と表わすことができる.

一方, $D = a_1^2 - 4a_2 = 0$, すなわち $\lambda = -\frac{a_1}{2}$ が重根の場合を考えよう. このとき, $c_1\lambda^t$ は(2.37)式をみたす. 一般的に, $x(0)$, $x(1)$ が与えられると, $x(2)$ が決まり, それ以下の経路も決まるが, $c_1\lambda^t$ のみでは, $x(0) = c_1$ を決めると, $x(t) = c_1\lambda^t$ の場合のみの解しか表わせない. それだけでは, 一般解を求めることができない. そこで, その次に簡単な形の関数 $c_2 t\lambda^t$ を(2.37)の左辺の $x(t)$ に代入して, それを $c_2\lambda^t$ で割ると,

$$\left[\lambda^2 + a_1\lambda + a_2\right]t + [2\lambda + a_1]\lambda \qquad (2.43)$$

となる. 第1項は, λ が特性方程式の解であること, 第2項は, $\lambda = -\frac{a_1}{2}$ であることから, 共に0となる. よって $c_2 t\lambda^t$ は(2.37)の解となる. そこで, 重解の場合は,

$$x(t) = (c_1 + tc_2)\lambda^t \qquad (2.44)$$

を補助関数とする. c_1 と c_2 は, 初期値 $x(0)$, $x(1)$ が与えられると,

$$c_1 = x(0), \quad (c_1 + c_2)\lambda = x(1) \qquad (2.45)$$

の解として定まる.

次に, (2.36)式の特殊解 $\overline{y}(t)$ を求める. まず, $1 + a_1 + a_2 \neq 0$, すなわち $\lambda \neq 1$ の場合は, 定数解を,

$$\overline{y} = \frac{b}{(1 + a_1 + a_2)} \qquad (2.46)$$

と決めれば, $\overline{y}$ は(2.36)式をみたす. 次に $1 + a_1 + a_2 = 0$, すなわち $\lambda = 1$ の場合は, $t\overline{y}$ の形の特殊解をさがす. すると $a_1 \neq -2$ のときに,

$$\overline{y}(t) = \frac{b}{a_1 + 2}t \qquad (2.47)$$

が解となることがわかる. もし, $1 + a_1 + a_2 = 0$ でかつ $a_1 = -2$ であるなら, $t^2\overline{y}$ の形の解をさがす. すると,

$$\overline{y}(t) = \frac{b}{2}t^2 \tag{2.48}$$

が解として求まる.

結局,補助関数と特殊解の和である一般解は,

$$\begin{aligned} a_1^2-4a_2 \neq 0 \ \text{のとき} \ y(t) &= \overline{y}(t)+c_1\lambda_1^t+c_2\lambda_2^t \\ a_1^2-4a_2 = 0 \ \text{のとき} \ y(t) &= \overline{y}(t)+(c_1+tc_2)\lambda^t \end{aligned} \tag{2.49}$$

として求まる.$\overline{y}(t)$ は,(2.46),(2.47),(2.48)のいずれかの形をとる[8].

よって,$|\lambda_1|<1$,$|\lambda_2|<1$ の場合に,解は(2.46)で与えられた $\overline{y}$ に近づく[9].一方,$|\lambda_1|>1$,$|\lambda_2|>1$ の場合は,$\overline{y}(0)$ 以外の点を初期値とする解はすべて発散する[10].

2.8　n 階の差分方程式と1階の連立差分方程式

これまでの議論を一般化すると,n 階の線形差分方程式,

$$y(t+n)+a_1y(t+n-1)+\cdots+a_ny(t) = b \tag{2.50}$$

の解が求まる.まず,補助関数は,

$$x(t) = c_1(t)\lambda_1^t+\cdots+c_n(t)\lambda_n^t \tag{2.51}$$

の形をとる.λ_1 が r 乗根で,$\lambda_1=\lambda_2=\cdots=\lambda_r$ とすると,$c_1(t),\cdots,c_r(t)$ は,

---

[8]　厳密には,$x(0)$,$x(1)$ を初期値とする解が一意であることを証明しなければ,$x(t)$ が一般解であることを証明したことにならない.しかし,一意性の証明は,ここでは,省略する.

[9]　特性方程式が重解をもち,$|\lambda|<1$ の場合,一般解は,$t\lambda^t$ の項を含む.これは,t が無限に大きくなるにつれて 0 に収束する.この証明は,$a=1/|\lambda|$ とおいて,t/a^t を考える.$x(t)=a^t$ とおくと,ロピタルの定理より,

$$\lim_{t\to\infty}\frac{t}{x(t)} = \lim_{t\to\infty}\frac{1}{x'(t)}$$

ここで,$\log x(t)=t\log a$ から,$x'(t)=a^t\log a$ なので,$a>1$ を考慮すると,

$$\lim_{t\to\infty}\frac{1}{a^t\log a} = 0$$

が得られる.

[10]　特性解 λ が複素数 $\alpha+\beta i$ の場合は,$|\lambda|=\sqrt{\alpha^2+\beta^2}$ となる.

$$c_1,\ c_2 t,\ \cdots,\ c_r t^{r-1} \tag{2.52}$$

となる.

 一方,特殊解は定数 $\overline{y}(t)=\overline{y}$ を (2.50) 式に代入して,それが解となるなら,その $\overline{y}$ を,$\overline{y}$ が解とならなければ(すなわち,$1+a_1+\cdots+a_n=0$ ならば),$t\overline{y}$ を,$t\overline{y}$ が解とならなければ $t^2\overline{y}$ を代入するという操作を続ける.そして,適当な s の値に対して,(2.50) 式の解となる $t^s\overline{y}$ が見つかったところで,それを特殊解とするのである[11].

 実は,n 階の差分方程式は,1 階の連立差分方程式に変換することができる.たとえば,3 階の非線形差分方程式,

$$f(y(t+3), y(t+2), y(t+1), y(t)) = 0 \tag{2.53}$$

については,$x(t)=y(t+1)$,$w(t)=y(t+2)$ とおくと,

$$\begin{aligned} f(w(t+1), w(t), x(t), y(t)) &= 0 \\ x(t+1) - w(t) &= 0 \\ y(t+1) - x(t) &= 0 \end{aligned} \tag{2.54}$$

と書きかえることができる.これは $x(t), y(t), w(t)$ に関する 1 階の連立差分方程式である.連立差分方程式は,経済学でも用いられるので,この機会に併せて,説明しておこう[12].

 最も簡単なケースは,2 個の変数を含む線形差分方程式である.

---

11) $|\lambda|<1$ の場合,t を無限に大きくすると,$t^s \lambda^t$ が 0 に収束するという点では,注 9 と同様である.やはり,$a=1/|\lambda|$ とおいて,ロピタルの定理を s 回適用する.t^s を t で s 回微分すると $s\cdot(s-1)\cdots 1$ となり,a^t を s 回微分すると,$a^t(\log a)^s$ となる.よって,$a>1$ なので,t^s/a^t の極限値は,

$$\lim_{t\to\infty} \frac{s\cdot(s-1)\cdots 1}{a^t(\log a)^s} = \frac{s\cdot(s-1)\cdots 1}{(\log a)^s} \lim_{t\to\infty} \frac{1}{a^t}$$

と等しく,0 となる.

12) 以下の議論は,行列の知識を必要とする.行列を学んだことのない読者は,この節の残りの部分をとばしてもかまわない.

$$y_1(t+1) = a_{11}y_1(t)+a_{12}y_2(t)+b_1$$
$$y_2(t+1) = a_{21}y_1(t)+a_{22}y_2(t)+b_2 \quad (2.55)$$

これは，変数ベクトルと定数ベクトルを $\mathbf{y}(t)=(y_1(t),y_2(t))'$, $\mathbf{b}=(b_1,b_2)'$ とおき，2×2 の係数行列を $A=(a_{ij})$ とおくなら，

$$\mathbf{y}(t+1) = A\mathbf{y}(t)+\mathbf{b} \quad (2.56)$$

と書くことができる．ここで $\prime$ はベクトルの転置を表わしている．(2.56)の一般解も，対応する同次系の連立差分方程式，

$$\mathbf{x}(t+1) = A\mathbf{x}(t) \quad (2.57)$$

の一般解（補助関数）$\mathbf{x}(t)$ と (2.56) の特殊解 $\overline{\mathbf{y}}(t)$ を用いて，

$$\mathbf{y}(t) = \mathbf{x}(t)+\overline{\mathbf{y}}(t) \quad (2.58)$$

と表わすことができる．

$\det[\lambda I-A]=0$ は**特性方程式**とよばれるので，その解でもある A の固有値は**特性解**ともよばれている．A の固有値 λ_1 と λ_2 を用いて，補助関数を，

$$\mathbf{x}(t) = \mathbf{c}^1(t)\lambda_1^t+\mathbf{c}^2(t)\lambda_2^t \quad (2.59)$$

とする．以下では，自明な解 $x(t)=0$ を避けるために，$\lambda_i\neq 0$, $i=1,2$ を仮定する．これは $\det A\neq 0$ を仮定することに等しい．なお，$\mathbf{c}^i(t)=(c_1^i(t),c_2^i(t))'$ は，λ_i に対応する行列 A の固有ベクトルに依存して決まる．実際，$\mathbf{h}^i\lambda_i^t$ を (2.57) 式に代入すると，

$$(A-\lambda_i I)\mathbf{h}^i = \mathbf{0} \quad (2.60)$$

が得られる．ここで I は 2×2 の単位行列である．$\mathbf{h}^i$ を λ_i に対応する行列 A の固有ベクトルに選ぶと，(2.60)式が成立する．$\lambda_1\neq\lambda_2$ の場合は，$\mathbf{c}^i(t)\equiv c_i\mathbf{h}^i$, $i=1,2$ と選んで，$\mathbf{x}(t)=c_1\mathbf{h}^1\lambda_1^t+c_2\mathbf{h}^2\lambda_2^t$ を補助関数とする．

重根 $\lambda=\lambda_1=\lambda_2$ の場合は，$\mathbf{h}^1\lambda^t$ と $(\mathbf{h}^2+t\mathbf{h}^1)\lambda^t$ の 2 つを解の候補とする．$(\mathbf{h}^2+t\mathbf{h}^1)\lambda^t$ を (2.57) 式に代入すると，

$$[(t+1)\mathbf{h}^1+\mathbf{h}^2]\lambda = A(t\mathbf{h}^1+\mathbf{h}^2) \qquad (2.61)$$

が得られる．(2.61)式がすべての t について成り立つ為には，

$$A\mathbf{h}^1 = \lambda\mathbf{h}^1, \quad \lambda\mathbf{h}^1 = [A-\lambda I]\mathbf{h}^2 \qquad (2.62)$$

が成立する必要がある．$\mathbf{h}^1$ は A の固有ベクトルである．$\mathbf{h}^2$ は**一般固有ベクトル**とよばれ，

$$[A-\lambda I]^2 \mathbf{h}^2 = 0 \qquad (2.63)$$

の解である[13]．あるいは λ に対応する固有ベクトル $\mathbf{h}^1$ に対して，

$$[A-\lambda I]^2 \mathbf{h}^2 = \lambda\mathbf{h}^1 \qquad (2.64)$$

を解いて $\mathbf{h}^2$ を見つけるなら，この $\mathbf{h}^2$ は(2.63)式をみたす．いずれにせよ，(2.62)をみたす $\mathbf{h}^1$ と $\mathbf{h}^2$ を決める．そして，$\mathbf{c}^1(t)=c_1\mathbf{h}^1$, $\mathbf{c}^2(t)=c_2(\mathbf{h}^2+t\mathbf{h}^1)$ とおいて，(2.59)式が同次系の連立差分方程式(2.57)の解となる．すなわち，重根の場合は $\mathbf{x}(t)=[c_1\mathbf{h}^1+c_2(\mathbf{h}^1+t\mathbf{h}^2)]\lambda^t$ を補助関数とする．

以上から，連立線形差分方程式(2.56)では，係数行列の固有値の絶対値が 1 より小さい場合に安定性が保証されることが明らかであろう．経済学への応用では，このことを知っていれば十分である．

---

[13] 一般固有ベクトルの意味については，西村和雄(1982)『経済数学早わかり』日本評論社，248-250 頁を参照せよ．

第3章　動学的競争モデル

　ソロー・モデルでは，限界消費性向 $1-s$ が一定と仮定される．いいかえると，消費決定のメカニズムは，モデルに内生化されていない．資本蓄積の黄金律は，斉一成長経路での1人当たりの消費を最大化するものであり，貯蓄率 s を決定する規準の1つである．しかし，たとえ，貯蓄率が黄金律で定まる値に等しいとしても，与えられた初期値から出発する成長経路上での消費に関しては，明らかな意味をもたない．

　動学的一般均衡モデルでは，貯蓄・消費が決定されるメカニズムを消費者による動学的意思決定に求める．消費者の行動は現在から将来にわたって保有する資産の割引現在価値を消費の割引現在価値が超えないという制約のもとで選択される．企業は，ソロー・モデルと同様に，完全競争的であり，毎期毎期，利潤最大化で行動が表現される．市場参加者は現在から将来にわたる各期の市場において需給を均衡させるような価格を正しく予測できると仮定される（完全予見・合理的期待の仮定）．

　静学的一般均衡モデルにおける市場均衡がパレート最適であるように，動学的一般均衡モデルでも市場均衡は効率的である．特に，本章で紹介する代表的消費者モデルでは，市場均衡は1部門最適成長経路と一致する．このことは，結果として，キャス（Cass 1965），クープマンズ（Koopmans 1965）による1部門最適成長モデルの背後にある，消費者と企業の行動を説明することになる．

3.1 動学的一般均衡

ここで,モデルの時間的構成を説明しておこう.まず,離散的な時点 t を,0から無限大まで定義する.時点0から時点1までの間が,期間1である(図3-1参照).

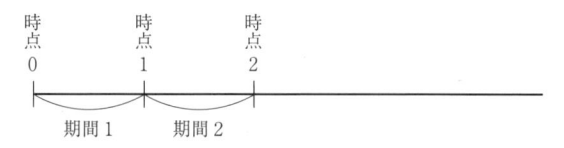

```
     時       時       時
     点       点       点
     0       1       2
     |-------|-------|--------------------
       期間1   期間2
```

図 3-1

第1期の消費者は,時点0で,親から遺産 b_0 を受け継ぐ.遺産の内容は資本ストック k_0 である.消費者は,時点0で保有する所得の下で,消費計画をたて,時点0に消費財 c_1 を購入し,期間1に消費して効用を得る.この c_1 を期間1の消費とよぶ.同時に次世代に遺産 b_1 をのこし,この遺産は,時点1で,子供に引き渡される.時点0で受け取る資本財の価格を p_0 とすると,1人当たりの遺産 b_0 と1人当たりの資本ストック k_0 の間に,次の関係が成り立つ.

$$b_0 = p_0 k_0 \tag{3.1}$$

人口は時間を通じて一定であると仮定する.また,資本ストックは,生産に投入された後には,消滅すると仮定する.

時点0の代表的消費者の所得は,遺産 b_0 と労働からの収入 w_1 である.消費者は毎期1単位の労働をもち,労働者は時点0で雇用され,賃金 w_1 を受け取る.一方,消費者は,時点0に消費財 c_1 を購入し,時点1で自分の子供に遺産 b_1 を残す.人口を一定と仮定しているので,1人の親のもつ子供は1人である.消費財の価格を p_1 とすると,予算制約式は,

$$p_1 c_1 + b_1 \leq b_0 + w_1 \tag{3.2}$$

で与えられる.ただし,(3.2)式での b_0, w_1, p_1 はすべて,b_1 と同じ時点,す

なわち時点1での価値に翻訳されているものとする．

一方，消費者の総効用 U_1 は，消費財 c からの効用と，子供が生涯得るであろう総効用 U_2 の和から成っている．ただし，子供の総効用は，若干割り引いて計算することにする．すなわち，1より小さい正の割引因子 ρ を乗じておくのである．かくして，

$$U_1 = u(c_1) + \rho U_2 \qquad (3.3)$$

が成り立つ．ここで，期間1での消費 c_1 から得られる効用 $u(c_1)$ は時点1で評価されている．子供の総効用 U_2 は時点2で評価されたもので，それに ρ を掛けて，時点1で評価した子供の総効用 ρU_2 に翻訳しているのである．このように翻訳することを割り引くという．

この消費者の子供も，親と同様の行動をするなら，子供の総効用は，$U_2 = u(c_2) + \rho U_3$ をみたす．後の世代の総効用を代入してゆくなら，総効用の値が無限大に発散しない限り，

$$U_1 = u(c_1) + \rho u(c_2) + \rho^2 u(c_3) + \cdots \qquad (3.4)$$

が得られる[1]．(3.4)式の右辺は，将来に渡る効用の流列の**割引現在価値**(discounted present value)とよばれる値である．

一方，t 期目の消費者にとっての予算制約式は，(3.2)式と同様に，

$$p_t c_t + b_t \leq b_{t-1} + w_t \qquad (3.5)$$

となる．消費財の価格 p_t と賃金率 w_t は，時点1で評価した，t 期の消費財の価格と賃金率である．これを**現在価格**(present price)という．また遺産 b_t も，時点1における価値によって評価している．これを**現在価値**(present value)とよんでいる．つまり，将来の効用を割り引いて評価したように，将来の価格や財の価値も割り引いて評価するのである．しかも，効用 $U(c_1)$ が時点1で評価されているのと同じく，価格や財の価値もすべて時点1の価格や価値に翻訳されている．(3.5)式を，$t=1$ の場合，$t=2$ の場合と，次々に，足しあわせ

---

[1] このような解釈を持つ動学モデルは，Barro, R. (1974), "Are Government Bonds Net Wealth?," *Journal of Political Economy* 82, pp.1095-1117 によっている．

てゆくと, $b_1, b_2, \cdots$ が, 消去されて,

$$\lim_{t\to\infty} b_t = 0 \tag{3.6}$$

である限り,

$$\sum_{t=1}^{\infty} p_t c_t \leq p_0 k_0 + \sum_{t=1}^{\infty} w_t \tag{3.7}$$

が得られる. (3.6)式は, 将来の世代が残すであろう遺産の現在価値は, 0 に収束するという意味である. (3.7)の右辺は, 消費者の資産の現在価値である. 資産は, 現時点で所有する資本財の価値と, 現時点以降の各期で所有される労働からの収入の現在価値から成っている. なお, (3.7)式の価格は時点 1 で評価したものであり, $p_0 k_0$ は時点 0 で受け取った資本財の価値を時点 1 で評価したものである. ここで, p_t と w_t は正の値をとり,

$$\sum_{t=1}^{\infty} p_t < \infty, \quad \sum_{t=1}^{\infty} w_t < \infty \tag{3.8}$$

をみたすことを仮定する. (3.8)がみたされなければ, 支出が無限大となり, 有界な消費流列の総額を評価して, 比較することさえ出来なくなるからである. 結局, 消費者は, (3.7)式の制約の下で(3.4)式を最大化するように, 消費することになる. その解を $\widehat{\mathbf{c}} = \{\widehat{c}_1, \widehat{c}_2, \cdots\}$ とする.

次に, 生産面では, 企業は, 時点 $t-1$ に, $t-1$ 期に生産された資本ストック k_{t-1} を購入し, 労働を賃金 w_t で購入して, 即座に生産を行う. k_0 を初期の資本ストック, k_t ($t=1,2,\cdots$) を t 期の資本ストックとよぶことにする. 各期の利潤の現在価値を π_t とすると, $\sum_{t=1}^{\infty} \pi_t$ を最大化するように, 企業が生産を行う. 各期の利潤 π_t は,

$$\pi_t = p_t f(k_{t-1}) - p_{t-1} k_{t-1} - w_t, \quad t = 1, 2, \cdots \tag{3.9}$$

である. ただし, k_0 は所与とする. 1次同次の生産関数 $F(K_{t-1}, L_t)$ から導かれた1人当たりの生産関数が $f(k_{t-1})$ である. 労働が完全雇用されることを前提として, 投入労働量を 1 としている. また, 生産物の現在価格を p_t としている. 各期の利潤は, k_{t-1} のみの関数なので, 各期の π_t をすべて最大化することは, その総和 $\sum_{t=1}^{\infty} \pi_t$ を最大化することと, 同値である. また, $F(K, L)$

が1次同次関数であることから,最大利潤が0となることを注意しておく.また,生産物は,消費財や資本財として使われる.

$$c_t + k_t = f(k_{t-1}) \tag{3.10}$$

消費者が市場で購入する消費財と,企業の供給する生産物は同質の財の価格であるから同じ価格をもつ.消費財 c_t は,期間 t の間に消費者に渡され,消費者の効用を生む.一方,資本ストック k_{t-1} は,期間 $t-1$ に契約がなされ,時点 $t-1$ で,次期の生産者へ引き渡されることにする.つまり,企業が投入する資本ストックは,前期のうちに購入済みのものである.だから,その現在価格が,前期の生産物の価格 p_{t-1} と等しいのである.これは,財が同質であるからである.

以上の消費と生産の一般均衡モデルは,次のような形にまとめられる[2]

$$\max \sum_{t=1}^{\infty} \rho^{t-1} c(c_t) \quad s.t. \quad \sum_{t=1}^{\infty} p_t c_t \leq p_0 k_0 + \sum_{t=1}^{\infty} w_t \tag{3.11}$$

$$\max[p_t f(k_{t-1}) - p_{t-1} k_{t-1} - w_t], \quad t = 1, 2, \cdots \tag{3.12}$$

$$c_t + k_t = f(k_{t-1}), \quad t = 1, 2, \cdots \tag{3.13}$$

価格の流列を $\mathbf{p} = \{p_{t-1}\}_{t=1}^{\infty}$, $\mathbf{w} = \{w_t\}_{t=1}^{\infty}$,財の流列を $\mathbf{c} = \{c_t\}_{t=1}^{\infty}$, $\mathbf{k} = \{k_{t-1}\}_{t=1}^{\infty}$ とする.もし,適切な価格の $(\hat{\mathbf{p}}, \hat{\mathbf{w}})$ の下で,(3.11)–(3.13)の解 $(\hat{\mathbf{c}}, \hat{\mathbf{k}})$ が存在するなら,これは**動学的一般均衡解**である[3].

3.2 一般均衡モデルから最適成長モデルへ

1部門の最適成長モデルの,最も簡単なケースは,次のように定式化され

---

[2] 最適成長モデルを,このような一般均衡解として理解するのには,先のバローの論文に加えて,Brock, W. A. (1973), "Some Results on the Uniqueness of Steady States in Multisector Models of Optimum Growth when Future Utilities are Discounted," *International Ecnomic Review* 14, pp.535-559 が参考になる.

[3] ここでは,労働は完全雇用され,労働投入量は1と仮定されている.労働市場を明示的に扱う場合については,Yano, M. (1998), "On the Dual Stability of a von Neumann Facet and the Inefficacy of Temporary Fiscal Policy," *Econometrica* 66, pp.427-451 を見よ.

る．

$$\max \sum_{t=1}^{\infty} \rho^{t-1} u(c_t)$$
$$s.t. \quad c_t + k_t \leq f(k_{t-1}), \quad t = 1, 2, \cdots \qquad (3.14)$$
$$c_t \geq 0, \quad k_{t-1} \geq 0, \quad t = 1, 2, \cdots$$
$$k_0 \text{ given}$$

すべての変数は，1人当たりの変数として表わされている[4]．また，簡単化のために，資本ストックは生産に投入した後には消滅し，人口は一定であると仮定されている．また，

$$c_t \geq 0, \quad k_t \geq 0, \quad c_t + k_t \leq f(k_{t-1}), \quad t = 1, 2, \cdots \qquad (3.15)$$

をみたす個々の $(\mathbf{c}, \mathbf{k})$ を，**実現可能経路**(feasible path)とよび，その集合を F と定義する．

目的関数としては，無限の将来に渡って，1人当たりの消費から得られる効用の加重和をとっている．これは，**社会的厚生関数**と解釈される．将来の効用は，割引因子 ρ を用いて，割り引かれている．ρ は，第1章の(1.30)式のように，時間選好率と関係づけられる正の定数で，1より小さい．社会的厚生関数は，将来に渡る1人当たりの効用の**割引現在価値**である．この厚生関数は，代表的個人が無限期間を生きるとして，その効用の総和の現在価値を測るものと解釈することができる．無限の期間をとるのは，経済には，終わりが無いと仮定しているからである．あるいは，たとえ，終わりがあったとしても，十分に先のことであって，それがいつであるかは不確実である．割引因子が掛けられることによって，十分に遠い将来の効用の現在価値は無視できる程小さくなる．したがって，無限期間に渡る問題は，十分に長い期間の成長モデルを近似するという意味をもつことになる．

一方，社会的厚生関数を，代表的家計の効用関数として，解釈することもで

---

[4] k_0 を所与として，(3.14)式を解くことは，連続時間モデルで，Cass, D. (1965), "Optimum Growth in an Aggregate Model of Capital Accumulation," *Review of Economic Studies* 32, pp.233-240 および Koopmans, T. (1965), "On the Concept of Optimal Economic Growth," in *Pontificiae Academiae Scientiarum Scripta Varia*, No.28, Amsterdam: North-Holland で行われた．

きる．前節で述べたように，自己の消費から得られる効用と子供の総効用の和を，親の総効用とするモデルから，最適成長モデルが導かれるのである．これを，定理として証明する前に，いくつかの前提を注意しておこう．

最適成長問題(3.14)は，初期値 k_0 が与えられたときに，解をもつと仮定する．また，効用関数 u と生産関数 f は，連続で，強い意味で単調増加で，強い意味の凹関数であると仮定する．また，$f(0)=0$ であり，0 を除いては，微分可能で，

$$\lim_{c \to 0} u'(c) = \lim_{k \to 0} f'(k) = \infty \tag{3.16}$$

と仮定しよう．また，労働量を一定のまま，資本を無限に増加しても，それ程産出量を，増加することはできないと仮定する．この仮定は，

$$\lim_{k \to \infty} f'(k) < 1 \tag{3.17}$$

と表現することができる．以上の仮定の下では，実現可能経路については，ある $k'>0$ があって，

$$\begin{aligned} 0 < k < k' \text{ に対して } k < f(k) \\ k' < k \text{ に対して } f(k) < k \end{aligned} \tag{3.18}$$

となる．ここで，任意の $k \geq 0$ と $0 \leq y \leq f(k)$ なる y の組 (k, y) の集合を D とする(図 3-2)．

定理 3.1 (3.11)-(3.13)の動学的一般均衡解 $(\widehat{\mathbf{c}}, \widehat{\mathbf{k}})$ は，k_0 を初期値とする最適化問題(3.14)の解となる．

証明 価格の流列 $(\mathbf{p}, \mathbf{w})$ が，動学的一般均衡解と対応するものであるとする．消費者の効用最大化問題(3.11)から，ラグランジュ関数，

$$L = \sum_{t=1}^{\infty} \rho^{t-1} u(c_t) + \lambda \left[p_0 k_0 + \sum_{t=1}^{\infty} w_t - \sum_{t=1}^{\infty} p_t c_t \right] \tag{3.19}$$

を微分して，1 階の条件を求める．いま，ある t に対する c_t のみを変数として，他の t' に対する $c_{t'}$ を $\widehat{c}_{t'}$ と等しくおく．c_t に関しては，$c_t = \widehat{c}_t$ で目的関数が最大化されているのだから，

図 3-2

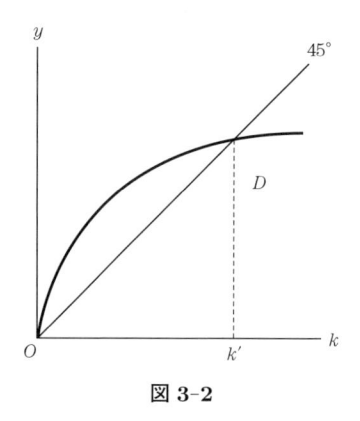

$$\rho^{t-1}u'(\widehat{c}_t)-\lambda p_t = 0, \quad t=1,2,\cdots \tag{3.20}$$

が成り立つ．なぜなら，(3.16)から，消費が0に近づくと，限界効用が無限大になるので，消費は正となる．また効用関数が強い意味で増加関数で，均衡では消費財の価格が0となることはないからである[5]．そして，$\lambda>0$ も保証される．

λ と p_t を固定すると，$g(c)=\rho^{t-1}u(c)-\lambda p_t c$ が c の凹関数であることから，(3.20)式は $g(c)$ の最大値が $\widehat{c}_t$ で達成されることを意味している(図 3-3)．

よって任意の c_t に対して，$g(\widehat{c}_t) \geq g(c_t)$，すなわち，

$$\rho^{t-1}u(\widehat{c}_t)-\lambda p_t \widehat{c}_t \geq \rho^{t-1}u(c_t)-\lambda p_t c_t \tag{3.21}$$

が成り立つ．一方，生産面では，利潤最大化条件から，任意の $k_{t-1}>0$ に対して，

$$p_t f(\widehat{k}_{t-1})-p_{t-1}\widehat{k}_{t-1}-w_t \geq p_t f(k_{t-1})-p_{t-1}k_{t-1}-w_t \tag{3.22}$$

が成り立つ．(3.22)式に λ を乗じて，(3.21)式との和をとり，$f(\widehat{k}_{t-1})-\widehat{c}_t=\widehat{k}_t$ および $f(k_{t-1})-c_t \geq k_t$ の関係を使うと，

---

[5] もし，価格 p_t が0であれば，消費者は c_t を無限に需要する．しかし，これは，実現可能ではない．なぜなら，c_t の供給は，$f(k_{t-1})$ を超えることができないからである．

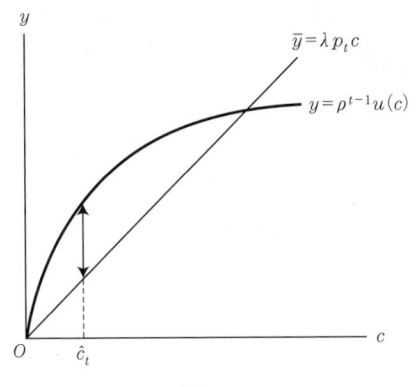

図 3-3

$$\rho^{t-1}u(\widehat{c}_t)+\lambda\left[p_t\widehat{k}_t-p_{t-1}\widehat{k}_{t-1}-w_t\right] \geq \rho^{t-1}u(c_t)+\lambda\left[p_tk_t-p_{t-1}k_{t-1}-w_t\right] \tag{3.23}$$

を得る．(3.23)式を $t=1$ から，$t=T$ まで加えると，

$$\sum_{t=1}^{T}\rho^{t-1}u(\widehat{c}_t)+\lambda\left[p_T\widehat{k}_T-p_0\widehat{k}_0\right] \geq \sum_{t=1}^{T}\rho^{t-1}u(c_t)+\lambda\left[p_Tk_T-p_0k_0\right] \tag{3.24}$$

となる．初期値が固定されていることから $\widehat{k}_0=k_0$ である．(3.17)あるいは(3.18)から，$\widehat{k}_T$ は T から独立な有限値を上限とし，(3.8)から，T が無限大になると共に p_t は 0 に収束するので，

$$\lim_{T\to\infty}p_T\widehat{k}_T = 0 \tag{3.25}$$

が成り立つ[6]．よって，(3.24)で，T を無限大にして，

$$\sum_{t=1}^{\infty}\rho^{t-1}u(\widehat{c}_t) \geq \sum_{t=1}^{\infty}\rho^{t-1}u(c_t) \tag{3.26}$$

が成立する．よって，$\widehat{\mathbf{c}}$ は実現可能な消費流列の中で，最大の効用を与えている．したがって，$(\widehat{\mathbf{c}},\widehat{\mathbf{k}})$ は最適成長モデル(3.14)の解となっている．

---

6) この条件は，**横断性条件**とよばれ，最適解を他の実現可能な解と区別する際に重要となる．

3.3 最適性原理

前節で動学的一般均衡モデルを最適成長モデルに変換した．最適成長モデル(3.14)を，更に簡単化して表現することが可能である．その為に，後に有益となる概念である**価値評価関数**，**評価関数**あるいは**価値関数**(value function)といわれるものを定義しよう．最適化問題(3.14)の最大値は，初期値に依存して決まる．そして，この最大値を，

$$V(x) = \max \left\{ \sum_{t=1}^{\infty} \rho^{t-1} u(c_t) \,\middle|\, \begin{array}{l} c_t + k_t \leq f(k_{t-1}), \quad t=1,2,\cdots \\ c_t \geq 0, \quad k_{t-1} \geq 0, \quad t=1,2,\cdots \\ k_0 = x \end{array} \right\}$$

と定義して，価値関数とよぶ．u や f が凹関数であるなら，価値関数も凹関数となる．この性質は重要である．

補題 3.1 価値関数 $V(k)$ は，k の凹関数である．

証明 いま，$(\mathbf{c}, \mathbf{k})$ と $(\mathbf{c}', \mathbf{k}')$ が，異なる 2 点 k_0, k_0' を初期値とする最適な経路であるとする．2 つの経路の任意の凸結合をとってもよいが，同じことなので，簡単化のために，2 つの経路の中間の経路として，

$$\mathbf{c}'' = \left\{ \frac{c_t + c_t'}{2} \right\}_{t=1}^{\infty}, \quad \mathbf{k}'' = \left\{ \frac{k_t + k_t'}{2} \right\}_{t=0}^{\infty} \tag{3.27}$$

を定義する．すると，f が凹関数なので，

$$\begin{aligned} c_t'' + k_t'' &= \frac{c_t + c_t'}{2} + \frac{k_t + k_t'}{2} = \frac{c_t + k_t}{2} + \frac{c_t' + k_t'}{2} \\ &\leq \frac{f(k_{t-1})}{2} + \frac{f(k_{t-1}')}{2} \leq f(k_{t-1}'') \end{aligned} \tag{3.28}$$

となり，$\mathbf{c}''$ と $\mathbf{k}''$ は実現可能でもある．更に，u が凹関数なので，

$$\frac{u(c_t) + u(c_t')}{2} \leq u(c_t'') \tag{3.29}$$

である．(3.29)式に，ρ^{t-1} を乗じて，$t=1,2,\cdots$ についての和をとると，

$$\frac{1}{2}\left[\sum_{t=1}^{\infty}\rho^{t-1}u(c_t)+\sum_{t=1}^{\infty}\rho^{t-1}u(c'_t)\right]\leq\sum_{t=1}^{\infty}\rho^{t-1}u(c''_t) \qquad (3.30)$$

が成り立つ．(3.30)式の左辺は，最適な経路上の総効用の平均なので，$\frac{1}{2}[V(k_0)+V(k'_0)]$ に等しい．一方，右辺は，k''_t を初期値とする実現可能な経路上での効用なので，最適解の上での効用 $V(k''_0)$ を超えることがない．よって，

$$\frac{V(k_0)+V(k'_0)}{2}\leq V\left(\frac{k_0+k'_0}{2}\right) \qquad (3.31)$$

が成り立つ．これは，$V(k)$ が凹関数であることを意味する．

価値関数の凹性が証明できたが，それだけからは定義域の端における連続性までは含意されない．本章における仮定の下で価値関数が連続になることも証明できる．その証明は最適化問題の解の存在とともに第6章6.7節で扱うことにする．

価値関数を用いると，最適化問題(3.14)を次のように書きかえることができる．

$$V(k_0) = \max\{u(c_1)+\rho V(k_1)\} \quad s.t.\ c_1+k_1\leq f(k_0) \qquad (3.32)$$

これは，ベルマンの**最適性原理**(principle of optimality)の結果である．最適性原理が成り立つ理由は，次の通りである．$f(k_0)$ より小さい値 k'_1 を初期値とする最適解を $\{k'_t\}_{t=1}^{\infty}$ とすると，k_0 を初期値として，k'_1 にゆき，k'_1 から先を $\{k'_t\}_{t=1}^{\infty}$ に従う経路は，実現可能なので，$c'_1=f(k_0)-k'_1$ とおくと，

$$V(k_0) \geq u(c'_1)+\rho V(k'_1) \qquad (3.33)$$

が成り立つ．また，k_0 を初期値とする最適解 $(\widehat{\mathbf{c}},\widehat{\mathbf{k}})$ は，

$$V(k_0) = u(\widehat{c}_1)+\rho V(\widehat{k}_1) \qquad (3.34)$$

をみたすはずである．なぜなら，第2期以降の $\left\{\widehat{c}_t,\widehat{k}_{t-1}\right\}_{t=2}^{\infty}$ は，$\widehat{k}_1$ を初期値とする経路の中で最大効用 $V(\widehat{k}_1)$ を与えているはずだからである．よって，(3.33)と(3.34)を組み合わせて，最適性原理(3.32)が導かれる．

3.4 長期均衡

動学的一般均衡解 $(\hat{\mathbf{c}}, \hat{\mathbf{k}})$ は，一般には，時間と共に変化する消費と資本ストックの流列である．しかし，適当な初期値に対しては，消費と資本ストックは時間が経過しても変化しない一定値をとる．この値を $c_t = \bar{c}$, $k_{t-1} = \bar{k}$ としよう．点 $(\bar{c}, \bar{k})$ は**定常解**，**斉一成長解**もしくは，**長期均衡**とよばれる．$\bar{c}, \bar{k}$ を初期値として，長期均衡に留まり続ける経路 $(\bar{c}, \bar{k})$ を**定常経路**，**斉一成長経路**もしくは，**長期均衡経路**とよぶ．

長期均衡を実現する価格を説明するために，これまで用いてきた現在価格 (p_{t-1}, w_t) に加えて，経常価格 (P_{t-1}, W_t) を導入しよう．**経常価格**(current price)とは，ある期間の財が，その期間内で評価された名目価格である．経常価格を，時点 $t=1$ の価値に割り引きしたものが，現在価格である．いま，次式のような関係で経常価格を定義しよう．

$$p_t = \rho^{t-1} P_t, \quad w_t = \rho^{t-1} W_t \qquad (3.35)$$

そして，(3.35)式を用いて，(3.20)式を書きかえると，静学的な消費者効用最大化問題と同じ，

$$u'(c_t) - \lambda P_t = 0 \qquad (3.36)$$

が得られる．また，利潤最大化問題(3.12)の1階条件に(3.35)を代入して，微分すると，資本財の価格と限界生産物価値の均等条件，

$$\rho P_{t+1} f'(\hat{k}_t) = P_t \qquad (3.37)$$

が得られる．長期均衡 $(\bar{c}, \bar{k})$ では，(3.36), (3.37)から，経常価格 P_t が時間から独立になる．また，各期の最大利潤が0になることから，

$$w_t = p_t f(\bar{k}) - p_{t-1} \bar{k}$$

となる．これと(3.35)から，W_t も時間から独立になる．長期均衡における経常価格を $(\bar{P}, \bar{W})$ とおこう．

動学的一般均衡モデルにおける長期均衡と対応して，最適成長モデルにおける，長期均衡が存在する．$(\bar{c},\bar{k})$ が一般均衡モデルの長期均衡であれば，それは，$k_0=\bar{k}$ を初期値とする最適成長モデル(3.14)の解となっている．もちろん，他の経路が長期均衡に収束するか否か，すなわち長期均衡の安定性の問題は残る．これは，次章以降に議論することにする．

3.5 動学的均衡モデルにおける利子率

利子とは，今，消費をやめて貯蓄したら，将来，どれだけの消費ができるかを示す指標である．たとえば，現在の消費を1万円だけやめて貯蓄するとき1年後に100円の利子がついて戻ってくるとしたら，来年には，1万100円分の消費が可能になる．いいかえると，節約したお金で将来可能になる消費額と節約した金額との差額(100円)が利子である．利子をはじめに節約した金額(元本)で割って，元本1円当たりに換算した値が**利子率**である．

利子や利子率という概念は，現在において消費できる実物と将来において消費できる実物の間にも，考えることができる．その関係を示す利子は**実物利子**とよばれ，利子率は**実物利子率**とよばれる．

実物利子率を説明するために，t 期に $|\Delta c_t|$ 単位の消費財の消費をやめて，その分の購買力を貯蓄にまわすとしよう．そのとき，$t+1$ 期に増やすことのできる消費財の量を $|\Delta c_{t+1}|$ とおくと，

$$|\Delta c_{t+1}|-|\Delta c_t|$$

を実物利子とよぶことができる．実物利子を現在の消費の節約分1単位当たりに直したのが実物利子率である．つまり，実物利子率を，

$$r_{t,t+1} = \frac{|\Delta c_{t+1}|-|\Delta c_t|}{|\Delta c_t|}$$

と定義することができる．

実物利子率は t 期と $t+1$ 期の財の現在価値価格の間の関係でも表わすことができる．そのために，(3.11)に示される消費者の最適化問題における予算制約式を，もう一度，考えてみよう．この予算制約式は，

$$\sum_{t=1}^{\infty} p_t c_t = W$$

という形をしている．予算制約式が示すように，t 期の消費財の現在価格は p_t 円なので，$|\Delta c_t|$ だけ消費をやめるときに節約できる購買力は $|p_t \Delta c_t|$ 円である．全体としての W という資産総額を一定に保ったまま，この節約分を次期 ($t+1$ 期) の消費にまわすとしよう．そのとき，$t+1$ 期に増やすことができる消費量を Δc_{t+1} とおくと，$t+1$ 期の消費財の現在価格は p_{t+1} なので，

$$p_{t+1} \Delta c_{t+1} = -p_t \Delta c_t$$

という関係がみたされなくてはならない．したがって，利子率は，

$$r_{t,t+1} = \frac{p_t - p_{t+1}}{p_{t+1}} \tag{3.38}$$

と書くことができる．この関係が示すように，今，消費財 1 単位の消費をやめれば，現在価値にして，p_t 円の購買力を次期の消費にまわすことができる．次期の消費財の現在価値価格は p_{t+1} 円なので，次期にまわした購買力を使って，次期の消費を p_t/p_{t+1} 単位だけ増やすことができる．この値から 1 を引いたのが実物利子率であることを上の関係は示している．

消費者の効用最大化の 1 次条件や企業の利潤最大化の 1 次条件を使うと，実物利子率は消費量や資本量の関数として表現することもできる．つまり，(3.20) より，

$$r_{t,t+1} = \frac{u'(c_t)}{\rho u'(c_{t+1})} - 1 \tag{3.39}$$

となる．また，(3.37) より，利潤最大化の 1 次条件として，

$$p_{t+1} f'(k_t) = p_t$$

が成り立つので，

$$r_{t,t+1} = f'(k_t) - 1$$

という関係も成立する．

長期均衡では，時間が移っても，消費量は変化しない．したがって，長期均

衡利子率は(3.39)より，

$$r = \rho^{-1} - 1 \tag{3.40}$$

となることがわかる．また，長期均衡における資本量 k は，

$$f'(k) = \rho^{-1}$$

という条件によって決定される．

3.6 逆向きの帰納法の意味

これまで，無限期間に渡る消費者の効用最大化問題を考えてきた．しかも，各期間の効用関数と生産関数は，それぞれ時間に関わらず，一定である．その結果，(3.32)式の最適性原理では，時点 0 における資本ストックの生み出す将来効用である価値関数 $V(k_0)$ と，時点 1 における資本ストックの価値関数 $V(k_1)$ は，同じ関数であった．もし，効用関数や生産関数が，時間と共に変化するなら，各時点における価値関数は，時間に依存する関数 $V_t(k_{t-1})$ として表わされなければいけない．また，たとえ効用関数と生産関数が時間に依存しないとしても，無限期間ではなく，有限期間のモデルであれば，やはり，価値関数は，時間に依存する関数 $V_t(k_{t-1})$ として，表わされなければならない．

価値関数を用いることの意味を，有限期間モデルで，効用関数と生産関数が時間に依存しないと仮定して説明しよう．いま，初期値が k_0 で，時点 T に資本ストック k_T を残す最適成長モデルを考える．k_0 と k_T は，所与の定数である．すると，問題(3.14)は，

$$\begin{aligned}
& \max \sum_{t=1}^{T} \rho^{t-1} u(c_t) \\
& s.t. \quad c_t + k_t \leq f(k_{t-1}), \quad t = 1, \cdots, T \\
& \quad\quad c_t \geq 0, \ k_{t-1} \geq 0, \quad t = 1, \cdots, T \\
& \quad\quad k_0, \ k_T \ \text{given}
\end{aligned} \tag{3.41}$$

と書きかえられる．価値関数と最適性原理を用いるのは，上の最適化問題を，より簡単な問題へ変換することができるからである．「より簡単」というこの

意味を以下で説明しよう．上の問題を次のようにして，最終期から始めて，逆向きに解いてみる．これを**逆向きの帰納法**(backward induction)とよぶ．まず，時点 $T-1$ で得られる資本ストックの生む効用を，価値関数，

$$V_T(k_{T-1}) = \max\{u(c_T) \mid c_T + k_T \leq f(k_{T-1})\} \qquad (3.42)$$

で定義する．$c_T = f(k_{T-1}) - k_T$ で u の最大値が得られるので，$V_T(k_{T-1}) = u(f(k_{T-1}) - k_T)$ である．次に，時点 $T-2$ では，

$$V_{T-1}(k_{T-2}) = \max\{u(c_{T-1}) + \rho V_T(k_{T-1}) \mid c_{T-1} + k_{T-1} \leq f(k_{T-2})\} \qquad (3.43)$$

と定義する．これより，k_{T-1} の最適値は，k_{T-2} の関数となり，$k_{T-1} = h_{T-1}(k_{T-2})$ と表わされる．

同様の操作を続けて，

$$V_2(k_1) = \max\{u(c_2) + \rho V_3(k_2) \mid c_2 + k_2 \leq f(k_1)\} \qquad (3.44)$$

を定義する．そして，$k_2 = h_2(k_1)$ が得られる．この時，$k_{T-1} = h_{T-1} \circ h_{T-2} \circ \cdots \circ h_3 \circ h_2(k_1)$ である．最終的に，

$$V_1(k_0) = \max\{u(c_1) + \rho V_2(k_1) \mid c_1 + k_1 \leq f(k_0)\} \qquad (3.45)$$

を定義すると，$\widehat{k}_1 = h_1(\widehat{k}_0)$ が定まる．そして，他の最適値 $\widehat{k}_2 = h_2(\widehat{k}_2), \cdots, \widehat{k}_{T-1} = h_{T-1}(\widehat{k}_{T-2})$ が求まる．

有限期間の計画問題においては，最適性原理と逆向きの帰納法を用いると，問題(3.41)を解くために必要な計算量を節約できるのである．このことを次の例を用いて説明しよう．

いま，k は，2と1の値のみをとることとする．そして，1期前の k_{t-1} と今期の k_t の値によって，効用 $u(k_{t-1}, k_t)$ が決まるとする．効用は，表3-1のように与えられるとする．

いま，割引因子を $\rho = 0.5$，終期を $T = 4$ とする．初期条件 $k_0 = 2$，終期条件 $k_4 = 2$ を与える．また，k_{t-1} と k_t は1か2の値を任意にとれるものとする．すると，資本ストックの $(k_0, \cdots, k_4)$ の可能な経路として，表3-2のように，

表 3-1

(k_{t-1}, k_t)	$u(k_{t-1}, k_t)$
$(2, 2)$	$u(2,2)=4$
$(2, 1)$	$u(2,1)=8$
$(1, 2)$	$u(1,2)=2$
$(1, 1)$	$u(1,1)=5$

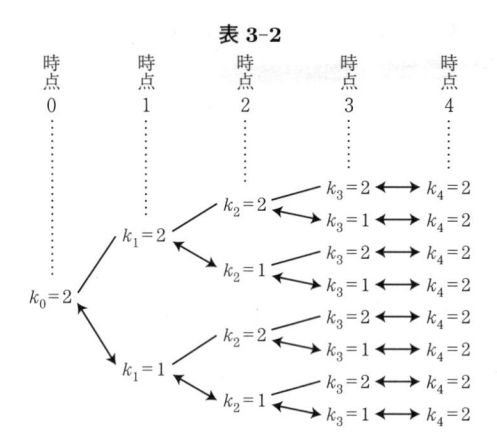

表 3-2

```
時点      時点     時点     時点     時点
 0        1        2        3        4
                           k_3=2 ←→ k_4=2
                  k_2=2 <
                           k_3=1 ←→ k_4=2
         k_1=2 <
                           k_3=2 ←→ k_4=2
                  k_2=1 <
                           k_3=1 ←→ k_4=2
k_0=2 <
                           k_3=2 ←→ k_4=2
                  k_2=2 <
                           k_3=1 ←→ k_4=2
         k_1=1 <
                           k_3=2 ←→ k_4=2
                  k_2=1 <
                           k_3=1 ←→ k_4=2
```

8通りの可能性が生じる.

それぞれの経路上での各期間の効用 $u(k_{t-1}, k_t)$ の値は，表3-3で与えられている．したがって，効用の流列の割引現在価値を頭から計算して比較しようとすれば，8通りの経路のそれぞれに沿って計算しなければならない．各経路上の割引現在価値の値は，表3-3の右の欄にまとめられている．その最大値は12である．

さて，逆向きの帰納法を使うとどうなるであろうか．まず，$V_4(k_3)$ を，

$$V_4(2) = u(2,2) = 4, \quad V_4(1) = u(1,2) = 2 \qquad (3.46)$$

と定義する．

そして，$V_3(k_2)$ を，

表 3-3

期間 1 $u(k_0, k_1)$	期間 2 $u(k_1, k_2)$	期間 3 $u(k_2, k_3)$	期間 4 $u(k_3, k_4)$	$\sum_{t=1}^{4}\left(\frac{1}{2}\right)^{t-1}u(k_{t-1}, k_t)$
$u(2,2)=4$	$u(2,2)=4$	$u(2,2)=4$	$u(2,2)=4$	7.5
			$u(1,2)=2$	8.25
		$u(2,1)=8$		
		$u(1,2)=2$	$u(2,2)=4$	9
	$u(2,1)=8$		$u(1,2)=2$	9.5
		$u(1,1)=5$		
$u(2,1)=8$		$u(2,2)=4$	$u(2,2)=4$	10.5
	$u(1,2)=2$		$u(1,2)=2$	11.25
		$u(2,1)=8$		
		$u(1,2)=2$	$u(2,2)=4$	11.5
	$u(1,1)=5$		$u(1,2)=2$	12

$$V_3(k_2) = \max\{u(k_2, k_3) + 0.5V_4(k_3)\} \tag{3.47}$$

と定義する．すると，$k_2=2$ に対して，(3.47)の $\{\ \}$ の中は，

$$u(2,1) + 0.5V_4(1) = 9 > u(2,2) + 0.5V_4(2) = 6 \tag{3.48}$$

より，$k_3=1$ で最大となる．よって，$V_3(2)=9$ である．一方，$k_2=1$ に対しては，

$$u(1,1) + 0.5V_4(1) = 6 > u(1,2) + 0.5V_4(2) = 4 \tag{3.49}$$

より，$k_3=1$ で最大となる．よって $V_3(1)=6$ である．以上で，$k_2=1, 2$ の値に対応する最適な k_3 の値の関係 $k_3=h_3(k_2)$ を決めたことになる．すなわち，

$$h_3(1) = 1, \quad h_3(2) = 1$$

である．
　次に，$V_2(k_1)$ を，

$$V_2(k_1) = \max\{u(k_1, k_2) + 0.5V_3(k_2)\} \tag{3.50}$$

と定義する．$k_1=2$ に対して，(3.50)の $\{\ \}$ の中は，

$$u(2,1) + 0.5V_3(1) = 11 > u(2,2) + 0.5V_3(2) = 8.5 \tag{3.51}$$

より，$k_2=1$ で最大となる．よって，$V_2(2)=11$ である．一方，$k_1=1$ に対しては，

$$u(1,1)+0.5V_3(1) = 8 > u(1,2)+0.5V_3(2) = 6.5 \qquad (3.52)$$

より，$k_2=1$ で最大となる．よって，$V_2(1)=8$ である．以上から k_2 の最適な値の k_1 の値に対する関係 $k_2=h_2(k_1)$ が定まる．

最後に，

$$V_1(k_0) = \max\{u(k_0,k_1)+0.5V_2(k_1)\} \qquad (3.53)$$

は，$k_0=2$ なので，(3.53) の $\{\ \}$ の中は，

$$u(2,1)+0.5V_2(1) = 12 > u(2,2)+0.5V_2(2) = 9.5$$

より，$k_1=1$ で最大となる．$V_1(k_0)$ の値は 12 である．以上で，$k_0=2$ に対する最適な k_1 の値すなわち $\widehat{k}_1=1$ が決まり，そして $\widehat{k}_2=1$，$\widehat{k}_3=1$ も決定される．

逆向きの帰納法では，表 3-2 の双方向の矢印がついた (k_{t-1}, k_t) の組を含む経路のみを残して，他の経路は各段階で捨ててゆくのである．効用の加重和を計算するに際しては，表 3-3 の双方向の矢印のついた効用についての加重和を残して，逆方向に次のステップに進むということを行っている．逆向きの帰納法では，計算のステップを省略しながら最適解を求めることができる．

以上が，有限期間モデルにおいて，価値関数を用いることの利点である．無限期間モデルにおいては，最終時点が存在しないので，逆向きの帰納法は利用できない．その一方，(3.32) 式でわかるように，価値関数が時間に依存しない一定の関数となり，このことが，次章で説明するように，別な意味で分析を簡略化することになるのである．

第4章　最適成長モデル

1部門の最適成長モデルは，キャス(Cass 1965)とクープマンズ(Koopmans 1965)によって，連続時間モデルで分析された．本章では，それを離散時間モデルにおきかえたモデルの分析を行い，代表的消費者のもとでの動学的一般均衡モデルの性質を明らかにする．

前章で紹介した最適性原理が示すように，最適化問題(3.32)の解として定まる来期の資本量 k_1 は当期の資本量 k_0 によって決定される．そのため，最適成長経路上では次期の資本量が当期の資本量の関数として記述されるのが普通である．毎期の状態変数(資本量)をつなぐ，そのような関数は一般に動学関数(動学系)とよばれる．また，本書のモデルでは，次期の資本量を定める動学系は時間に依存しないこともわかる．そのような動学関数は自律的と表現される．本書を通じて均衡動学の分析は基本的に最適動学系にもとづいて行われるので，最適動学関数の導出は本書の最も基本的な部分をなす．

最適成長経路を最適化の1次条件によって特徴づけることもできる．そのような特徴づけとして，本章では，オイラー方程式を導入する．オイラー方程式の重要な役割の1つは，最適動学系の不動点として定まる長期均衡を決定し，最適動学経路の長期均衡の近傍での動きを示すことである．長期均衡から少しだけ外れた経路が長期均衡に戻るような性質をもつ場合には，長期均衡は局所的安定であると言われる．どんな初期値をとっても，長期均衡に近づく場合には大域的安定であると表現される．

4.1 1部門モデル

問題は，1人当たりの変数で表わされて，次の形で与えられているとする．ただし，$0<\rho<1$ であることに注意せよ．

$$\max \sum_{t=1}^{\infty} \rho^{t-1} u(c_t)$$
$$s.t. \quad c_t + k_t \leq f(k_{t-1}), \quad t=1,2,\cdots \quad (4.1)$$
$$k_0 \geq 0 \text{ given}$$

初期値 k_0 が与えられたとき，この問題の制約条件のみをみたす経路，すなわち実現可能経路は無数にある．その中で，パレート効率的な経路，それも，将来効用の割引現在価値の総和を最大化する経路を求めるのである．

最適成長モデルを，動学的一般競争モデルとして解釈できることについては，前章に述べたので，それを繰り返すことは避けたい．以下では，問題(4.1)の解の性質を調べることに専念したい．

4.2 解の性質

効用関数 u と生産関数 f は，狭義の単調増加関数でかつ強い意味での凹関数とする．また，限界効用と限界生産物は，消費財 c や投入資本 k の量が0のときに無限大となり，また，投入資本量が十分大きいときには限界生産物が1より小さくなることを仮定する(第3章(3.16), (3.17)式を見よ)．更に，$u(0)=f(0)=0$ とする．

以上の準備の下で証明できる性質を補題として挙げてゆく．

補題 4.1 任意の $k_0 \geq 0$ を初期値とする，問題(4.1)の最適解 $(\mathbf{c}, \mathbf{k})$ が存在する．

$k_0=0$ の場合は，$f(k_0)=0$ であるので，必然的に，$c_t=k_t=0$ となる．$k_0>0$ に対する，最適解の存在は，第6章で，より一般的なケースについて証明することとし，ここでの証明は省略する．

補題 4.2 所与の $k_0 \geq 0$ を初期値とする問題(4.1)の最適解は一意的である.

証明 同じ k_0 を初期値とする最適解が2つあり,$(\mathbf{c}, \mathbf{k})$, $(\mathbf{c}', \mathbf{k}')$ であるとする.少なくとも,1つの t について $c_t \neq c_t'$ である.2つの経路の中間の経路として,

$$\mathbf{c}'' = \left\{\frac{c_t + c_t'}{2}\right\}, \quad \mathbf{k}'' = \left\{\frac{k_t + k_t'}{2}\right\} \tag{4.2}$$

を定義する.f が凹関数なので,

$$\begin{aligned} c_t'' + k_t'' &= \frac{c_t + c_t'}{2} + \frac{k_t + k_t'}{2} = \frac{c_t + k_t}{2} + \frac{c_t' + k_t'}{2} \\ &\leq \frac{f(k_{t-1})}{2} + \frac{f(k_{t-1}')}{2} \leq f(k_{t-1}'') \end{aligned} \tag{4.3}$$

となり,$\mathbf{c}''$ と $\mathbf{k}''$ は実現可能である.更に,u が凹関数なので,

$$\frac{u(c_t) + u(c_t')}{2} \leq u(c_t'') \tag{4.4}$$

である.u が強い意味の凹関数なので,少なくとも1つの t について,(4.2)が強い不等号で成り立つ.(4.2)式に ρ^{t-1} を乗じて,$t=1, 2, \cdots$ についての和をとると,

$$\frac{1}{2}\left[\sum_{t=1}^{\infty} \rho^{t-1} u(c_t) + \sum_{t=1}^{\infty} \rho^{t-1} u(c_t')\right] < \sum_{t=1}^{\infty} \rho^{t-1} u(c_t'') \tag{4.5}$$

となる.(4.5)から,$\mathbf{c}''$ が $\mathbf{c}$ や $\mathbf{c}'$ よりも高い効用を与え,$\mathbf{c}$ と $\mathbf{c}'$ が最適であることと矛盾する.よって,最適解は一意的でなければいけない.

補題 4.3 $k_0 > 0$ を初期値とする問題(4.1)の最適解 $(\mathbf{c}, \mathbf{k})$ に対して,$c_t > 0$, $k_t > 0$ がすべての t について成り立つ.

証明 (i) まず,$k_1 > 0$ を証明する.その為に $k_1 = 0$ と仮定しよう.すると,$c_1 = f(k_0)$ となる.第2期以降は,生産ができないので,$c_t = 0$ $(t=2, 3, \cdots)$ となる.効用の総和は,$V = u(c_1)$ である.

次に,実現可能な経路として,第1期の消費と,第1期以降の資本ストックが,

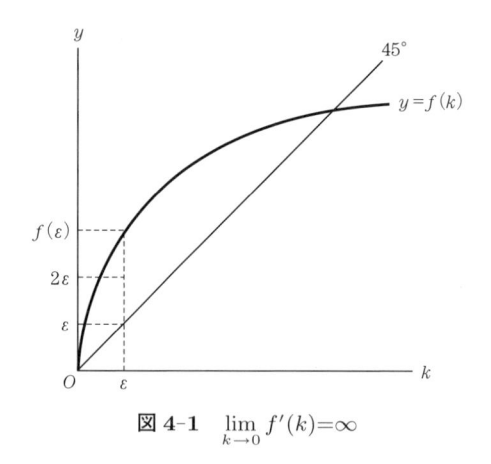

図 4-1 $\lim_{k \to 0} f'(k) = \infty$

$$c'_1 = f(k_0) - \varepsilon, \quad k'_t = \varepsilon, \quad t = 1, 2, \cdots \tag{4.6}$$

であるものを考える．ε を十分に 0 に近くとると，図 4-1 のように，

$$c'_t = f(\varepsilon) - \varepsilon > \varepsilon, \quad t = 2, 3, \cdots \tag{4.7}$$

がみたされる．よって，$(\mathbf{c}', \mathbf{k}')$ は実現可能である．総効用は，

$$V' = u(c'_1) + \frac{\rho}{1-\rho} u(\varepsilon) \tag{4.8}$$

よりも大きい．(4.8)から，$V = u(c_1)$ を引いて，$c'_1 = c_1 - \varepsilon$ を代入して，ε で割ると，

$$\frac{V' - V}{\varepsilon} = \frac{\rho}{1-\rho} \frac{u(\varepsilon)}{\varepsilon} - \left[\frac{u(c_1 - \varepsilon) - u(c_1)}{-\varepsilon} \right] \tag{4.9}$$

となる．ここで，ε を 0 に近づけると，右辺の第 1 項は，u の 0 における限界効用の $\rho/(1-\rho)$ 倍に近づくので，無限大に，第 2 項は，u の c_1 における限界効用すなわち有限な値に近づく[1]．よって，ε が十分小さいとき，$V' - V > 0$ となる．したがって，最適解では，$k_1 = 0$ ではあり得なく，$k_1 > 0$ でなければ

---

[1] (4.9)式の右辺の第 2 項の極限値は，u が微分可能であれば，$u'(c_1)$ に近づく．u が微分可能でなくともマイナス無限大になることがないことは，u が凹関数であり，$c_1 > 0$ であることから保証される．

ならない．

　(ii) 次に $c_1>0$ を証明する．その為に，$c_1=0$ と仮定しよう．すると，$k_1=f(k_0)$ である．前章で定義した価値関数を用いて，k_1 を初期値とする場合の最大総効用を $V(k_1)$ とする．すると k_0 を初期値として，$k_1=f(k_0)$ で，k_2 以降を最適とする経路の総効用は，

$$V = u(0) + \rho V(k_1) = \rho V(k_1) \tag{4.10}$$

である．今，実現可能な解として，

$$c_1' = \varepsilon, \quad k_1' = k_1 - \varepsilon \tag{4.11}$$

となるものを考える．k_1' から先は効用を最大化すると，この経路の生み出す効用は，

$$V' = u(\varepsilon) + \rho V(k_1 - \varepsilon) \tag{4.12}$$

である．(4.12)から(4.10)を引いて，ε で割ると，

$$\frac{V'-V}{\varepsilon} = \frac{u(\varepsilon)}{\varepsilon} - \rho \frac{[V(k_1-\varepsilon)-V(k_1)]}{-\varepsilon} \tag{4.13}$$

となる．ε を十分小さくすると，右辺の第1項は，無限に大きくなり，第2項は，有限な値に近づく．したがって，十分小さな $\varepsilon>0$ に対しては，$V'>V$ となる．これは，最適経路上で，$c_1=0$ であったことと矛盾する．よって，$c_1>0$ でなければならない．

　(iii) 以上で，$k_0>0$ であれば，$k_1>0, c_1>0$ であることを証明した．同様にして，$k_1>0$ から先でも効用が最大化されることを用いれば，$k_2>0, c_2>0$ が証明される．数学的帰納法を用いて，$k_t>0, c_t>0$ がすべての t について証明される．

　補題 4.1，補題 4.2 によって，k_0 が与えられると，最適経路が存在し，それが一意的に決まる．そこで，最適経路上の k_1 のみを考える．k_1 は k_0 に依存するので，その関数関係を $k_1=h(k_0)$ と表わし，h を**最適動学関数**とよぶ．k_1 を初期値とするときの最適な経路上で k_2 が決まることを考えれば，一般に，

最適経路上では,

$$k_t = h(k_{t-1}), \quad t = 1, 2, \cdots \tag{4.14}$$

が成り立つことがわかるであろう．$h(h(k_0))$ を $h^2(k_0)$ と表わす．更に，h を t 回操作することを $h^t(k_0)$ と表わす．すると，

$$k_t = h^t(k_0), \quad t = 1, 2, \cdots \tag{4.15}$$

が成り立っている．図 4-2 は，最適動学関数 h を通じて，$k_1, k_2, \cdots$ がどのように決められてゆくかを表わしている．

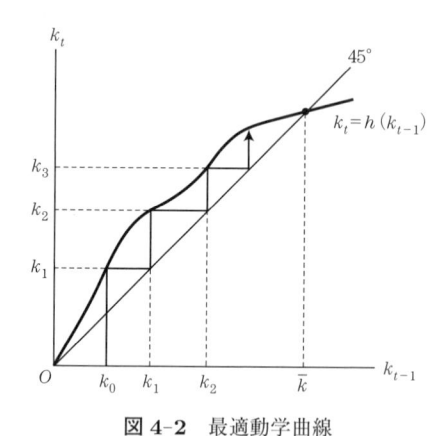

図 4-2 最適動学曲線

次の結果は，補題 4.1 と共に，第 6 章で証明される．

補題 4.4 h は連続関数である．

4.3 最適性の十分条件

次に，問題 (4.1) の最適解がどのような経路になっているかを調べよう．以下では，効用関数 u と生産関数 f の微分可能性を仮定した上で，最適経路を $(\widehat{c}_t, \widehat{k}_t)$ で表わす．補題 4.3 により，$k_0 > 0$ を初期値とする最適経路上では，消費財，資本ストックが，共に正の値をとる．よって，$0 \leq y \leq f(x)$ をみたす点

(x, y) の組の集合を D と定義すると，最適経路上では，$(\widehat{k}_{t-1}, \widehat{k}_t)$ が D の内点となる．そこで，最適経路上で，特定の T を選び，それ以外の t については，k_t を最適値に等しくする．k_T のみを自由に動かすとして，k_T を x でおきかえよう．すると，(4.1) の目的関数が最大化されるためには，

$$\rho^{T-1} u\left(f\left(\widehat{k}_{t-1}\right) - x\right) + \rho^T u\left(f(x) - \widehat{k}_{t+1}\right) \tag{4.16}$$

が $x = \widehat{k}_T$ で最大化されなければいけない．(4.16) 式を x で微分して，$x = \widehat{k}_T$ を代入すると，0 となる．よって，

$$-\rho^{T-1} u'\left(f\left(\widehat{k}_{T-1}\right) - \widehat{k}_T\right) + \rho^T u'\left(f\left(\widehat{k}_T\right) - \widehat{k}_{T+1}\right) f'\left(\widehat{k}_T\right) = 0 \tag{4.17}$$

がみたされる．(4.17) 式は，**オイラー方程式**(Euler equation) とよばれるものである．これは，T のとり方に関わらず成り立つ式である．ここで，$\widehat{c}_t = f(\widehat{k}_{t-1}) - \widehat{k}_t$ を考慮すると，すべての t について，

$$u'(\widehat{c}_t) = \rho u'(\widehat{c}_{t+1}) f'\left(\widehat{k}_t\right) \tag{4.18}$$

が成り立つのである．いま，

$$P_t = u'(\widehat{c}_t), \quad p_t = \rho^{t-1} u'(\widehat{c}_t) \tag{4.19}$$

とおくと，P_t は効用で測った消費財の経常価格，p_t は現在価格となる．

長期均衡を求めるためには，(4.18) 式で，$\widehat{c}_t = \widehat{c}_{t+1} = \overline{c}$，$\widehat{k}_t = \overline{k}$ とおいて，$u'(\overline{c})$ で両辺を割る．すると，

$$f'\left(\overline{k}\right) = \rho^{-1} \tag{4.20}$$

が得られる．(4.20) 式をみたす $\overline{k}$ が最適な長期均衡 (定常解) である．第 3 章で f が強い意味の凹関数であると仮定したので，長期均衡は一意的である (図 4-3)．

(4.17) 式は，2 階の非線形差分方程式である．$T = 1$ とおいて，(4.17) 式を考える．k_0 と k_1 が与えられたとき，(4.17) 式から k_2 が決まる．k_0 が与えられただけでは，(4.17) 式から k_1 と k_2 は定まらない．同じ k_0 の値に対して，

図 4-3 $f'(\bar{k}) = \rho^{-1}$

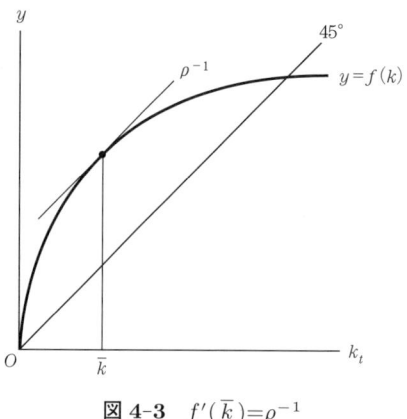

(4.17)式をみたす k_1 と k_2 の組は無数に存在するのである. 初期値 k_0 が与えられると最適解が一意的に決まることを合わせて考えてみると, k_0 を初期値として, オイラー方程式をみたす経路の中には, 最適解ではない無数のものが含まれている.

オイラー方程式をみたす実現可能な経路から, 最適解を選び出すために, まず(4.18)式と(4.19)式を考えよう. 効用関数が凹関数なので, (4.19)式は, $\rho^{t-1}u(c) - p_t c$ が $c = \widehat{c}_t$ で最大化されることを意味する. すなわち,

$$\rho^{t-1}u(\widehat{c}_t) - p_t \widehat{c}_t \geq \rho^{t-1}u(c_t) - p_t c_t \tag{4.21}$$

がすべての $c_t \geq 0$ について成り立つ. 一方, (4.18)式と(4.19)式から, $p_{t-1} = p_t f'(\widehat{k}_{t-1})$ である. 生産関数が凹関数であることを考慮すると, $p_t f(k) - p_{t-1} k$ が $k = \widehat{k}_{t-1}$ で最大化される. すなわち,

$$p f(\widehat{k}_{t-1}) - p_{t-1}\widehat{k}_{t-1} \geq p_t f(k_{t-1}) - p_{t-1} k_{t-1} \tag{4.22}$$

がすべての $k_{t-1} \geq 0$ について成り立つ. (4.21)式と(4.22)式を加えて, $c_t \leq f(k_{t-1}) - k_t$ を用いると,

$$\rho^{t-1}u(\widehat{c}_t) + \left[p_t \widehat{k}_t - p_{t-1}\widehat{k}_{t-1}\right] \geq \rho^{t-1}u(c_t) + [p_t k_t - p_{t-1} k_{t-1}] \tag{4.23}$$

を得る. (4.23)式を $t=1$ から, $t=T$ まで加えると,

$$\sum_{t=1}^{T} \rho^{t-1} u(\widehat{c}_t) + \left[p_T \widehat{k}_T - p_0 k_0\right] \geq \sum_{t=1}^{T} \rho^{t-1} u(c_t) + [p_T k_T - p_0 k_0] \quad (4.24)$$

となる．初期値が固定されていることから，$\widehat{k}_0 = k_0$ である．T が無限大になると共に横断性条件，

$$\lim_{T \to \infty} p_T \widehat{k}_T = 0 \quad (4.25)$$

が成り立っているならば，

$$\sum_{t=1}^{\infty} \rho^{t-1} u(\widehat{c}_t) \geq \sum_{t=1}^{\infty} \rho^{t-1} u(c_t) \quad (4.26)$$

が成立する．このとき，$(\widehat{\mathbf{c}})$ は実現可能な消費流列の中で，最大の効用を与えている．したがって，$(\widehat{\mathbf{c}}, \widehat{\mathbf{k}})$ は最適成長問題(4.1)の解となる．

以上の議論から，次の定理が証明されたことになる．

定理 4.1 オイラー方程式(4.17)，横断性条件(4.25)，$\widehat{c}_t + \widehat{k}_t = f(\widehat{k}_{t-1})$ ($t=1, 2, \cdots$) と $\widehat{k}_0 = k_0$ をみたす実現可能な経路 $(\widehat{\mathbf{c}}, \widehat{\mathbf{k}})$ は，問題(4.1)の最適解である．

4.4 長期均衡の安定性

オイラー方程式(4.17)は，2階の非線形差分方程式である．左辺をおきかえて，

$$F(k_{t-1}, k_t, k_{t+1}) = 0 \quad (4.27)$$

としよう．長期均衡では $k_t = \overline{k}$ で，これは(4.27)式をみたしている．F を k_{t-1}, k_t, k_{t+1} で偏微分して，長期均衡 $\overline{k}$ で評価したものを，F_1, F_2, F_3 とおく．$(\overline{k}, \overline{k}, \overline{k})$ を通る線形関数として，

$$F_1 \cdot (k_{t-1} - \overline{k}) + F_2 \cdot (k_t - \overline{k}) + F_3 \cdot (k_{t+1} - \overline{k}) = 0 \quad (4.28)$$

を考える．(4.27)と(4.28)は共に，$k_{t-1} = k_t = k_{t+1} = \overline{k}$ でみたされる．$(\overline{k}, \overline{k}, \overline{k})$

の近傍で，非線形関数(4.27)を，線形関数で近似したものが(4.28)式である[2]．

(4.28)式は，2階の線形差分方程式である．第2章2.7節の特性方程式は，

$$F_3\lambda^2+F_2\lambda+F_1 = 0 \quad (4.29)$$

で与えられる．

補題 4.5 (4.28)式の特性根 λ_1, λ_2 について，$0<\lambda_1<1<\lambda_2$ が成り立つ．

証明

$$g(\lambda) = F_3\lambda^2+F_2\lambda+F_1 \quad (4.30)$$

とおいて，(4.29)式の解が共に正で，1を境に分かれることを証明する．(4.17)式を偏微分して，(4.20)式を用いると，

$$F_1 = -\rho^{t-1}u''f' > 0 \quad (4.31)$$

$$F_2 = \rho^{t-1}\left\{\rho\left[u''(f')^2+u'f''\right]+u''\right\} < 0 \quad (4.32)$$

$$F_3 = -\rho^t u''f' > 0 \quad (4.33)$$

が得られる．F_1 と F_3 は共に正である．次に，(4.20)式で与えられた関係を(4.31)-(4.33)に代入して，計算をすると，

$$F_1+F_2+F_3 = \rho^t u'f'' < 0 \quad (4.34)$$

である．図4-4は，放物線 $y=g(\lambda)$ の曲線である．図から理解できるように，

$$g(0) = F_1 > 0, \quad g(1) = F_3+F_2+F_1 < 0 \quad (4.35)$$

がみたされるので，$0<\lambda_1<1<\lambda_2$ となる．

補題4.5から，$\lambda_1 \neq \lambda_2$ なので(4.28)の一般解は，第2章2.7節より，

$$k_t = \overline{k}+c_1\lambda_1^t+c_2\lambda_2^t \quad (4.36)$$

---

[2] (4.28)式の変数にかかる係数は，長期均衡で評価された偏微分係数 $F_i(\overline{k},\overline{k},\overline{k})$ なので，これは定数である．

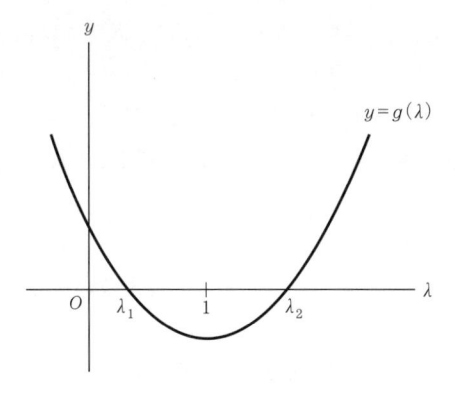

図 4-4 $g(\lambda)=0$ の解

で表わされる．一般解 (4.36) は，k_0 と k_1 の値が決まると確定する．(4.36) 式に，$t=0$ と $t=1$ を代入して，

$$c_1+c_2 = k_0-\bar{k}, \quad c_1\lambda_1+c_2\lambda_2 = k_1-\bar{k} \qquad (4.37)$$

から，c_1 と c_2 が定まるからである．k_0 を所与として，$c_2=0$ となるように k_1 を選ぶと，$k_t=\bar{k}+c_1\lambda_1^t$ は，$\bar{k}$ に収束する．この動きは，図 4-5 において長期均衡 $E=(\bar{k},\bar{k})$ を通り，傾きを λ_1 とする直線 ℓ を用いて表わされる．

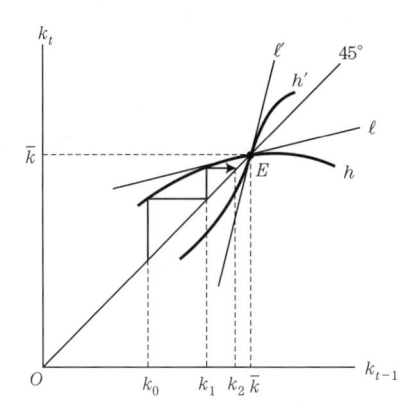

図 4-5 h: 安定, h': 不安定

k_1 を決めるには，横軸上の k_0 を利用して ℓ 上に点 (k_0,k_1) を見つける．更に，k_1 から k_2 を決めるには，45°線を利用して，横軸上の点 k_1 をとり，そ

して上に点 (k_1, k_2) をみつける．(k_{t-1}, k_t) は，直線 ℓ に沿って，長期均衡 E に近づくのである．

一方，$c_1=0$ となるように，k_1 を定めると，解 $k_t=\bar{k}+c_2\lambda_2^t$ は発散する．この動きは，E を通り傾き λ_2 をもつ直線 ℓ' を利用して表わされる．(k_{t-1}, k_t) は，ℓ' 上を E から遠ざかるように発散してゆく．

このように，特性方程式の根の半数が1より小さい絶対値をもち，他の半数が1より大きい絶対値をもつとき，差分方程式の定常解は**鞍点**(saddle point) であるといわれる．

オイラー方程式(4.17)は，非線形差分方程式なので，その一般解が(4.36)式で与えられるわけではない．定常解の近傍では，その解の動きが(4.36)式で近似できるだけである．しかし，上で調べた線形差分方程式の解の性質から，オイラー方程式の解も長期均衡の近傍では，鞍点となっていることがわかる．そして，ℓ で近似されている曲線 h と ℓ' で近似される曲線 h' があり，それぞれがオイラー方程式の解で，E に収束する経路と発散する経路となるものが存在する．h 上の動きは，図4-2で表わされている．

我々の目的は，オイラー方程式の解そのものではなく，問題(4.1)の最適解にある．最適解は初期値 k_0 が決まると一意的に決まる．以下では，この動きに限定して，安定性を議論しよう．

定義 4.1 長期均衡 $\bar{k}$ に対して，$\bar{k}$ の適当な近傍をとると，その中の任意の点を初期値とする解が $\bar{k}$ に収束するならば，$\bar{k}$ は**局所的安定性**(local stability)をもつ．

この定義における解とは，問題(4.1)の解，すなわち最適解である．次の結果を証明できる．

補題 4.6 問題(4.1)の長期均衡 $\bar{k}$ は，局所的安定性をもつ．

証明 補題4.5と図4-5からわかるように，$(\bar{k}, \bar{k})$ の近傍でオイラー方程式の解には，$0<\lambda_1<1$ に対応して，$\bar{k}$ に収束する経路がある．この経路に沿って k_t が $\bar{k}$ に収束し，$u'(c_t)$ も $u'(\bar{c})$ に収束する．よって，$\rho^{t-1}u'(c_t)k_t$ は，

$$0 \cdot u'(\overline{c})\overline{k} = 0 \tag{4.38}$$

に収束する．したがって，$\overline{k}$ に収束する経路は，横断性条件をみたすオイラー方程式の解である．定理 4.1 よりこの解は最適解である．最適解は一意的なので，局所的安定性が成り立つことになる．

最適解は，(4.14)式の関数 h で表わされる．h は，次の性質をもつ．

$$h(0) = 0, \quad h(\overline{k}) = \overline{k}, \quad k_t = h(k_{t-1}), \quad t = 1, 2, \cdots \tag{4.39}$$

更に，補題 4.5 と補題 4.6 より，$\overline{k}$ における h の傾きが 1 より小さい正数となる．これに加えて，生産関数が強い意味で凹関数なので，(4.20)式で決まる長期均衡は一意的である．よって，曲線 h が 0 と $\overline{k}$ の間で，45° 線より上方に，$k > \overline{k}$ で，45° 線の下方に位置する．

我々は，最適解が長期均衡の近傍でもつ性質のみならず，$\overline{k}$ から離れた点での性質にも関心がある．

定義 4.2 任意の点 $k_0 > 0$ を初期値 k_0 とする解が $\overline{k}$ に収束するなら，長期均衡 $\overline{k}$ は**大域的安定性**(global stability)をもつ．

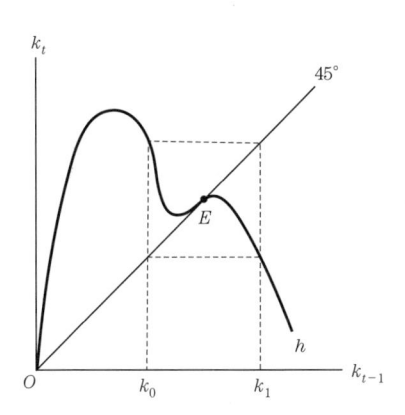

図 4-6 h が単調増加でないケース

これまで調べてきた最適解の性質では大域的安定性を証明するには十分ではない．図4-6は，局所的安定性および(4.39)の性質をすべてみたす場合である．しかし，図の k_0 を初期値とする解は，k_1 に行き，$k_2=k_0$ となる周期解になっていて，$\bar{k}$ には収束しない．次の定理では，h が単調増加であることを証明することによって，大域的安定性を保証する[3]．

定理 4.2 問題(4.1)の長期均衡 $\bar{k}$ は大域的安定性をもつ．

　証明 (4.20)から正の長期均衡は一意的である．補題4.2から任意の初期値に対する問題(4.1)の最適解が一意的なので，最適動学関数 h が定まる．h が非減少単調関数であることがわかれば，正の長期均衡の一意性と局所的安定性(補題4.6)から大域的安定性が導かれる．

　いま，2個の異なる初期値 $k_0'>k_0$ をとって，k_0 からの最適解を $\{\widehat{k_t}\}$，k_0' からの最適解を $\{\widehat{k_t'}\}$ とする．そして，第3章(3.32)のベルマンの最適性原理を用いる．

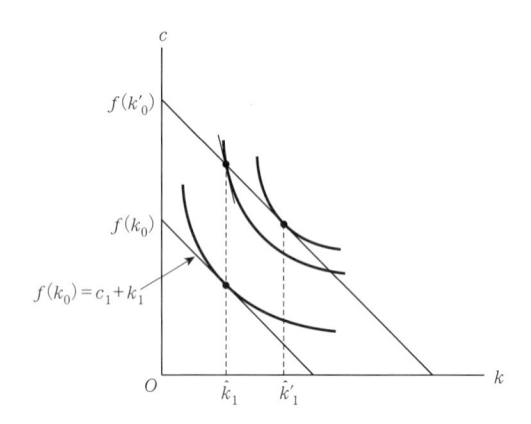

図 4-7 単調性：$k_0'>k_0 \Rightarrow \widehat{k_1'} \geq \widehat{k_1}$

制約条件 $c_1+k_1=f(k_0)$ は，(k_1,c_1) 平面上における図4-7の右下がりの直線を表わす．k_0' に対しては，制約条件はより右上方に位置している．一方，

---

[3] 以下の証明方法は，Dechert, W. D., and K. Nishimura (1983), "A Complete Characterization of Optimal Growth Paths in an Aggregated Model with a Non-Concave Production Function," *Journal of Economic Theory* 31, pp.332-354 の中で使われた証明を簡略化したものである．

価値関数 $V(k)$ が凹関数(補題 3.1)なので,$u(c_1)+\rho V(k_1)$ は,(c,k) の凹関数である.無差別曲線は原点に対して凸となる.無差別曲線と制約式の接点で,第1期の資本ストックの最適値 $\widehat{k}_1$ が決まる.k_1 を固定すると,無差別曲線の限界代替率は,c_1 の値の非減少関数である.これは,$u(c_1)$ の限界効用が c_1 の非増加関数だからである.よって,図 4-7 から,$\widehat{k}_1' \geq \widehat{k}_1$ がわかる.よって,最適動学関数は,非減少関数であり,長期均衡は大域的に安定となる.

第5章　動学的最適モデルの応用

　動学的一般均衡モデルは，現代のマクロ経済分析の基礎を与えている．以下では，財政政策の有効性というテーマに話を絞って，モデルの応用方法を紹介しよう．

　前半に紹介するのは課税と公債の間のリカード同等性に関する議論である．動学的一般均衡モデルの資産制約のもとでは，第3章でも見たとおり，将来の価格に関する予測が不変ならば，消費は資産総額によって決定される．その場合，財政政策が公債によって賄われようと課税によって賄われようと，消費者の行動には何ら影響を与えない．現在発行される公債を償還するためには将来の課税が不可欠であり，現在の課税も将来の課税も割引現在価値が等しいかぎり，消費者の資産総額には影響を与えないからである．この議論はバローによって提示され，中立性命題という呼び名でも知られている．

　動学的一般均衡モデルにもとづく財政政策の有効性に関する議論はミルトン・フリードマンの恒常所得仮説まで遡ることができる．バローの議論では，政府支出は一定とされるが，フリードマンの議論では，政府支出が一定に保たれない場合も考慮され，減税など，一時的な課税政策の変化が消費に影響を与えないとされる．資産総額に発生する利子は恒常所得とよばれ，消費は恒常所得によって決定されることが示された．一時的な減税による一時的な所得増加はほとんどが貯蓄に回され，恒常所得や消費の増加には寄与しない．この議論は矢野によって動学的一般均衡モデルにおいて，大域的な証明が与えられ，一時的減税の準中立性命題ともよばれる．

5.1 動学的一般均衡と中立性命題

これまでは，消費者の数が 1 人であった．これは，代表的家計であり，その効用は社会的厚生関数である．以下では，2 種類の消費者に分かれ，それぞれが将来に渡る効用を最大化すると仮定する．効用関数と生産関数は凹関数と仮定する．もちろん，消費者のみだけでなく，生産面でも，異なる財を生産する複数の産業を想定するなら，これまでのモデルをより一般化できる．しかし，ここでは，消費者のみを複数とする．そこで，消費者は，$i=\alpha,\beta$ の 2 人がいるとする．そして，それぞれは，子供を 1 人もつとする．

消費者 i は，時点 0 で，親から受け継いだ遺産を保有する．遺産の内容は資本ストックである．遺産を b_{i0}，資本ストックを k_{i0}，資本財の価格を p_0 とすると，次の関係が成り立つ．

$$b_{i0} = p_0 k_{i0} \tag{5.1}$$

時点 0 の代表的消費者の所得は，遺産 b_{i0} と時間から独立な一定の労働量 ℓ_i からの収入 $w_1 \ell_i$ である．消費者は，時点 0 で保有する所得の下に，消費計画をたて，時点 0 に消費財 c_{i1} を購入し，期間 1 に消費して効用を得る．同時に次世代に遺産をのこし，この遺産 b_{i1} は，時点 1 で，子供に引き渡される．消費財の価格を p_1 とすると，予算制約式は，

$$p_1 c_{i1} + b_{i1} \leq b_{i0} + w_1 \ell_i \tag{5.2}$$

で与えられる．同様にして，t 期目の消費者にとっての予算制約式は，

$$p_t c_{it} + b_{it} \leq b_{i,t-1} + w_t \ell_i \tag{5.3}$$

となる．消費財の価格 p_t と賃金率 w_t は，時点 1 で評価した，t 期の消費財と労働の現在価格である．また遺産 b_t も，現在価値によって評価している．その結果，

$$\lim_{t \to \infty} b_{it} = 0 \tag{5.4}$$

である限り，

$$\sum_{t=1}^{\infty} p_t c_{it} \leq p_0 k_{i0} + \sum_{t=1}^{\infty} w_t \ell_i \tag{5.5}$$

が得られる．この条件の下で消費者は，

$$\max \sum_{t=1}^{\infty} \rho^{t-1} u_i(c_{it}) \tag{5.6}$$

を解く．

一方，生産面では，初期の資本ストックが，

$$k_{\alpha 0} + k_{\beta 0} = k_0 \tag{5.7}$$

で与えられ，企業は，$F(k_{t-1}, \ell_\alpha + \ell_\beta) = f(k_{t-1})$ に従い，各期に利潤を最大化するように生産を行う．

$$\max \left[p_t f(k_{t-1}) - p_{t-1} k_{t-1} - w_t (\ell_\alpha + \ell_\beta) \right], \quad t = 1, 2, \cdots \tag{5.8}$$

生産物は，2人の消費者の消費する財と次期の生産に投入する資本ストックとして用いられる．

$$k_t + c_{\alpha t} + c_{\beta t} \leq f(k_{t-1}), \quad t = 1, 2, \cdots \tag{5.9}$$

以上は，動学的一般均衡モデルである．このモデルの枠組の中で，バロー (Barro 1974) の中立性命題を考えてみよう[1]．中立性命題は，政府が財源を公債の市中発行で賄う場合と，課税で賄う場合に，消費者や生産者の行動に違いはないというものである．

さて，政府は時点 0 で消費者 i に対して，τ_i の額の課税をする．これは，政府の第 1 期の支出 g を賄うものである．課税額の現在価値の和を，

$$\tau_\alpha + \tau_\beta = g \tag{5.10}$$

とする．消費者 i の可処分資産が τ_i だけ減少するので，資産制約式は，

---

[1] Barro, R. (1974), "Are Government Bonds Net Wealth?," *Journal of Political Economy* 82, pp.1095-1117.

$$\sum_{t=1}^{\infty} p_t c_{it} \leq p_0 k_{i0} + \sum_{t=1}^{\infty} w_t \ell_i - \tau_i \tag{5.11}$$

となる.

一方，別なケースとして，時点 0 で政府が g の財源を確保するために，g の額の公債を発行する場合を考えよう．この公債は，時点 1 で償還されるとする．時点 1 において償還される公債の価値は，第 2 期の消費財の量で測って，G であるとする．その現在価値 $p_2 G$ は，g と等しいので，

$$G = \frac{g}{p_2} \tag{5.12}$$

である．消費者 i が，時点 0 に公債を g_i だけ購入したとすると，第 1 期のフローの予算制約式は，

$$p_1 c_{i1} + b_{i1} = b_{i0} + w_1 \ell_i - g_i \tag{5.13}$$

である．また，時点 1 で各消費者に G_i の公債が償還され，それを賄うための課税もされる．$p_2 G_i$ は現在価値なので g_i に等しい．政府は，時点 1 で公債を償還する財源として，各消費者に第 2 期の消費財の量で測って T_i の課税をする．各消費者への課税額の現在価値 $p_2 T_i$ は (5.10) 式の τ_i に等しいとする．このとき，課税額の和は償還される公債の価値と等しい．すなわち，

$$T_\alpha + T_\beta = G, \quad \tau_\alpha + \tau_\beta = g \tag{5.14}$$

が成り立つ．(5.14) の第 1 式は第 2 期の消費財の量で測った式，第 2 式は現在価値で測った式である．消費者の第 2 期のフローの予算制約式は，

$$p_2 c_{i2} + b_{i2} = b_{i1} + w_2 \ell_i + g_i - \tau_i \tag{5.15}$$

である．第 3 期以降のフローの予算制約式は，前と変わらない．すると，資産制約式は，

$$\sum_{t=1}^{\infty} p_t c_{it} = p_0 k_{i0} + \sum_{t=1}^{\infty} w_t \ell_i - \tau_i \tag{5.16}$$

となり，これは (5.11) 式と同じである．すると時点 1 で課税される消費者も，時点 0 で課税される消費者とおなじ最適消費経路をもつことになる．公債を

発行してもいずれ償還しなければならないので，償還は課税によって埋め合わされる．結局，消費者にとっては課税のみがネットの効果として残るのである．

更に，消費者は，$g_i = \tau_i$ となるように公債を需要することは可能で，そのことによって，資産制約式(5.11)の下での最大効用を与える消費経路が達成される．しかも，このとき，債券に対する総需要 $g_\alpha + g_\beta$ は供給量 g と一致し，

$$g_\alpha + g_\beta = \tau_\alpha + \tau_\beta \tag{5.17}$$

が成り立つ．このようにして，次の結果が証明された．

定理 5.1 同額の財政を公債の市中発行で賄うことと，課税で賄うことは，どちらも同じ資源配分をもたらす．

公債を発行するなら，債券市場では，債券の供給曲線が右へシフトする．一方で，公債償還時における課税を予測した消費者は，今期に債券を買って，課税にそなえようとする．その結果，債券の需要曲線が供給曲線と同じ量だけ右にシフトする．これが中立性命題の主張することである．

公債を発行して，すなわち借金をして，今期の政府支出を賄うことは，財政赤字，すなわち財政収支の赤字を意味する．我々のモデルは，貿易を無視した閉鎖経済モデルである．しかし，バローの中立性命題は，開放経済モデルについても適用できる．そして中立性命題の下で，財政赤字は経常収支の赤字と独立であるという結論が導かれる．このことをみるために，外国と自国債券市場の均衡を考えてみよう．外国として，アメリカを考えてほしい．外国の財政赤字が外国の経常収支の赤字，すなわち自国の経常収支の黒字を生むか否かを議論する．負の経常収支は定義により資本収支に等しいので，債券市場の図 5-1 を用いることにする．

はじめに両国の資本収支は，それぞれが E_0, E_0^* で均衡しているとする．外国が公債を発行すると債券市場で，供給曲線が S_0^* から S_1^* にシフトする．外国の債券需要が変化しなければ，債券価格は q_1 まで低下して，外国の資本輸出＝外国の経常収支の赤字を生むことになる．しかし，バローの中立性命題

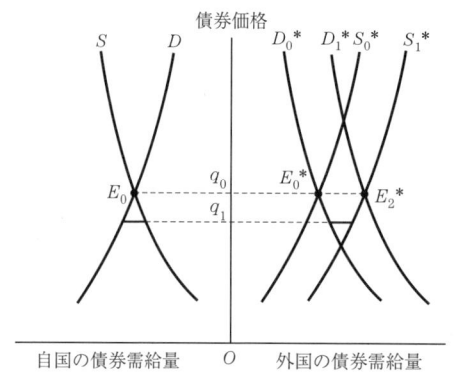

図中ラベル: 債券価格, S, D, D_0^*, D_1^* S_0^*, S_1^*, q_0, q_1, E_0, E_0^*, E_2^*, 自国の債券需給量, O, 外国の債券需給量

図 5-1 国際債券市場

によれば，実際は，外国の債券需要は供給量の増加に見合うだけ，すなわち，D_1^* までシフトし，その結果資本収支は均衡したままであるという．この場合，経常収支も均衡していることになる．財政赤字があっても，経常収支は変わらないのである．

一般に，アメリカの財政赤字と経常収支の赤字を双子の赤字として前者が後者の原因であるかのように議論されている．しかし，中立性命題によれば，公債発行は将来の増税につながることを消費者が完全に予見しているなら，経常収支は変化しない．したがって，経常収支が赤字であるなら，それは財政赤字とは別な原因による可能性がある．例えばベビーブームの世代の高い消費意欲などが経常収支の赤字の原因であるということも考えられるのである．

5.2 最適成長と準中立性命題

動学的競争均衡経路は，最適成長経路として分析できる．このことは，複数の消費者の存在する経済でも同じである．

5.1 節の問題では，(5.6)式で与えられたように，それぞれの消費者の効用を最大化する．最大効用は，資本ストックの初期保有量 k_{i0} が定まると決定される．初期保有量の合計 k_0 を一定として，(5.7)式をみたすように，$k_{\alpha 0}$ と $k_{\beta 0}$ を変化させると 2 人の最大効用も変わる．図 5-2 がそのときの効用可能性曲

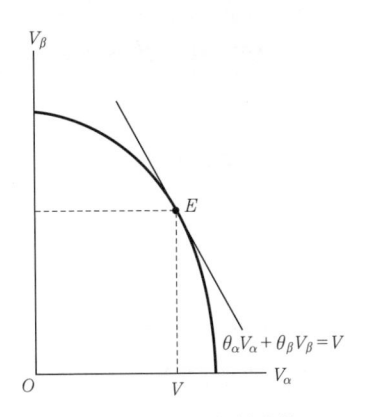

図 5-2 効用可能性曲線

線を表わす．初期保有量 $k_{\alpha 0}$ と $k_{\beta 0}$ を特定化すると曲線上の 1 点 E が実現される．すべての関数が凹関数であると仮定すると，効用可能性曲線は原点に対して凹となる．点 E は，適当にウエイト θ_i を選ぶと 2 人の効用の加重和を最大化する点となっている．逆に，適当にウエイトを定めるなら，効用の加重和を目的関数として，それを最大化するような資源配分を求めると，それが動学的競争均衡経路と対応する．これは，一般均衡の静学モデルにおける均衡解の存在証明をするために根岸 (Negishi 1960) によって用いられた方法である[2]．

各消費者は，資産制約の下で，第 3 章 (3.19) 式のラグランジュ関数を最適化するように消費計画をたてる．したがって，第 3 章 (3.20) 式をみたしている．すなわち，各期の消費財の限界効用を，その期の消費財の価格で割った値は，一定のラグランジュ係数に等しい．この値が θ_i の逆数と等しいように，ウエイト θ_i を定義しよう．そこで動学的一般均衡モデルにおける解 $(\widehat{c}, \widehat{k})$ と均衡価格経路 $\widehat{p}$ が与えられたとき，

$$\rho^{t-1}\theta_i u'_i(\widehat{c}_{it}) - p_t = 0, \quad t = 1, 2, \cdots \tag{5.18}$$

をみたすように θ_i を定義できるのである．この θ_i は効用の**帰属価値**とよばれる．θ_i を用いて，次のような社会的厚生関数を定義する．

---

2) Negishi, T. (1960), "Welfare Economics and Existence of an Equilibrium for Competitive Economy," *Metroeconomica* 12, pp.92-97 を参照せよ．

$$u(c) = \max \sum_i \theta_i u_i(c_i) \tag{5.19}$$
$$s.t. \quad c_\alpha + c_\beta = c$$

そして，この厚生関数について，最適化問題，

$$\max \sum_{t=1}^{\infty} \rho^{t-1} u(c_t)$$
$$s.t. \quad c_t + k_t \leq f(k_{t-1}), \quad t = 1, 2, \cdots \tag{5.20}$$
$$k_0 \text{ given}$$

を考える．すると，前節の動学的競争均衡解では，価格が，

$$\sum_{t=1}^{\infty} p_t < \infty, \quad \sum_{t=1}^{\infty} w_t < \infty \tag{5.21}$$

をみたすことを仮定すると，次の結果が証明される．

補題 5.1 (5.5)-(5.9)で定義される動学的一般均衡モデルの解 $(\widehat{\mathbf{c}}, \widehat{\mathbf{k}})$ は，問題(5.20)の解にもなる．ただし，$k_0 = k_{\alpha 0} + k_{\beta 0}$, $\widehat{c}_{\alpha t} + \widehat{c}_{\beta t} = \widehat{c}_t$ である．

証明 この結果は，第3章定理3.1の証明とほぼ同様である．(5.18)式から，

$$\rho^{t-1} \theta_i u_i(\widehat{c}_{it}) - p_t \widehat{c}_{it} \geq \rho^{t-1} \theta_i u_i(c_{it}) - p_t c_{it}, \quad i = \alpha, \beta \tag{5.22}$$

一方，生産面では，利潤最大化条件から，任意の $k_{t-1} > 0$ に対して，

$$p_t f(\widehat{k}_{t-1}) - p_{t-1} \widehat{k}_{t-1} - w_t(\ell_\alpha + \ell_\beta)$$
$$\geq p_t f(k_{t-1}) - p_{t-1} k_{t-1} - w_t(\ell_\alpha + \ell_\beta) \tag{5.23}$$

が成り立つ．(5.22)式と，(5.23)式との和をとり，$f(\widehat{k}_{t-1}) - \widehat{c}_{\alpha t} - \widehat{c}_{\beta t} = \widehat{k}_t$ とおいて，$f(k_{t-1}) - c_{\alpha t} - c_{\beta t} \geq k_t$ を用いて，労働への支払いを両辺から引くと，

$$\rho^{t-1} \sum_i \theta_i u_i(\widehat{c}_{it}) + [p_t \widehat{k}_t - p_{t-1} \widehat{k}_{t-1}]$$
$$\geq \rho^{t-1} \sum_i \theta_i u_i(c_{it}) + [p_t k_t - p_{t-1} k_{t-1}] \tag{5.24}$$

を得る．(5.24)式を $t=1$ から，$t=T$ まで加えると，

$$\sum_{t=1}^{T} \rho^{t-1} \sum_{i} \theta_i u_i(\widehat{c}_{it}) + [p_T \widehat{k}_T - p_0 \widehat{k}_0]$$
$$\geq \sum_{t=1}^{T} \rho^{t-1} \sum_{i} \theta_i u_i(c_{it}) + [p_T k_T - p_0 k_0] \quad (5.25)$$

となる.初期値が固定されていることから,$\widehat{k}_0 = k_0$ である.(3.18)から経路 $\widehat{\mathbf{k}}$ は有界であり,(5.21)から,T が無限大になると共に p_t は 0 に収束するので,

$$\lim_{T \to \infty} p_T \widehat{k}_T = 0 \quad (5.26)$$

が成り立っている.よって,(5.25)で T を無限大にして,

$$\sum_{t=1}^{\infty} \rho^{t-1} \sum_{i} \theta_i u_i(\widehat{c}_{it}) \geq \sum_{t=1}^{\infty} \rho^{t-1} \sum_{i} \theta_i u_i(c_{it}) \quad (5.27)$$

が成立する.$\widehat{\mathbf{c}}$ は実現可能な消費流列の中で,最大の効用を与えている.したがって,$(\widehat{\mathbf{c}}, \widehat{\mathbf{k}})$ は最適成長モデル(5.20)の解となっている.

多数消費者を含む動学的一般均衡モデルを最適成長モデルに変換することは,ベッカー(Becker 1980)によって長期均衡の分析に,ビューリー(Bewley 1982)と矢野(Yano 1984)によって一般均衡解の長期均衡解への収束の証明に用いられた[3].以下では,長期均衡を仮定した上で議論をする.また,以下では,効用の帰属価値を正規化して,

$$\theta_\alpha + \theta_\beta = 1, \quad \theta_\alpha \geq 0, \quad \theta_\beta \geq 0 \quad (5.28)$$

がみたされていると仮定する.これは,価格を正規化することでもある.

さて,長期均衡では,均衡解が,

$$p_t = \rho^{t-1} P, \quad w_t = \rho^{t-1} W \quad (5.29)$$

---

[3] Becker, R. (1980), "On the Long-Run Steady State in a Simple Dynamic Model of Equilibrium with Heterogeneous Households," *Quarterly Journal of Economics* 95, pp.375-382; Bewley, T. (1982), "An Integration of Equilibrium Theory and Turnpike Theory," *Journal of Mathematical Economics* 10, pp.233-267; Yano, M. (1984), "The Turnpike of Dynamic General Equilibrium Paths and Its Insensitivity to Initial Conditions," *Journal of Mathematical Economis* 13, pp.235-254.

および,

$$c_{it} = c_i, \quad k_t = k \qquad (5.30)$$

をみたしている.よって,

$$\sum_{t=1}^{\infty} p_t = (1-\rho)^{-1}P, \quad \sum_{t=1}^{\infty} w_t = (1-\rho)^{-1}W \qquad (5.31)$$

である.このことを用いて,資産制約式(5.11)を書きかえると,

$$Pc_i = (1-\rho)\rho^{-1}Pk_{i0} + W\ell_i - (1-\rho)\tau_i \qquad (5.32)$$

が得られる.長期均衡解は,ρ の値が変わると変化する.ρ を 1 に近づけると,それに従って,長期均衡解における P, W, c_i は,

$$P^* c_i^* = W^* \ell_i \qquad (5.33)$$

をみたす P^*, c_i^*, W^* に収束する.極限での消費財の配分は,初期の資本ストックの配分 k_{i0} や課税額 τ_i とは独立に決まり,効用の帰属価値も,

$$\theta_\alpha^* u'_\alpha(c_\alpha^*) = \theta_\beta^* u'_\beta(c_\beta^*) \qquad (5.34)$$

をみたす値に収束する.

　以上の準備の下に,政府が所得の再分配政策をとり,消費者 α に τ_α の課税をして,β に $\tau_\beta = -\tau_\alpha$ の額の所得補助を行うとする.すると各消費者は,(5.32)式の資産制約式に直面することになる.ここで,ρ を十分に 1 に近い値として固定すると動学的一般均衡解が長期均衡に収束するという結果と,ρ を 1 に近づけると長期均衡が資本の初期配分や課税額から独立な値に収束する結果を合わせて,準中立性命題とよぶ次の定理が成り立つことが矢野(Yano 1991)によって証明された[4].

定理 5.2 割引因子 ρ を十分に 1 に近くとるなら,1 回限りの所得再分配は,十分に遠い将来の各期の資本ストック k_t や消費財 c_{it} の配分にほとんど影響

---

[4] Yano, M. (1991), "Temporary Transfers in a Simple Dynamic General Equilibrium Model," *Jounral of Economic Theory* 54, pp.372-388 を参照せよ.

しない．

5.3 既約型効用関数モデル

1部門の最適成長モデルにおける効用関数に，生産関数を代入して，

$$u(f(k_{t-1})-k_t) = v(k_{t-1}, k_t) \tag{5.35}$$

とおくと，効用関数を資本ストックの関数とみなすことができる．任意の $x\geq 0$ となる $0\leq y\leq f(x)$ の組 (x,y) の集合を D とすることによって，D の上で定義された効用関数 v を考えればよい．v は k_{t-1} について増加関数，k_t について減少関数，(k_{t-1}, k_t) についての凹関数である．微分を用いて，v の性質として，

$$v_1 > 0, \quad v_2 < 0 \tag{5.36}$$

$$v_{11} < 0, \quad v_{22} < 0, \quad v_{11}v_{22} - v_{12}^2 > 0 \tag{5.37}$$

が仮定されるのが通常である．なお，v_{12} は v の交叉偏微分である．このように，資本ストックの関数として定義された効用関数を**既約型効用関数**(reduced form utility function)とよぼう．

いくつかの異なるモデルも，既約型効用関数を用いると本質的には同じ形をしていることがわかる．例えば，資本ストックによる外部性をもつ場合の効用関数，

$$u(c_t, k_t) \tag{5.38}$$

も，既約型効用関数モデルに変換できる．

次に，生産が2部門，すなわち2産業で行われる場合を考えてみよう．第1部門が消費財，第2部門が資本財を生産する．それぞれの部門では，資本と労働を投入して生産が行われる．各部門の生産は，1次同次で準凹性をもつ生産関数に従っている．

$$c = F^1(K_1, L_1), \quad y = F^2(K_2, L_2) \tag{5.39}$$

投入量の合計は，現存する総資本量 k と総労働量 1 を越えることはない．

$$K_1+K_2 \leq k, \quad L_1+L_2 \leq 1 \qquad (5.40)$$

総投入量の制約の下で，効率的な生産が行われるなら，一定の y に対して，消費量 c は最大化されているはずである．すなわち，

$$\begin{aligned}&\max F^1(K_1, L_1)\\&s.t. \quad y = F^2(K_2, L_2)\\&\quad K_1+K_2 \leq k\\&\quad L_1+L_2 \leq 1\end{aligned} \qquad (5.41)$$

を解くように資源が配分されている．問題(5.41)を解けば，最適な資源配分が求まる．この解は，k と y の関数である．それを $K_i(k,y)$, $L_i(k,y)$ としよう．すると，最適解では，

$$c = F^1(K_1(k,y), L_1(k,y)) \qquad (5.42)$$

となっている．そこで，(5.42)の関数を $c(k,y)$ とおくことにしよう．これは**社会的生産関数**とよばれるものである．

以上の準備の下で，前期に生産された資本ストック k_{t-1} と労働を用いて，今期に消費財 c_t と資本財 k_t を生産するなら，効率的な生産の下では，

$$c_t = c(k_{t-1}, k_t) \qquad (5.43)$$

が成り立つはずである．一方，効用関数は，これまで通り $u(c)$ であるとすると，(5.43)式を用いて，既約型効用関数，

$$v(k_{t-1}, k_t) = u(c(k_{t-1}, k_t)) \qquad (5.44)$$

が定義される．

生産側の条件から，すべての資源を資本財部門に投入した場合の生産量 y と総資本ストック $x=k$ の関係を表わす関数，

$$f(x) = F^2(x, 1) \qquad (5.45)$$

を定義するなら，任意の $x \geq 0$ と $0 \leq y \leq f(x)$ なる y の組 (x,y) の集合を D と

することによって，既約型効用関数の定義域が定まる．結局，生産が 2 部門で行われると解釈するなら，効用関数を既約型で考えるのが自然な扱いとなる．

資本財と消費財が完全代替的ではない，いいかえると，c_t と k_t の関係が非線形であれば，消費財の価格と資本財の価格は異なったものになる．このとき，動学的一般均衡モデルは，消費者の資産制約式が，

$$\sum_{t=1}^{\infty} q_t c_t \leq p_0 k_0 + \sum_{t=1}^{\infty} w_i \tag{5.46}$$

となり，一方，生産面では，個々の企業の利潤を集計して，

$$\max[q_t c(k_{t-1}, k_t) + p_t k_t - p_{t-1} k_{t-1} - w_t], \quad t = 1, 2, \cdots \tag{5.47}$$

を解くように生産がなされる．この修正の下で，動学的一般均衡モデルは，$(k_{t-1}, k_t) \in D$, $c_t = c(k_{t-1}, k_t)$ の制約の下で，$\sum_{t=1}^{\infty} \rho^{t-1} u(c_t)$ を最大化する最適成長モデルに変換できる．

いずれにせよ，最適成長モデルとしては，既約型効用関数を用いて，

$$\begin{aligned} &\max \sum_{t=1}^{\infty} \rho^{t-1} v(k_{t-1}, k_t) \\ &s.t. \quad (k_{t-1}, k_t) \in D, \quad t = 1, 2, \cdots \\ &\quad k_0 \text{ given} \end{aligned} \tag{5.48}$$

を分析するのが一般的である．

問題(5.48)の最適解の収束については，次章で議論することとする．

第6章 ターンパイク定理と大域的安定性

　これまでの議論の中で，最適成長問題として表現された異なる経済モデルが，既約型効用関数を用いるなら，形式的には全く同じ問題として扱われることを示してきた．いいかえると，いくつかの異なった経済的問題は，単一の数学的問題として扱われるのである．

　しかし，この種の離散時間での無限期間に渡る最適化問題は，主に経済学の分野で発展してきたもので，数学書でもまとまった取り扱いは少ない．現存する最も体系的な扱いは，マッケンジー(McKenzie 1986)によるものであろう[1]．

　我々は，前半のまとめとして，最適解の存在や定常解の大域的安定性を含めた最適化問題の数学を説明したい．最適成長理論では，定常解の大域的安定性はターンパイク定理とよばれてきた．ターンパイクというのは高速道路のことである．最適成長モデルでは，定常解は初期値に依存せず，どの初期値から出発しても，最終的には，最適解は定常解の非常に近くにとどまる．このような結論がターンパイク定理とよばれるのは，どこの地点から出発してもターンパイク(高速道路)に乗るのが最も早く目的地に着けるという連想からきている．

　ターンパイク定理を証明するには，最適経路を支える帰属価格(サポート価格)によって最適経路の価値を計り，その他の経路上での価値の損失(損失価値)を計算する方法がとられることが多い．以下でも，その手法を踏襲する．

　本章の議論は数学的に込み入っているので，始めのうちは，問題や変数の経済学的解釈は基本的に捨象し，微分可能性を仮定しないで議論をすすめる．

---

1) McKenzie, L. (1986), "Optimal Economic Growth, Turnpike Theorems and Comparative Dynamics," in K. Arrow and M. Intriligator, eds., *Handbook of Mathematical Economics*, Vol.III, Amsterdam: North-Holland, pp.1281-1355 を参照せよ．

6.1 動学的均衡の必要条件

いま，初期値を k_0 として，$0<\rho<1$ をみたす定数について定義された問題，

$$\max \sum_{t=1}^{\infty} \rho^{t-1} v(k_{t-1}, k_t)$$
$$s.t. \quad (k_{t-1}, k_t) \in D, \quad t = 1, 2, \cdots \quad (6.1)$$
$$k_0 \geq 0 \text{ given}$$

を考える．変数 k_t を**状態変数**(state variable)，流列 $\mathbf{k} = \{k_t\}_{t=0}^{\infty}$ を**軌道**とよぶ．関数 $v(k_{t-1}, k_t)$ の定義域が D である[2]．すべての t について，$(k_{t-1}, k_t) \in D$ をみたす軌道を**実行可能な軌道**とよび，実行可能な軌道の集合を $\mathbf{F}$ とする．一般に，問題(6.1)の解が存在するとは限らないが，ここではその存在を仮定して議論をすすめよう．解の存在証明は，本章 6.7 節で与えることにする．したがって，(6.1)の目的関数には有限の最大値が存在し，その解を(6.1)の**最適軌道**(optimal trajectory)とよぼう．$\mathbf{k}$ が最適軌道であるとは，$\mathbf{k}$ が実行可能で，かつ $x_0 = k_0$ をみたす任意の実行可能な軌道 $\mathbf{x}$ に対して，

$$\sum_{t=1}^{\infty} \rho^{t-1} v(k_{t-1}, k_t) \geq \sum_{t=1}^{\infty} \rho^{t-1} v(x_{t-1}, x_t) \quad (6.2)$$

をみたすことである．

(6.2)において，$t=T$ 以外の t については $x_t = k_t, t = 0, 1, \cdots$ と選ぶ．その上で，T の選び方は，$T \geq 0$ である限り任意なので，T を t でおきかえる．すると，次の必要条件が得られる．

必要条件 1(オイラー条件)：最適軌道を $\mathbf{k}$ とすると，$(k_{t-1}, y), (y, k_{t+1}) \in D$ なる任意の y に対して，

$$v(k_{t-1}, k_t) + \rho v(k_t, k_{t+1}) \geq v(k_{t-1}, y) + \rho v(y, k_{t+1}), \quad t = 1, 2, \cdots$$
$$(6.3)$$

---

[2] 以下では，k_t は実数であると仮定するので，D は $\mathbb{R}^2$ の部分集合である．

をみたす．

　最適解の第2の必要条件は，評価関数を用いて記述される．いま，K を実行可能な軌道が存在する初期値の集合とする．そして，$x \in K$ に対して，

$$V(x) = \max \left\{ \sum_{t=1}^{\infty} \rho^{t-1} v(k_{t-1}, k_t) \middle| k_0 = x,\ \mathbf{k} \in \mathbf{F} \right\} \quad (6.4)$$

を定義する．V を**評価関数**とよぶ．下の定理6.5によれば，K は最適軌道が存在する初期値の集合でもあり，評価関数 $V(x)$ が定義できる集合と一致する．

　最適軌道 $\mathbf{k}$ と $y_0 = k_0$ なる任意の実行可能な軌道 $\mathbf{y}$ について，

$$v(k_0, k_1) + \rho \sum_{t=2}^{\infty} \rho^{t-2} v(k_{t-1}, k_t) \geq v(k_0, y_1) + \rho \sum_{t=2}^{\infty} \rho^{t-2} v(y_{t-1}, y_t)$$

$$(6.5)$$

が成り立つ．第3章でみた通り，$\{k_t\}_{t=1}^{\infty}$ は k_1 を初期値とする最適軌道なので，評価関数を用いると，(6.5)を，

$$V(k_0) = v(k_0, k_1) + \rho V(k_1) \geq v(k_0, y_1) + \rho \sum_{t=2}^{\infty} \rho^{t-2} v(y_{t-1}, y_t) \quad (6.6)$$

と書きかえることができる．そして，y_1 を K に属する点とすると，

$$V(k_0) = v(k_0, k_1) + \rho V(k_1) \geq v(k_0, y_1) + \rho V(y_1) \quad (6.7)$$

が成り立つ．以上の議論は，最適軌道上の k_t から出発する軌道を考えても成り立ち，その軌道に対して(6.7)式が成り立つ．よって，次の条件が得られる．

必要条件2 (最適性原理)：$\mathbf{k}$ を最適軌道とすると，$(k_{t-1}, y) \in D$ なる $y \in K$ に対して，

$$V(k_{t-1}) = v(k_{t-1}, k_t) + \rho V(k_t) \geq v(k_{t-1}, y) + \rho V(y), \quad t = 1, 2, \cdots$$

$$(6.8)$$

が成立する．

ベルマンによる最適性原理は，無限期間の最適化問題を解くことが，(i) まず現時点での利得 $v(x,y)$ と将来の総利得 $\rho V(y)$ を求め，(ii) 次にそれらの総和 $v(x,y)+\rho V(y)$ を最大化するように戦略 y を決定する，という 2 段階決定問題を解くことに帰着することを意味している．

ベルマン原理によって，無限期間の最大化問題(6.1)を，2期間の最大化問題を使って，

$$V(k_0) = \max\{v(k_0,y)+\rho V(y) \mid (k_0,y) \in D,\ y \in K\} \quad (6.9)$$

と変換することができる．(6.9)の解 y の集合を $H(k_0)$ と書くなら，最適軌道上では，

$$k_t \in H(k_{t-1}), \quad t=1,2,\cdots \quad (6.10)$$

が成り立つ[3]．

(6.10)式は，点に対して集合を対応させる写像で表わされた，広い意味での動学系を表わしている．状態変数は，時間から独立な対応 H で関係づけられている．このとき(6.10)の動学系は，**自律系**(autonomous system)であるといわれる．

6.2 双対軌道

次に，利得関数 $v(x,y)$ が凹関数であることを仮定した上で最適軌道に対応する双対軌道を定義する．微分可能性は仮定しないが，以下の性質は仮定しておく[4]．

A1 $D \subset \mathbb{R}_+^2$ は閉集合かつ凸集合である．

A2 $v: D \to \mathbb{R}$ は連続な凹関数である．

A3 (自由処分) $(x,y) \in D,\ 0 \leq x \leq x',\ 0 \leq y' \leq y$ であるときは，$(x',y') \in D$ でかつ，$v(x',y') \geq v(x,y)$ をみたす．

---

[3] この段階では，最適軌道が初期値に対して，一意的に決まることを仮定していないので，k_t が集合 $H(k_{t-1})$ に属するという(6.10)式の表現に留める．最適軌道の一意性が保証される場合は，(6.10)式を $k_t = h(k_{t-1})$ でおきかえる．

[4] $\mathbb{R}_+^2 = \{(x_1,x_2) \mid x_1 \geq 0,\ x_2 \geq 0\}$ とする．

このうち，A3 は v が，x と y についてそれぞれ非減少と非増加の関数であるということである．A1 と A2 によって，D が凸集合かつ v が凹関数であることより，(6.4) で定義された評価関数 V が凹関数となる．

補題 6.1 $V(k)$ は k の凹関数である．

凹関数には双対ベクトルとよばれるものが必ず存在する．ここでそれを説明しよう．例として，$v(x,y)$ をとる．点 $(k,h) \in D$ において，ベクトル (R_1, R_2, R_3) が存在して，すべての $(x,y) \in D$ について，

$$R_3 v(k,h) + R_2 h + R_1 k \geq R_3 v(x,y) + R_2 y + R_1 x \tag{6.11}$$

をみたすとき，(R_1, R_2, R_3) を $v(x,y)$ の (k,h) における**双対ベクトル**(dual vector)とよぶことにする．$R_3 \neq 0$ の場合は，$R_3 = 1$ と正規化して，(R_1, R_2) を双対ベクトル，R_1, R_2 のそれぞれを双対変数とよぶことにする (図 6-1 参照)．

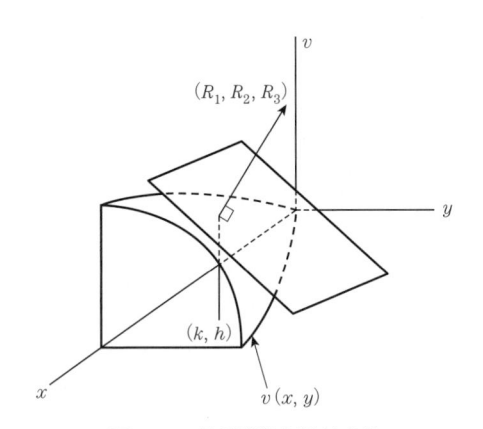

図 6-1 利得関数と双対変数

(k,h) が D の境界上にあるときは，$v(k,h)$ の接平面が (x,y) 平面に対して垂直となり，$R_3 = 0$ となる可能性があることに注意せよ．

評価関数は凹関数なので，各 k の値に対して，ある双対ベクトル (R_1, R_2) が存在して，すべての $x \in K$ に対して，

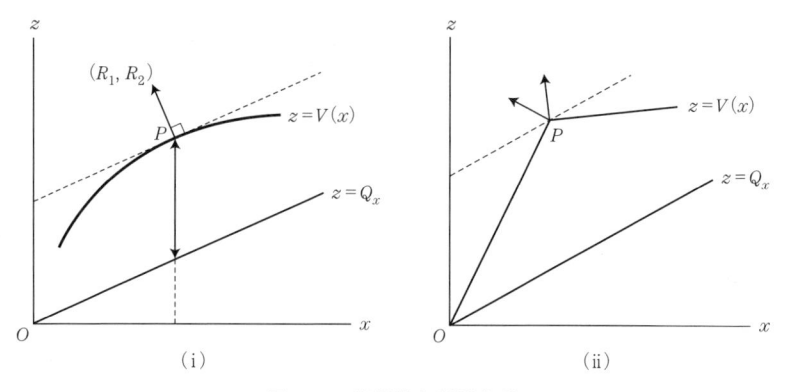

図 6-2 凹関数と双対変数

$$R_2V(k)+R_1k \geq R_2V(x)+R_1x \qquad (6.12)$$

が成り立つようにできる(図 6-2 参照).

$R_2 \neq 0$ の場合は $R_2=1$ と正規化して，R_1 を $V(x)$ の k における双対変数とよぶが，これは V の傾きに -1 を掛けた値である[5]．ここでは，図 6-2(i) の点 P におけるように，$z=V(x)$ のグラフが滑らかな曲線で描けるような場合だけを想定してはいない．その場合には，ベクトル (R_1,R_2) の方向は一意に定まるが，図 6-2(ii) の点 P におけるように，グラフにキンクがあって，ベクトルの方向が一意に定まらない場合も許していることに注意しよう．

補題 6.2　ある固定された $k \in K$ と Q を与えたとき，任意の $x \in K$ に対して，

$$V(k)-Qk \geq V(x)-Qx \qquad (6.13)$$

が成立するとする．このとき，$h \in H(k)$ に対して，適当な非負の変数 P が存在し，$-Q$ と P は $v(k,h)$ の双対変数，$-\rho^{-1}P$ は $V(h)$ の双対変数となる．いいかえると，任意の $(x,y) \in D$ に対して，

---

5) K の内部，すなわち内点の集合を $\mathrm{Int}\,K$ と書くと，$k \in \mathrm{Int}\,K$ に対しては，常に $R_2 \neq 0$ となる．k が境界上の点ならば，V の傾きが無限大となれば，$R_2=0$ となる．

$$v(k,h)+Ph-Qk \geq v(x,y)+Py-Qx \qquad (6.14)$$

$$\rho V(h)-Ph \geq \rho V(y)-Py \qquad (6.15)$$

が成立する．

証明 $h \in H(k)$ なので，ベルマン原理より，

$$V(k) = v(k,h)+\rho V(h), \quad V(x) \geq v(x,y)+\rho V(y)$$

となるので，(6.13)式を次のように書きかえることができる．

$$[v(k,h)-Qk]+\rho V(h) \geq [v(x,y)-Qx]+\rho V(y) \qquad (6.16)$$

これは，$(x,y) \in D$, $y \in K$ をみたす任意の (x,y) について成立する．ここで，話を簡単にするために，D の上限を示す境界線の傾きが x の増加と共に 0 に限りなく近づくケースを考えよう（より一般的には，そのような仮定なしでも，以下の結論を導くことも可能なことに注意しよう）．関数 V は単調増加的なので，すべての x について(6.13)を成立させるような Q は非負でなくてはならない．したがって，上の簡単化の仮定のもとでは，

$$u(y) = \max\{v(x,y)-Qx \mid (x,y) \in D\} \qquad (6.17)$$

という関数 $u(y)$ を定義することができる[6]．(6.16)式の右辺の第 1 項を $u(y)$ でおきかえても，(6.16)の不等式は成立する．

次に，(6.16)式の右辺で $y=h$ とすると，

$$v(k,h)-Qk \geq v(x,h)-Qx \qquad (6.18)$$

が $(x,h) \in D$ をみたす任意の x について成り立つ．よって，(6.18)式の左辺は $u(h)$ に等しい．以上から，(6.16)式を，

$$u(h)+\rho V(h) \geq u(y)+\rho V(y)$$

と書きかえられる．この式の右辺を y の関数とみなすと，$y=h$ において値が

---

[6] $v(x,y)$ が凹関数なので，$u(y)$ は凹関数となる．

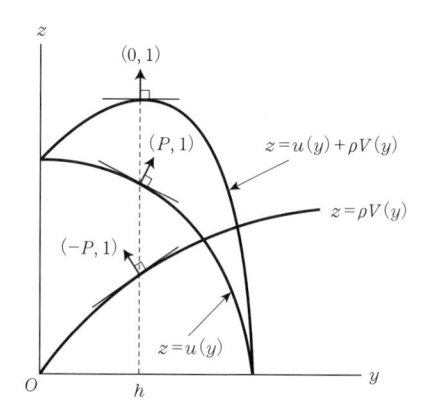

図 6-3 $y=h$ における双対変数のとり方

最大化されるので，$u(y)+\rho V(y)$ の $y=h$ における双対変数を 0 として選べる．よって，$\rho V(y)$ の $y=h$ における双対変数 $-P$ を適当に選んで，P が $u(y)$ の $y=h$ における双対変数となるようにできる．このことは，u と V を微分可能な関数で近似することによって，理解できるであろう (図 6-3 参照)．

以上で求めた P について，

$$\rho V(h) - Ph \geq V(y) - Py \tag{6.19}$$

$$u(h) + Ph \geq u(y) + Py \tag{6.20}$$

が成り立つ．(6.20)式と $u(y)$ の定義より，

$$v(k,h) - Qk + Ph \geq v(x,y) - Qx + Py \tag{6.21}$$

が成立する．(6.21)式は (6.14)式と同じである．P と Q が非負であることは，A3 の結果である．

軌道 **k** で，

$$(k_{t-1}, k_t) \in \text{Int} D, \quad t = 1, 2, \cdots \tag{6.22}$$

をみたすものを，**内部軌道**(interior trajectory)とよぼう．ここで，$\text{Int} D$ は集合 D の内部を表わしている．

定理 6.1 $\mathbf{k}$ を k_0 を初期値とする (6.1) の最適な内部軌道とする．すると，ある $\mathbf{P}$ が存在して，次の関係がみたされる．任意の $x \in K$ に対して，

$$V(k_{t-1}) - \rho^{-1} P_{t-1} k_{t-1} \geq V(x) - \rho^{-1} P_{t-1} x, \quad t = 1, 2, \cdots \quad (6.23)$$

また，任意の $(x, y) \in D$ に対して，

$$v(k_{t-1}, k_t) + P_t k_t - \rho^{-1} P_{t-1} k_{t-1} \geq v(x, y) + P_t y - \rho^{-1} P_{t-1} x, \quad t = 1, 2, \cdots$$
$$(6.24)$$

証明 k が内部軌道なので，V の k_0 における双対変数 $-Q$ が存在する．これに対して，$P_0 = \rho Q$ とおく．これで $t=1$ に対して，(6.23) 式が成り立つ．次に，(6.14) 式に $k=k_0, h=k_1$ を代入して，k_1 についての双対変数 P を用いて，$P_1 = P$ とおく．すると，(6.24) 式が $t=1$ について成り立つ．更に，(6.15) 式から，$-\rho^{-1} P_1$ が $V(h)$ の $h=k_1$ での双対変数となり，$t=2$ について，(6.23) 式が成り立つ．次に (6.14) 式に，$k=k_1, h=k_2$ を代入して，P_2 を求める．このように，すべての $t=1, 2, \cdots$ に対して (6.23) と (6.24) をみたす双対変数が求まる．

定理の (6.24) 式は，$(-\rho^{-1} P_{t-1}, P_t)$ が $v(x, y)$ の (k_{t-1}, k_t) における双対ベクトルであることを意味する．このとき，$\mathbf{P}$ を $\mathbf{k}$ の**双対軌道** (dual trajectory) とよぶ．なお，上の条件 (6.23), (6.24) は軌道の最適性の必要条件であって，十分条件ではない．十分性を言うためには，更に付加的な条件が必要である．その条件を述べる前に，有限期間モデルのケースを考えてみよう．

$$\begin{aligned} \max \sum_{t=1}^{T} \rho^{t-1} v(k_{t-1}, k_t) & \\ s.t. \quad (k_{t-1}, k_t) \in D, \quad t = 1, 2, \cdots & \\ k_0 \text{ given} & \end{aligned} \quad (6.25)$$

である．この問題の解は，オイラー条件 (6.3) を $t=1, \cdots, T-1$ についてみたしている．そして最終期には，すべての $(k_{T-1}, y) \in D$ に対して，

$$v(k_{T-1}, k_T) \geq v(k_{T-1}, y) \quad (6.26)$$

をみたさなければならない．(6.26)は横断性条件とよばれる．オイラー条件と横断性条件は，$k_0, k_1, \cdots, k_T$ が (6.25) の解である為の必要十分条件である．

一方，問題 (6.1) は無限期間の問題なので，終期が存在しない．この場合の横断性条件は，下の (6.27) 式で与えられる．次の定理は，最適性の十分条件を与える．

定理 6.2 k_0 から出発する実行可能な軌道 **k** が (6.24) 式に加えて，

$$\lim_{t \to \infty} \rho^{t-1} P_t k_t = 0 \tag{6.27}$$

をみたすなら，**k** は (6.1) の最適軌道である．

証明 (6.24) 式に ρ^{t-1} を掛けて $t=1$ から T まで加えると，

$$\sum_{t=1}^{T} \rho^{t-1} v(k_{t-1}, k_t) + \rho^{T-1} P_T k_T \geq \sum_{t=1}^{T} \rho^{t-1} v(x_{t-1}, x_t) + \rho^{T-1} P_T x_T \tag{6.28}$$

が $x_0 = k_0$, $(x_{t-1}, x_t) \in D$ をみたす任意の $x_0, \cdots, x_T$ について成り立つ．T を無限大にもってゆくと，(6.27) 式より，

$$\sum_{t=1}^{\infty} \rho^{t-1} v(k_{t-1}, k_t) \geq \sum_{t=1}^{\infty} \rho^{t-1} v(x_{t-1}, x_t) \tag{6.29}$$

が成り立つ．これは，**k** の最適性である．

6.3 微分可能なケース

利得関数が微分可能であると仮定するなら，これまでの議論の一部は，より簡略化される．

A4 v は $\text{Int} D$ の上で，連続微分可能である[7]．

最適軌道が内部軌道でもあるなら，(6.3) の左辺の y に関する最大化の 1 次条件より，

---

[7] v の連続微分可能性は，v の偏微分が存在し，かつ，それらが連続であるという意味である．

$$v_2(k_{t-1}, k_t) + \rho v_1(k_t, k_{t+1}) = 0 \qquad (6.30)$$

と表現される．これを**オイラー方程式**とよぶ．

一方，$\mathbf{k}$ の双対軌道 $\mathbf{P}$ は，

$$P_{t-1} = \rho v_1(k_{t-1}, k_t), \quad P_t = -v_2(k_{t-1}, k_t) \qquad (6.31)$$

によって定まる．

オイラー方程式は，2階の差分方程式である．よって，k_0 と共に k_1 を固定すれば，オイラー方程式から，k_2 が求まる．また，k_1 と k_2 から k_3 が求まる．このようにして，軌道が定まる．そのうち横断性条件(6.26)をみたすものが最適なのである．

有限期間モデル(6.25)では，$(k_{T-1}, k_T) \in \mathrm{Int}D$ であるなら，(6.26)式を，

$$v_2(k_{T-1}, k_T) = 0 \qquad (6.32)$$

と書きかえられる．また，末端の変数からの利得 $u(k_T)$ を加えて，問題(6.25)が，

$$\begin{aligned}
&\max \sum_{t=1}^{T} \rho^{t-1} v(k_{t-1}, k_t) + \rho^T u(k_T) \\
&s.t. \quad (k_{t-1}, k_t) \in \mathrm{Int}D, \quad t = 1, \cdots, T \\
&\qquad k_0 \text{ given}
\end{aligned} \qquad (6.33)$$

と修正されるなら，横断性条件は，

$$v_2(k_{T-1}, k_T) + \rho u'(k_T) = 0 \qquad (6.34)$$

に変わる．横断性条件は，問題によって，また (k_{T-1}, k_T) が定義域の内部にあるか否かによって，異なったものになる．ともかく，オイラー方程式をみたし，かつ，横断性条件をみたすものは問題の解となる．

利得関数が微分可能であるとき，定理6.1から，評価関数も微分可能となる．次の結果は，ベンベニステとシェンクマン(Benveniste and Scheinkman

1979)および矢野(Yano 1993)による[8]．

系6.1 $k \in K$ に対して，$V(k)$ の双対変数が存在するとする．更に，$h \in H(k)$ かつ $(k,h) \in \text{Int}\,D$ をみたす h が存在するとせよ．このとき，V は k で連続微分可能である．

証明 ある Q が存在し，任意の $x \in K$ について(6.13)式をみたす．その Q と適当な P に対して，(6.14)式が任意の $(x,y) \in D$ について成り立つ．(6.14)式から $v(k,h)$ の k に関する偏微分として，Q が一意的に決定される．これは，(6.13)式をみたす Q が一意的に決まることを意味する．よって，V は k で微分可能となる．したがって，$Q = V'(k)$ が成り立つ．$V'(k)$ の連続性は，v が連続微分可能であることから求まる．

この系が適用できる k の範囲は定義域 K 全体とは限らない．本章6.7節では，問題(6.1)の最適解の存在証明を用い，K 全体における価値関数の連続性を証明する．

6.4 定常軌道

最適軌道 **k** で，時間に依らず一定の点に留まるもの，すなわち $k_t = k$ をみたすものを**定常軌道**(stationary trajectory)とよぶ．そして，一定値 k を**定常解**とよぶ．このとき，利得関数 v の (k,k) における双対ベクトル $(-\rho^{-1}P, P)$ は，任意の $(x,y) \in D$ に対して，

$$v(k,k) + Pk - \rho^{-1}Pk \geq v(x,y) + Py - \rho^{-1}Px \qquad (6.35)$$

をみたす．

微分可能性を仮定して，定常軌道が $(k,k) \in \text{Int}\,D$ をみたしているなら，$(k,$

---

[8] Benveniste, L., and J. Scheinkman (1979), "On the Differentiability of the Value Function in Dynamic Models of Economics," *Econometrica* 47, pp.727-732, および Yano, M. (1993), "Dual Characterization of the Bellman Principle, the Differentiability of a Value Function and Support Prices," mimeo 参照．

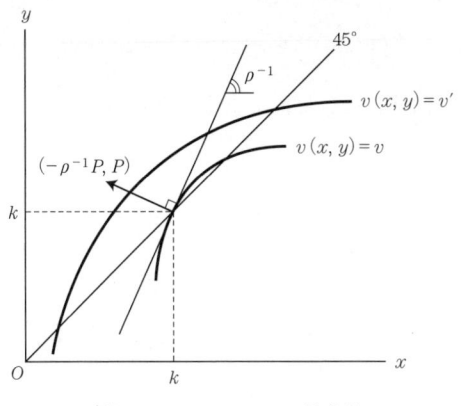

図 6-4 $v=v(x,y)$ の等高線

$k)$ はオイラー方程式,

$$v_2(k,k)+\rho v_1(k,k) = 0 \tag{6.36}$$

をみたす.

図 6-4 は,利得関数 $v=v(x,y)$ の等高線を描いたものである.その値 v を一定として,利得関数を全微分すると,

$$v_1 dx + v_2 dy = 0 \tag{6.37}$$

となる.等高線の傾きを (k,k) で評価すると,(6.36)と(6.37)から,

$$\frac{dy}{dx} = \rho^{-1} \tag{6.38}$$

が得られる.

定常解の局所的安定性を調べるためには,オイラー方程式の線形近似が有効である.その為に,微分可能性の仮定を強めて,

A4′ v は任意の点 $(x,y) \in \text{Int} D$ で,2 回連続微分可能である.

とする.オイラー方程式(6.30)は,2 階の差分方程式である.これを,定常軌道上の点 (k,k,k) の近傍で線形近似をするという第 4 章 4.4 節(4.28),(4.29)式と同様な操作を行う.すると,特性方程式として,

$$\rho v_{12}\lambda^2 + (v_{22}+\rho v_{11})\lambda + v_{21} = 0 \tag{6.39}$$

が得られる．v が 2 回連続微分可能であることから，

$$v_{12} = v_{21} \tag{6.40}$$

が成り立つ．これは，ヤングの定理とよばれるものの結果である[9]．

利得関数が凹関数であることから，2 階の偏微分は，

$$v_{11} \leq 0, \quad v_{22} \leq 0, \quad v_{11}v_{22} - v_{12}^2 \geq 0 \tag{6.41}$$

をみたす．(6.39)式が 2 個の解をもつためには，$v_{12} \neq 0$ が必要である．これを仮定すると，(6.41)から，$v_{11}<0, v_{22}<0$ が得られる．

(6.39)式の特性根 λ_1, λ_2 が $|\lambda_1|<1, |\lambda_2|>1$ をみたすなら，定常解は鞍点となるが，定常解の近傍の点から出発した最適軌道が定常解に収束するという意味で，最適解に限れば，定常解は局所的に安定となる．なぜなら，$|\lambda_1|<1$ に対応して，定常解に収束する軌道が存在し，それはオイラー方程式の解で，かつ横断性条件(6.27)をみたすので，最適軌道であるからである．しかし，局所的安定性がいえるのは，ρ が 1 に十分近い場合のみである．なお，局所的安定性の定義については，第 4 章の定義 4.1 をそのまま適用することにする．

定理 6.3 定常解で 2 階の偏微分を評価したとき，$v_{12} \neq 0$ かつ次の(i)か(ii)のどちらかが成り立つとする．(i) $v_{11} \neq v_{22}$，(ii) $v_{11}v_{22} - v_{12}^2 > 0$．このとき，ある $0<\rho'<1$ が存在して，任意の $\rho'<\rho<1$ に対して，定常解は局所的安定性をもつ．

証明 (6.39)式に v_{12} を掛けて，その左辺を $f(\lambda)$ とおく．すると，

$$\lambda_1 + \lambda_2 = -(v_{22}+\rho v_{11})\frac{1}{\rho v_{21}}, \quad \lambda_1 \lambda_2 = \frac{1}{\rho} \tag{6.42}$$

なので，特性根は，$v_{12}>0$ のときに共に正，$v_{12}<0$ のときに共に負となる．ここで，$\rho=1$ とおく．そして，

---

[9] ヤングの定理の証明は，髙木貞治(1961)『解析概論』改訂 3 版，岩波書店，58 頁参照．

$$|v_{11}|+|v_{22}| \geq 2\sqrt{v_{11}v_{22}} \geq 2|v_{12}| \tag{6.43}$$

を用いるなら，$v_{12}>0$ のときに，

$$f(1) = v_{12}[2v_{12}-|v_{11}|-|v_{22}|] \leq 0 \tag{6.44}$$

$v_{12}<0$ のときに，

$$f(-1) = v_{12}[2v_{12}+|v_{11}|+|v_{22}|] \leq 0 \tag{6.45}$$

(i)か(ii)のどちらかが成り立つなら，(6.43)式の少なくとも1つの不等号が狭義のものに変わり，$v_{12}>0$ ならば，$f(1)<0$，$v_{12}<0$ ならば，$f(-1)<0$ が成り立つ．よって，$\rho=1$ のときは，

$$0 < \lambda_1 < 1 < \lambda_2, \quad \lambda_2 < -1 < \lambda_1 < 0 \tag{6.46}$$

のどちらかが成り立つ．特性根の符号パターンと，1あるいは-1との大小関係はρが1に十分近い限り維持される．

6.5　経済モデル

経済成長モデルの中では，利得関数は既約型効用関数となり，その変数は，期間の初期の資本ストックと，末期の資本ストックである．効用関数の定義域 D は，生産技術で決定される**実行可能集合**である．軌道は，資本ストック動学経路である．そして双対変数 P_t は，資本ストックの現在価格である．これを**双対価格**(dual price)あるいは，**サポート価格**(support price)とよぶ．また，正の定常解 k は長期均衡とよばれることは第3章ですでに触れたとおりである．評価関数を**価値関数**とよぶ．

最適経路と双対変数の決定は，ベルマンの最適性原理(6.9)を用いて解釈をするとわかり易い．価値関数の微分可能性，系6.1と最適性原理により，k_{t-1} が与えられたとき，

$$\rho V'(k_t) = -v_2(k_{t-1}, k_t) = P_t \tag{6.47}$$

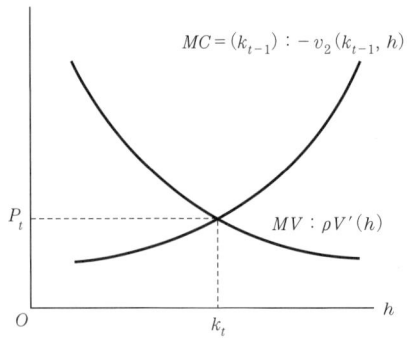

図 6-5 k_t の決定

をみたすように k_t をきめればよい．(6.47)式の最初の項は，資本ストックを 1 単位だけ多く残すことによる将来効用の増加分である．限界効用ということもできる．この値を表わしたのが図 6-5 の曲線 MV である．

価値関数が凹関数なので，MV を右下がりに描いている．

(6.47)式の真ん中の項は，資本ストックを 1 単位増加することによって，犠牲にしなければならない現在効用である．これを限界費用とみなす．図 6-5 では，$MC=(k_{t-1})$ がこれを表わす．限界費用は，初期の資本ストックの水準に依存する．限界費用と限界効用を等しくする水準で，k_t が決まる．そしてそのときの限界費用の値が，資本の現在価格に等しくなるのである．

以下では，これまで扱ってきた最適化問題を，経済モデルと解釈した上で議論することにする．

6.6 ターンパイク定理と大域的安定性

局所的安定性が，十分に 1 に近い ρ について証明できたように，大域的な安定性も割引因子が 1 に近いケースについてのみ証明できる．したがって，この節の結果は，「ある ρ_0 があって，$\rho_0<\rho<1$ なる任意の ρ について命題が成立する．」という表現を含むであろう．

まず，A1 を強め，更に，資本ストックが余りに大きいと投入量を越える量を生産できないこと，および長期均衡 (k,k) が D の内点となることを仮定す

る．

A1′　$D \subset \mathbb{R}_+^2$ は原点 $(0,0)$ を含む閉集合かつ凸集合である．
A5　ある値 $a>0$ が存在して，$0<x<a$ に対しては，$x<y$ かつ $(x,y) \in D$ なる $y>0$ が存在し，$a<x$ かつ $(x,y) \in D$ ならば，必ず $y<x$ となる．
A6　$(k,k) \in \mathrm{Int}\, D$

新しい仮定の下では，すべての $k \in \mathbb{R}_{++}$ に対して，たとえ k_t が減少したとしても，十分小さくなれば，また増加させてゆくことが可能なので，すべての t について $k_t>0$ となる実行可能経路 **k** が存在する．したがって，$K=\mathbb{R}_+$ である．また，初期値を与えると，その点から出発する実行可能経路は，上に有界となる．すなわち k_0 を与えると，ある正数 A が存在し，任意の $\mathbf{k} \in \mathbf{F}$ と $t=1,2,\cdots$ に対して，$k_t<A$ となる．また，$y>x$ をみたす適当な y に対して，$(x,y) \in D$ なる点 x を**拡大可能点**(expansive point)とよぶことにする．

一方，点 $(k,h) \in \mathrm{Int}\, D$ とその点での効用関数の双対変数を用いて，他の点 (x,y) を評価することを考える．そのために，

$$\delta(x,y;k,h,Q,P) = [v(k,h)+Ph-Qk]-[v(x,y)+Py-Qx] \quad (6.48)$$

と定義して，これを**損失価値**(value loss)とよぶ．$h \in H(k)$ と任意の $(x,y) \in D$ に対して，(6.48)式の値は非負となる．特に，A6 から，長期均衡 k は $\mathrm{Int}\, K =\{k \in \mathbb{R}|k>0\}$ 上の点なので，$v(k,k)$ の双対価格が存在し，(k,k) を規準として他の点を評価する損失価値を考えることができる．

図 6-1 の (k,h) を長期均衡 (k,k) として接平面をとり，それに垂直なベクトル (R_1,R_2,R_3) を $(-\rho^{-1}P,P,1)$ でおきかえる．そして，この接平面と平行で，かつ点 $(x,y,v(x,y))$ を通る平面を考える．その2つの平面の距離を評価する1つの規準としての損失価値を考えるのである．このとき，もし曲面 $v=v(x,y)$ がフラットな部分をもっていたら，長期均衡での接平面は，(k,k) 以外の点でも曲面と接する可能性がでてくる．それらの接点を評価すると損失価値は 0 となる．この接点の集合を，**フォン・ノイマン・ファセット**(von Neumann Facet)とよび，

$$N = \{(x,y) \in D \mid \delta(x,y;k,k,\rho^{-1}P,P) = 0\} \tag{6.49}$$

と定義する．これは，長期均衡とそのサポート価格で評価した損失価値が，0 となる点の集合である．

このフォン・ノイマン・ファセットが，実行可能集合の境界から，少なくとも ε 以上離れていることを仮定する[10]．

A7 ある ρ_0 があって，$\rho_0 < \rho < 1$ なる任意の ρ に対して，ρ と独立な，ある $\varepsilon > 0$ が存在して，

$$\{(x,y) \in \mathbb{R}^2 \mid d((x,y),N) < \varepsilon\} \subset D$$

が成り立つ．

この仮定の意味は，N に属する任意の点 (x',y') からの距離が ε 以内の点はすべて D に属する，いいかえると，N は D の境界から ε 以上離れているというものである．

上で定義した損失価値とは別に，価値関数を用いて，長期均衡経路 **k** を基に，$x \in K$ からの最適軌道 **x** を評価する指標を定義する．これは，$k \in K$ と $V(k)$ の双対変数 Q を用いて，$x \in K$ に対して，

$$\Delta(x;k,Q) = V(k) - Qk - [V(x) - Qx] \tag{6.50}$$

と定義される．これを**総損失価値**(total value loss)とよぶことにする．

以上の準備の下に厚見(Atsumi 1965)とゲール(Gale 1967)による次の結果を証明する[11]．この定理の意味は次のようなものである．割引因子を1にすると，長期均衡での総効用の価値は，無限大になる．ところが，他の任意の拡大可能点 x をとって，長期均衡での総効用と，その点 x からの最適解における総効用とを比較し，総損失価値をとるならその値は ρ を1に近づけても発散

---

10) $d((x,y),N)$ は点 (x,y) と集合 N の距離である．

11) Atsumi, H. (1965), "Neoclassical Growth and the Efficient Program of Capital Accumulation," *Review of Economic Studies* 32, pp.127-136; Gale, D. (1967), "On Optimal Development in a Multi-Sector Economy," *Review of Economic Studies* 34, pp.1-18.

しないのである．

補題 6.3　$x \in K$ が拡大可能点であるとする．すべての $\rho_0 < \rho < 1$ とそれに対応する長期均衡 k は次の性質をもつ．すなわち，ρ と独立な値 $\overline{\Delta}$ が存在して，長期均衡 k とそのサポート価格 $\rho^{-1}P$ で測った総損失価値が，

$$\Delta(x; k, \rho^{-1}P) \leq \overline{\Delta} \qquad (6.51)$$

をみたしている．

証明　$x \in K$ が拡大可能なので，ある $\varepsilon > 0$ が存在して，$(x, y) \in D$ かつ，$y = x + \varepsilon$ となる y が存在する．そこで，$0 < b < 1$ をとって，

$$\begin{aligned} x_{t-1} &= (1-b^{t-1})k + b^{t-1}x \\ y_t &= (1-b^{t-1})k + b^{t-1}y \end{aligned} \qquad (6.52)$$

を定義する．すると，D が凸集合であることから，$(x_{t-1}, y_t) \in D$ となる．一方，b を十分に 1 に近づけると，

$$y_t - x_t = b^{t-1}[\varepsilon + (1-b)(x-k)] > 0 \qquad (6.53)$$

とできる．k は ρ に依存して変化するが，A5 より k は有界なので，b を ρ とは独立な値とすることができる．すると，A3 より $(x_{t-1}, x_t) \in D$ がいえる．**x** は $x_0 = x$ からの実行可能解である．(6.51)の左辺の総損失価値は，

$$\Delta(x; k, \rho^{-1}P) = V(k) - V(x) - \rho^{-1}P(k-x) \qquad (6.54)$$

である．ここで，

$$V(k) - V(x) \leq \sum_{t=1}^{\infty} [v(k,k) - v(x_{t-1}, x_t)] \qquad (6.55)$$

である．また，(6.52)と v の凹性から，

$$v(k,k) - v(x_{t-1}, x_t) \leq v(k,k) - v(x_{t-1}, y_t) \leq b^{t-1}[v(k,k) - v(x,y)] \qquad (6.56)$$

である．(6.55)と(6.56)を合わせて，

$$V(k)-V(x) \leq \frac{1}{1-\rho b}[v(k,k)-v(x,y)] \qquad (6.57)$$

が成り立つ．ここで，ρ を動かすと，(k,k) は変化するが，A5 より $k \leq a$ が成り立ち，$v(k,k)$ も ρ から独立な上限 $\overline{v}$ をもつ．よって，(6.57) の右辺は，

$$\frac{1}{1-b}[\overline{v}-v(x,y)] \qquad (6.58)$$

より小さい．A6 によって，A7 における ρ_0 をとると，$\rho_0 < \rho < 1$ では長期均衡は D の内部にあり，そのサポート価格が上限をもつ[12]．それを $\overline{P}$ とする．そして，$\rho_0 \leq \rho \leq 1$ における $|k-x|$ の上限を m とする．すると，

$$\overline{\Delta} = \frac{1}{1-b}[\overline{v}-v(x,y)] + \rho_0^{-1}\overline{P}m \qquad (6.59)$$

とおくことによって，$\Delta(x;k,\rho^{-1}P) \leq \overline{\Delta}$ が保証される．

次の結果では，効用関数の微分可能性 A4 を用いる．効用関数の偏微分で双対変数が定まることを証明の中で使うのである．補題の意味は，長期均衡 (k,k) での双対ベクトル $(-\rho^{-1}P, P)$ の近傍では，双対変数が損失価値に対して連続的に変化するということである．

補題 6.4 いま，ある $r>0$ について，$A = \{(x,y) \in \mathrm{Int} D | x^2 + y^2 \leq r\}$ という集合を定義する．$\rho_0 < \rho < 1$ をみたす任意の ρ について次のことが成り立つ．すなわち，任意の $\varepsilon > 0$ に対してある $\delta > 0$ が存在し，$\delta(x,y;k,k,\rho^{-1}P,P) < \delta$ なら

---

[12] サポート価格に上限 $\overline{P}$ が存在することについては，次のように証明される．長期均衡 k に対して，$(k,k) \in \mathrm{Int} D$ である．$\rho^n \in (\rho_0, 1)$ とそれに対応する長期均衡 k^n, サポート価格 P^n を $|P^n| \to \infty$ と選べるとする．$\{\rho^n\}$ は有界，$\{k^n\}$ も A5 から有界なので，$\{n\}$ の部分数列 $\{m\}$ をとって，$\{\rho^m\}$ と $\{k^m\}$ が収束するようにできる（$\{1,2,3,\cdots\}$ の部分数列とは，例えば $\{2,4,5,7,\cdots\}$ のように，上の数列の要素から取り出して作った数列である．有界な数列からは，収束する部分数列をとることができるのである）．ρ^m の極限を $\hat{\rho}$，k^m の極限を $\hat{k}$ とする．P^m はサポート価格なので，任意の $(x,y) \in D$ に対して，
$$v(k^m, k^m) + P^m k^m - (\rho^m)^{-1} P^m k^m \geq v(x,y) + P^m y - (\rho^m)^{-1} P^m x$$
が成り立つ．両辺を P^m で割って，両辺の極限をとると $v(x,y)$ は有界なので，任意の $(x,y) \in D$ に対して，
$$(1-\hat{\rho}^{-1})\hat{k} \geq y - \hat{\rho}^{-1} x$$
となる．もし $\hat{\rho} < 1$ ならば，これは $(\hat{k}, \hat{k}) \in \mathrm{Int} D$ と矛盾する．もし $\hat{\rho} = 1$ ならば，A5 と矛盾する．よって，$\{P^n\}$ は有界でなければならない．

ば，$|\rho^{-1}P-Q|<\varepsilon$ かつ $|P-S|<\varepsilon$ となる．但し，$(-Q,S)$ は $(x,y)\in A$ における v の双対ベクトルである．

証明 補題の結果が成立しないとしよう．すると，ρ^n に対応する長期均衡を k^n，サポート価格を P^n，それに対して A に属する点 (x^n, y^n) とその双対ベクトル $(-Q^n, S^n)$ を選び，

$$\delta^n = \delta(x^n, y^n; k^n, k^n, (\rho^n)^{-1}P^n, P^n) \to 0 \tag{6.60}$$

でありながら，

$$|(\rho^n)^{-1}P^n - Q^n| > \varepsilon \text{ あるいは } |P^n - S^n| > \varepsilon \tag{6.61}$$

であるように流列がとれる．集合 A は有界であり，A5 から長期均衡 k^n は a 以下の値をとるので，$\{n\}$ の部分列をとって，その部分列を $\{n\}$ とおき直した上で，ρ^n, (x^n, y^n), k^n が，それぞれ ρ^*, (x^*, y^*), k^* に収束するようにできる．ここで，$\rho_0 \leq \rho^* \leq 1$ である．(x^*, y^*) はフォン・ノイマン・ファセット上の点である．A7 により，(k^*, k^*) と (x^*, y^*) は D の内点である．割引因子と財の量の点列の収束と共に，双対変数の点列も P^*, Q^*, S^* に収束するようにもできる[13]．極限では損失価値が 0，すなわち，

$$v(x^*, y^*) + P^*y^* - (\rho^*)^{-1}P^*x^* = v(k^*, k^*) + P^*k^* - (\rho^*)^{-1}P^*k^* \tag{6.62}$$

が成り立つ．更に，任意の $(x,y) \in D$ に対して，

$$v(k^*, k^*) + P^*k^* - (\rho^*)^{-1}P^*k^* \geq v(x,y) + P^*y - (\rho^*)^{-1}P^*x \tag{6.63}$$

$$v(x^*, y^*) + S^*y^* - Q^*x^* \geq v(x,y) + S^*y - Q^*x \tag{6.64}$$

が成り立つので，

$$\rho^* v_1(k^*, k^*) = -v_2(k^*, k^*) = P^*$$

---

13) 双対変数も収束することは，$v(x,y)$ が微分可能なことから明らかである．たとえ，$v(x,y)$ が微分可能でないとしても，$|P^m| \to \infty$，あるいは $|Q^m| \to \infty$ ならば注 12 と同様の議論を用いて，ただし今度は $|P^m| + |Q^m|$ で割ることによって，矛盾を導くことができる．

および,

$$v_1(x^*, y^*) = Q^*, \quad -v_2(x^*, y^*) = S^* \qquad (6.65)$$

が成り立つ. そして, (6.61) から,

$$|(\rho^*)^{-1}P^* - Q^*| \geq \varepsilon \text{ あるいは } |P^* - S^*| \geq \varepsilon \qquad (6.66)$$

が成り立つ.

ところが, (6.62)-(6.64) から, すべての $(x, y) \in D$ に対して,

$$v(x^*, y^*) + P^* y^* - (\rho^*)^{-1} P^* x^* = v(k^*, k^*) + P^* k^* - (\rho^*)^{-1} P^* k^*$$
$$\geq v(x, y) + P^* y - (\rho^*)^{-1} P^* x$$

が成り立つので,

$$\rho^* v_1(x^*, y^*) = -v_2(x^*, y^*) = P^*$$

が成り立つ. これは, (6.65) および (6.66) と矛盾する. よって, 補題が成立する.

最適経路が十分に長い期間, 長期均衡の近傍に留まるという結果を総称して, **ターンパイク定理**という. 次の結果は, 最適経路そのものではなく, その損失価値が, 十分長い期間 0 の近傍に留まるという意味をもつ. 以下では, 損失価値として, 長期均衡を基に任意の最適経路 **k** を評価する,

$$\delta_t = \delta(k_{t-1}, k_t; k, k, \rho^{-1} P_{t-1}, P_t) \geq 0 \qquad (6.67)$$

に加えて, 任意の最適経路を基に長期均衡を評価する,

$$\delta'_t = \delta(k, k; k_{t-1}, k_t, \rho^{-1} P_{t-1}, P_t) \geq 0 \qquad (6.68)$$

を用いる. ここで, **k** の初期値 k_0 を拡大可能点と仮定すれば, $k_0 \in \text{Int} K$ は A5 から明らかなので, 定理 6.1 から **k** の双対軌道も存在する. そして, δ_t と δ'_t の和を,

$$\alpha_t = \delta_t + \delta'_t \tag{6.69}$$

とおく．

次に，(6.50)で定義された総損失価値として，長期均衡を基に最適経路上の点 k_t から先の経路を評価した，

$$\Delta_t = \Delta(k_t; k, \rho^{-1}P) \geq 0 \tag{6.70}$$

を考える．δ_t と Δ_t の定義から，

$$\Delta_t = \sum_{s=1}^{\infty} \rho^{s-1} \delta_{t+s} \tag{6.71}$$

が成り立つことを確かめることができる．

更に任意の最適経路上で t 期以後の部分を基にして，長期均衡を評価した総損失価値を，

$$\Delta'_t = \Delta(k; k_t, \rho^{-1}P_{t-1}) \geq 0 \tag{6.72}$$

とおく．δ'_t と Δ'_t の定義から，

$$\Delta'_t = \sum_{s=1}^{\infty} \rho^{s-1} \delta'_{t+s} \tag{6.73}$$

を導くことができる．最後に，

$$\beta_t = \Delta_t + \Delta'_t \tag{6.74}$$

とおく．(6.69)，(6.71)，(6.73)，(6.74)を合わせて，

$$\beta_t = \sum_{s=1}^{\infty} \rho^{s-1} \alpha_{t+s} \tag{6.75}$$

が成り立つ．

また，損失価値の定義から，δ_t と δ'_t を加えれば，効用の値は互いに相殺して消えてしまう．このことから，

$$\alpha_t = (P_t - P)(k_t - k) - \rho^{-1}(P_{t-1} - P)(k_{t-1} - k) \tag{6.76}$$

また，

$$\beta_t = -\rho^{-1}(P_t-P)(k_t-k) \qquad (6.77)$$

が得られる．(6.76)と(6.77)を比較すると，

$$\alpha_t = -\rho\beta_t+\beta_{t-1} \qquad (6.78)$$

が成り立つことがわかる．

以上の準備の下で，マッケンジー(McKenzie 1983)と矢野(Yano 1990)による次の結果が証明される[14]．

定理 6.4 拡大可能点 $k_0 \in K$ からの最適経路 **k** が内部経路であるとする．すると，任意の $\delta>0$ に対してある $\rho'<1$ と T が存在して，$\rho'<\rho<1,\ t\geq T$ である限り，$\delta_t<\delta$ と $\delta'_t<\delta$ が成り立つ．

証明 補論を見よ．

定理は，ρ と T を適当にとれば最適経路上の損失価値が 0 の近傍に入ることを述べている．しかし，これは最適経路がフォン・ノイマン・ファセットの近傍に入ることを必ずしも意味していない．ρ が変化すればフォン・ノイマン・ファセットも変化する．図6-1 の曲面が多数のフラット部分からなっているなら，フォン・ノイマン・ファセットが 2 次元のフラットからなっていたのが，ρ をわずかに変えるだけで 1 次元の線分に変わることもある．その場合，ある ρ のフォン・ノイマン・ファセットに近いということが，ρ を少し変えたときのフォン・ノイマン・ファセットに近いということを意味しないのである．もし，

A8（損失価値の一様性） $\rho_0<\rho<1$ なる任意の ρ について，次のことが成り立つ．任意の $\varepsilon>0$ に対してある δ が存在して，

$$\delta(x,y;k,k,\rho^{-1}P,P) < \delta \ \ \text{ならば} \ \ d((x,y),N) < \varepsilon$$

---

[14] McKenzie, L. (1983), "Turnpike Theory, Discounted Utility, and the von Neumann Facet," *Journal of Economic Theory* 30, pp.330-352; Yano, M. (1990), "Teoria del Equilibrio con Sendas Convertentes," *Curadernos Economicos* 46, pp.27-59.

である.

の仮定を加えるなら，マッケンジー(McKenzie 1982)に含まれる次の結果が導かれる[15]．

系 6.2 定理 6.4 の仮定に加えて損失価値の一様性を仮定するなら，任意の $\varepsilon>0$ に対してある $0<\rho'<1$ と T が存在して，$\rho'<\rho<1$, $t\geq T$ である限り，$d((k_{t-1}, k_t), N)<\varepsilon$ が成り立つ.

フォン・ノイマン・ファセットに関する議論を長期均衡に関する議論に強めるためには，フォン・ノイマン・ファセットが長期均衡のみから成っていればよい．その為の仮定は，効用関数が強い意味で凹関数であることである．しかも，この仮定の下では図 6-1 の曲面はフラットをもたず，A8 もみたされている．次の結果も，マッケンジー(McKenzie 1982)に含まれる．

系 6.3(近傍ターンパイク定理) 定理 6.4 の仮定に加えて，効用関数が強い意味で凹関数なら，任意の $\varepsilon>0$ に対してある $0<\rho'<1$ と T が存在して，$\rho'<\rho<1$, $t\geq T$ である限り，$|k_t-k|<\varepsilon$ が成り立つ.

これまでの結果は，定理 6.4 で 0 の δ 近傍，系 6.2 でフォン・ノイマン・ファセットの ε 近傍，系 6.3 で長期均衡の ε 近傍を与えたとき，ρ' を十分 1 に近く，t を十分大きくとるなら，損失価値や最適経路が与えられた近傍に入って留まるというものである．その意味では，損失価値も含めて，すべてが広い意味でのターンパイク定理となっている．しかし δ や ε を 0 に近づけてゆくと，それに対して選ばれる ρ' と T もそれぞれ 1 と無限大に近づいてゆくかもしれない．ρ がどんなに 1 に近くても，固定した ρ に対して損失価値が 0 に収束する，あるいは最適経路が長期均衡に収束するとは限らないのである．収束という概念を強めた内容の結果は，次の形で与えられる[16]．

---

15) McKenzie, L. (1982), "A Primal Route to the Turnpike and Lyapunov Stability," *Journal of Economic Theory* 27, pp.194-209.
16) この結果は，以下の論文で得られたものである．

系 6.4(大域的漸近安定性) 定理 6.4 の仮定に加えて，効用関数のヘッセ行列が負値定符号であれば，ある $0<\rho'<1$ が存在して，$\rho'<\rho<1$ なる任意の ρ について次の性質が成り立つ[17]．すなわち，任意の $\varepsilon>0$ に対してある T が存在し，$t\geq T$ である限り $|k_t-k|<\varepsilon$ が成り立つ．

効用関数のヘッセ行列が負値定符号行列なので，注 17 と定理 6.3 より，ある ρ_1 が存在し $\rho_1<\rho<1$ なる任意の ρ について，長期均衡の局所的安定性が保証される．すなわち，$\rho_1<\rho<1$ について，ρ から独立な $\varepsilon>0$ をとり長期均衡の ε 近傍の点がすべて長期均衡に収束するようにできる．ここで系 6.3 を適用して，$\rho_2<\rho<1$ と $t\geq T$ である限り，k_t が長期均衡の ε 近傍に入るようにする．ρ_1 と ρ_2 のうちより大きな値を ρ' とおけば，系 6.4 が成り立つのである．これが，大域的安定性である．系 6.4 では，当然のこととして長期均衡の局所的安定性を保証する条件が仮定されていた．しかし定理 6.3, 系 6.2 および系 6.3 では，ρ が 1 に近くとも，長期均衡が局所的に安定となることも保証されていなかったのである．

6.7 最適軌道の存在，最適動学関数・価値関数の連続性

本節では，問題 (6.1)，

$$\max \sum_{t=1}^{\infty} \rho^{t-1} v(k_{t-1}, k_t)$$

$$\text{s.t.} \quad (k_{t-1}, k_t) \in D, \quad t=1,2,\cdots$$

$$k_0 \geq 0 \text{ given}$$

Scheinkman, J. (1976), "On Optimal Steady State of n-Sector Growth Models when Utility is Discounted," *Journal of Economic Theory* 12, pp.11-20; Brock, W. A., and J. Scheinkman (1976), "Global Asymptotic Stability of Optimal Control Systems with Applications to the Theory of Economic Growth," *Journal of Economic Theory* 12, pp.164-190; Cass, D., and K. Shell (1976), "The Structure and Stability of Competitive Dynamic Sysytems," *Journal of Economic Theory* 12, pp.31-70; McKenzie, L. (1976), "Turnpike Theory," *Ecnometrica* 44, pp.841-865.

17) ヘッセ行列が負値定符号であるという条件は，(6.41)のすべての不等号が狭義の不等号で成り立つことに同値である．このとき，効用関数は，強い意味の凹関数となる．

について，
- 最適軌道が実際に存在する（定理 6.5）
- 最適軌道が初期値に関してある意味で連続である（定理 6.6）
- 価値関数は連続である（定理 6.7）

という 3 つの定理を証明する．

証明には，これまでの仮定のすべてを必要とはしない．本節で用いる仮定は，前節までのそれらの一部を若干変形したものである．それらを列挙してみよう．

A1″ (i) ある広義の単調増加な実数値連続関数 $f:\mathbb{R}_+ \to \mathbb{R}$ が存在し，

$$D = \{(x,y) \in \mathbb{R}_+^2 \mid 0 \leq y \leq f(x)\}$$

と書ける．

(ii) D は凸集合である．

A2′ 関数 $v:D \to \mathbb{R}$ について，

(i) v は連続関数である．

(ii) $v(x,y)$ は凹関数であり，特に y については狭義の凹関数である．

A5′ ある値 $a=f(a) \geq 0$ が存在して，$a<x$ かつ $(x,y) \in D$ ならば，必ず $y<x$ となる．ここで，$f(a)$ は仮定 A1″(i) において定義された関数である．

これらの仮定に関連して，いくつか注意事項を述べておきたい．仮定 A1″(i) の下では D は閉集合になる．実際，$\{(x_n, y_n)\}$ を点 $(x,y) \in \mathbb{R}^2$ に収束する D 内の点列とすると，すべての n について，$0 \leq y_n \leq f(x_n)$ である．辺々の極限をとり，f の連続性を使うと，

$$0 \leq \lim_{n \to \infty} y_n \leq \lim_{n \to \infty} f(x_n) = f\left(\lim_{n \to \infty} x_n\right)$$

がいえる．ゆえに，$0 \leq y \leq f(x)$，したがって，$(x,y) \in D$ となるからである．

関数 f の（広義）単調性は，仮定しなくても本節での諸結果を証明する上で支障はない．しかし，この仮定は証明の一部を簡略化するために有用であるし，最適化問題 (6.1) の背後に経済モデルを想定するとき，f は生産関数に相

当するので，単調性を仮定するのは極めて自然なのである．

仮定 A2′ は A2 を (i) と (ii) に分割した上で，(ii) について後半部分を追加したものである．A2′(ii) を仮定すると最適軌道の一意性が保証されることは，補題 4.2 と同様に容易に証明される．仮定 A1″(ii) と A2′(ii) について，本節では，系 6.6 の証明以外には，これらの仮定は必要とされないし，本書第 13 章においては D の凸性が満たされないようなケースについても分析を行うため，系 6.6 の証明以外には，これらの仮定を用いないで議論を進める．

仮定 A5′ は A5 を弱めたものである．本節での諸結果を導くためには A5′ で十分である．

本節の後半では，最適化問題 (6.1) において所与とされている初期値を動かして分析を行う．そのため，ある初期値 k_0 を所与とする実行可能軌道の集合を，その初期値を明示して，

$$\mathbf{F}(k_0) = \{\mathbf{x} = \{x_t\}_{t=0}^{\infty} \mid 任意の\ t について\ (x_{t-1}, x_t) \in D,\ x_0 = k_0\}$$

と書いておくと便利である．$\mathbf{F}(k_0)$ が非空となる k_0 の集合を K と書くことはこれまでと同様である．また，$\mathbf{k} = \{k_t\}_{t=0}^{\infty}$ が最適軌道であるとは，

(i) $\mathbf{k} \in \mathbf{F}(k_0)$

(ii) 任意の $\mathbf{x} = \{x_t\} \in \mathbf{F}(k_0)$ に対して，

$$\sum_{t=1}^{\infty} \rho^{t-1} v(k_{t-1}, k_t) \geq \sum_{t=1}^{\infty} \rho^{t-1} v(x_{t-1}, x_t)\ となる$$

という 2 つの条件をみたすことだったことも思い出しておこう．

まずは，最適軌道の存在証明に向けて準備を行っていくが，次は，実行可能軌道の有界性を主張する補題であり，本節に限らず本書全体を通じて用いられている．

補題 6.5 A1″(i)，A5′ を仮定する．このとき，任意の実行可能軌道は有界である．

証明 実行可能軌道 $\mathbf{k} = \{k_t\}_{t=0}^{\infty}$ が与えられたとする．D は $\mathbb{R}_+^2$ の部分集合であり，それ自体が下に有界なので，示すべきことは，ある定数 M が存在して，任意の非負の整数 t について，$k_t \leq M$ となることである．

仮定 A1″(i) より，関数 f は単調増加なので区間 $[0, a]$ 上で最大値 $f(a)=a$ をとる．このとき，

$$x \in [0, a] \quad \text{かつ} \quad (x, y) \in D \quad \text{ならば} \quad y \leq a \tag{6.79}$$

となる．以下，初期値 k_0 の値により 2 つの場合に分けて証明する．

(i) $k_0 \leq a$ の場合．

まず，$k_0 \in [0, a]$ かつ $(k_0, k_1) \in D$ なので，(6.79) より，$k_1 \leq a$ となる．以下，同様にして，任意の非負の整数 t について，$k_t \leq a$ となる．

(ii) $a < k_0$ の場合．

まず，$a < k_0$ かつ $(k_0, k_1) \in D$ なので，仮定 A5′ より，$k_1 \leq k_0$ となる．$k_1 \in [0, a]$ ならば，(i) のケースに帰着する．$a < k_1$ ならば，$a < k_1$ かつ $(k_1, k_2) \in D$ なので，再び仮定 A5′ より，$k_2 \leq k_1$ となり，以下，同様の議論が繰り返される．結局，(ii) の場合，任意の非負の整数 t について，$k_t \leq k_0$ となる．

以上より，$M = \max\{a, k_0\} \geq 0$ とおくことにより，任意の非負の整数 t について，$k_t \leq M$ とすることができる．

実行可能軌道は有界であることがわかったが，本節における今後の議論では，無限個の実行可能軌道に関する一様有界性という概念が必要になる．無限個の軌道 $\mathbf{k}^n = \{k_t^n\}_{t=0}^{\infty}$ $(n = 1, 2, \cdots)$ が**一様有界**であるとは，ある定数 $M > 0$ が存在し，任意の n と t について，$|k_t^n| \leq M$ となることである．

共通の初期値 k_0 をもつ無限個の実行可能軌道 $\mathbf{k}^n \in \mathbf{F}(k_0)$ $(n = 1, 2, \cdots)$ が与えられたとき，これらは一様有界である．これは補題 6.5 の証明より明らかであろう．上界 M として $\max\{a, k_0\}$ をとればよいからである．さらに，初期値が変動する場合であっても，その初期値の変動が有界な範囲に限られるならば，やはりその変動する初期値をもつ実行可能軌道列は一様有界となる．

系 6.5 A1″(i), A5′ を仮定する．$\mathbf{k}^n = \{k_t^n\}_{t=0}^{\infty}$ $(n = 1, 2, \cdots)$ を実行可能軌道の列とする．さらに，初期値がなす数列 $\{k_0^n\}$ は有界であるとする．このとき，$\mathbf{k}^n$ は一様有界である．

証明 初期値の列 $\{k_0^n\}$ が有界なので，ある実数 $M > 0$ が存在し，任意の n

について $k_0^n \leq M$ となる．補題 6.5 の証明より，$M'=\max\{a, M\}$ とおけば，任意の t と n について，$k_t^n \leq M'$ となる．

すでに述べたとおり本節の後半では初期値を動かした分析を行うが，本節の範囲内では，その変動する初期値がある値に収束するケースのみが考察対象となる．収束する数列は有界であるから，上の系 6.5 や下で証明する補題 6.6 などは本節での議論に適用できる．

さて，無限個の軌道 $\mathbf{k}^n = \{k_t^n\}_{t=0}^\infty$ $(n=1, 2, \cdots)$ は，すべての t について $k_t^n \to k_t$ $(n \to \infty)$ となるなら，$\mathbf{k} = \{k_t\}_{t=0}^\infty$ に**収束**すると言い，$\mathbf{k}^n \to \mathbf{k}$ $(n \to \infty)$ と書くことにする．このとき，$\mathbf{k}$ を**極限軌道**とよぶ．これは下に示されるように，数列の列 $\mathbf{k}^n$ を縦に並べたとき，各列がなす数列がそれぞれ $\mathbf{k}$ の対応する項に収束することに他ならない．

$$\mathbf{k}^1 = \{k_0^1, k_1^1, k_2^1, \cdots, k_t^1, \cdots\}$$
$$\mathbf{k}^2 = \{k_0^2, k_1^2, k_2^2, \cdots, k_t^2, \cdots\}$$
$$\cdots \quad \cdots$$
$$\mathbf{k}^n = \{k_0^n, k_1^n, k_2^n, \cdots, k_t^n, \cdots\}$$
$$\cdots \quad \cdots$$
$$\downarrow \quad \downarrow \quad \downarrow \quad \quad \downarrow$$
$$\mathbf{k} = \{k_0, k_1, k_2, \cdots, k_t, \cdots\}$$

次の補題は，いくつかの条件の下で，実行可能な軌道の列から上の意味で収束する部分数列を選出することができることを主張している．

補題 6.6 A1″(i), A5′ を仮定する．すべての n について $\mathbf{k}^n = \{k_t^n\}_{t=0}^\infty \in \mathbf{F}(k_0^n)$ であり，$\{k_0^n\}$ は K 内の有界数列とする．このとき，ある軌道 $\mathbf{k} = \{k_t\}_{t=0}^\infty$ と数列 $\{n\} = \{1, 2, \cdots\}$ の適当な部分数列 $\{n_i\}$ が存在し，$i \to \infty$ のとき $\mathbf{k}^{n_i} \to \mathbf{k}$ となる．

証明 議論の単純化のために一般性を失うことなく $k_0^n = k_0$ $(n=1, 2, \cdots)$ と初期値を固定して考えよう．いま，次のように $k_0 \in K$ を初期値とする実行可能な軌道が無限個ある．

$$\mathbf{k}^1 = \{k_0,\ k_1^1,\ k_2^1,\ k_3^1, \cdots,\ k_t^1, \cdots\}$$
$$\mathbf{k}^2 = \{k_0,\ k_1^2,\ k_2^2,\ k_3^2, \cdots,\ k_t^2, \cdots\}$$
$$\cdots\ \cdots$$
$$\mathbf{k}^n = \{k_0,\ k_1^n,\ k_2^n,\ k_3^n, \cdots,\ k_t^n, \cdots\}$$
$$\cdots\ \cdots$$

系 6.5 より，これら無限個の軌道は一様有界である．よって，これらの数列で，ある t を固定して縦に見直してできる新しい数列 $\{k_t^n\}_{n=1}^\infty = \{k_t^1,\ k_t^2, \cdots,\ k_t^n, \cdots\}$ も任意の t について有界になる．したがって，数列 $\{n\}$ から部分数列 $\{n_1^s\}_{s=1}^\infty = \{n_1^1,\ n_1^2,\ n_1^3, \cdots\}$ をとり，$s \to \infty$ のとき $\{k_1^{n_1^s}\}_{s=1}^\infty$ がある $k_1 \in \mathbb{R}$ に収束するようにできる[18]．次に，数列 $\{k_2^{n_1^s}\}_{s=1}^\infty$ も有界なので，$\{n_1^s\}$ の部分数列 $\{n_2^s\}$ をとり，$s \to \infty$ のとき $\{k_2^{n_2^s}\}_{s=1}^\infty$ がある $k_2 \in \mathbb{R}$ に収束するようにできる[19]．帰納法的に $\{n_{t-1}^s\}$ の部分数列 $\{n_t^s\}$ を，$s \to \infty$ のとき $\{k_t^{n_t^s}\}_{s=1}^\infty$ がある $k_t \in \mathbb{R}$ に収束するようにとる[20]．これである軌道 $\mathbf{k} = \{k_t\}$ を得たことになる．

ここで，所望の部分数列 $\{n_i\}$ を適切に選ぶために，カントールの対角線論法を用いる．新しい数列として，

$$\{n_1^1,\ n_2^2,\ n_3^3,\ n_4^4, \cdots,\ n_t^t, \cdots\}$$

を定義し，それを $\{n_i\}_{i=1}^\infty$ とおき直す．すなわち，$n_i = n_i^i\ (n=1,2,\cdots)$ である．このとき，$\mathbf{k}^{n_i} \to \mathbf{k}\ (i \to \infty)$ となることを以下に示す．

まず，新たに定義した数列 $\{n_i\}_{i=1}^\infty$ は，$\{n_1^s\}_{s=1}^\infty$ の部分数列となることに注

---

[18] 数列 $\{n_1^s\}_{s=1}^\infty$ が数列 $\{n\}$ の部分数列であることを，これらを集合とみなした場合の包含関係になぞらえ，しばしば $\{n_1^s\} \subset \{n\}$ と書く．
[19] このとき，$k_1^{n_1^s} \to k_1\ (s \to \infty)$ と $\{n_2^s\} \subset \{n_1^s\}$ より，$k_1^{n_2^s} \to k_1\ (s \to \infty)$ もわかる．収束する数列があるとき，その部分数列をどのように選んでも，やはり元の数列と同じ極限に収束するからである．
[20] 部分数列 $\{n_t^s\}$ を考えると，t 個の数列 $\{k_1^{n_t^s}\}_{s=1}^\infty, \{k_2^{n_t^s}\}_{s=1}^\infty, \cdots, \{k_t^{n_t^s}\}_{s=1}^\infty$ は，$s \to \infty$ のとき各々 $k_1, k_2, \cdots, k_t$ に収束する．なぜなら，部分数列 $\{n_t^s\}$ は，
$$\{n_t^s\} \subset \{n_{t-1}^s\} \subset \cdots \subset \{n_2^s\} \subset \{n_1^s\}$$
をみたすように選ばれている．したがって，注 19 より，
$$k_1^{n_1^s} \to k_1,\ \{n_t^s\} \subset \{n_1^s\}\ \text{なので}\ k_1^{n_t^s} \to k_1$$
から，
$$k_{t-1}^{n_{t-1}^s} \to k_{t-1},\ \{n_t^s\} \subset \{n_{t-1}^s\}\ \text{なので}\ k_{t-1}^{n_t^s} \to k_{t-1}$$
までもが含意されるからである．

意しておく．なぜならば，n_1 は $\{n_1^s\}$ の第 1 項である．n_2 は $\{n_2^s\}$ の第 2 項であり，$\{n_2^s\}$ は $\{n_1^s\}$ の部分数列であることから，結局 n_2 も $\{n_1^s\}$ の項となる．以下，すべての自然数 i について n_i は $\{n_1^s\}$ の項になることを確認できるからである．同様にして，（n_2 を初項とする数列）$\{n_i\}_{i=2}^{\infty}=\{n_2, n_3, n_4, \cdots\}$ は，$\{n_2^s\}_{s=1}^{\infty}$ の部分数列となることもわかる．さらに，任意の t について，（n_t を初項とする数列）$\{n_i\}_{i=t}^{\infty}=\{n_t, n_{t+1}, n_{t+2}, \cdots\}$ が $\{n_t^s\}_{s=1}^{\infty}$ の部分数列となることを確認できる．

数列 $\{n_i\}_{i=1}^{\infty}$ が，$\{n_1^s\}_{s=1}^{\infty}$ の部分数列であることから，$\{k_1^{n_i}\}_{i=1}^{\infty}$ は $i \to \infty$ のとき k_1 に収束する．また $\{n_i\}_{i=2}^{\infty}$ は，$\{n_2^s\}_{s=1}^{\infty}$ の部分数列であることから，$\{k_2^{n_i}\}_{i=1}^{\infty}$ は $i \to \infty$ のとき k_2 に収束することもわかる[21]．同様に，任意の t について $\{n_i\}_{i=t}^{\infty}$ は $\{n_t^s\}_{s=1}^{\infty}$ の部分数列なので，$\{k_t^{n_i}\}_{i=1}^{\infty}$ は k_t に収束する．以上から，$\mathbf{k}^{n_i}$ は，$\mathbf{k}$ に収束する．

次の補題は，実行可能軌道列の極限として定義される軌道もまた実行可能であることを主張する．

補題 6.7 D を $\mathbb{R}^2$ における閉集合とする．また，すべての n について $\mathbf{k}^n=\{k_t^n\}_{t=0}^{\infty}\in\mathbf{F}(k_0^n)$ とし，$\mathbf{k}^n \to \mathbf{k}=\{k_t\}_{t=0}^{\infty}$ $(n \to \infty)$ を仮定する．このとき，$\mathbf{k}\in\mathbf{F}(k_0)$ となる．

証明 任意の t に対して，$(k_{t-1}, k_t)\in D$ を確認すればよい．いま，任意の n について $(k_{t-1}^n, k_t^n)\in D$ であり，$k_{t-1}^n \to k_{t-1}$, $k_t^n \to k_t$ $(n \to \infty)$ である．集合 D は閉集合なので $(k_{t-1}, k_t)\in D$ となる．

補題 6.6, 6.7 より，A1″(i), A5′ を仮定するなら，実行可能な無限個の軌道があるとき，その中から収束する軌道の列を選び出すことができ，その極限軌

---

[21] （$k_2^{n_2}$ を初期値とする）数列，
$$\{k_2^{n_i}\}_{i=2}^{\infty} = \{k_2^{n_2}, k_2^{n_3}, k_2^{n_4}, \cdots\}$$
が k_2 に収束するので，その先頭に実数 $k_2^{n_1}$ を付け加えた数列，
$$\{k_2^{n_i}\}_{i=1}^{\infty} = \{k_2^{n_1}, k_2^{n_2}, k_2^{n_3}, k_2^{n_4}, \cdots\}$$
もやはり k_2 に収束するのである．一般に，数列に対し有限個の数を付け加えても，元の数列の収束・発散や極限には影響しない．

道もまた実行可能であることがわかった．これら 2 つの補題は，同時に用いることも多いであろう．

次の補題も，本節全体を通じて要所要所で重要な役割を果たす．

補題 6.8 A1″(i), A2′(i), A5′ を仮定する．また，すべての n について $\mathbf{k}^n = \{k_t^n\}_{t=0}^{\infty} \in \mathbf{F}(k_0^n)$ とし，$\mathbf{k}^n \to \mathbf{k} = \{k_t\}_{t=0}^{\infty}$ $(n \to \infty)$ を仮定する．このとき，

$$\lim_{n \to \infty} \sum_{t=1}^{\infty} \rho^{t-1} v(k_{t-1}^n, k_t^n) = \sum_{t=1}^{\infty} \rho^{t-1} v(k_{t-1}, k_t)$$

となる．

証明 最初に，D が閉集合なので，補題 6.7 より，$\mathbf{k} \in \mathbf{F}(k_0)$ となることに注意しておこう．

関数 v の連続性より，任意の $T \in \mathbb{N}$ について，有限数列 $(x_0, x_1, \cdots, x_T)$ に対して実数 $\sum_{t=1}^{T} \rho^{t-1} v(x_{t-1}, x_t)$ を対応付ける関数も連続である．ゆえに，$\mathbf{k}^n \to \mathbf{k}$ $(n \to \infty)$ より，

任意の $T \in \mathbb{N}$ と $\varepsilon > 0$ に対して，ある $N \in \mathbb{N}$ が存在して， (6.80)

N より大きい任意の $n \in \mathbb{N}$ に対して，

$$\left| \sum_{t=1}^{T} \rho^{t-1} v(k_{t-1}^n, k_t^n) - \sum_{t=1}^{T} \rho^{t-1} v(k_{t-1}, k_t) \right| < \frac{\varepsilon}{2}$$

が成り立つ．

以下では，まず，無限個の実行可能軌道 $\mathbf{k}^n$ と $\mathbf{k}$ の上で関数 v の値は有界であり，ゆえに割り引かれた効用の総和も有界であることを確認しておく．数列 $\{k_0^n\}$ は k_0 に収束するので有界である．よって系 6.5 より，$\mathbf{k}^n$ と $\mathbf{k}$ は一様有界である．したがって，あるコンパクトな集合 $A (\subset D)$ が存在し，任意の自然数 t と n について，

$$(k_{t-1}^n, k_t^n) \in A, \quad (k_{t-1}, k_t) \in A$$

となる．ゆえに，v の連続性から，ある $\overline{v} > 0$ が存在して，任意の自然数 t と n について，

$$|v(k_{t-1}^n, k_t^n)| \leq \overline{v}, \quad |v(k_{t-1}, k_t)| \leq \overline{v} \qquad (6.81)$$

が満足される．$\rho \in (0,1)$ なので，$\mathbf{k}^n$ と $\mathbf{k}$ に関して割引効用和も実数となる．

背理法を用いて証明するため結論を否定する．すなわち，ある $\varepsilon > 0$ が存在して，任意の $N \in \mathbb{N}$ に対して，それより大きいある $n \in \mathbb{N}$ が存在し，

$$\left| \sum_{t=1}^{\infty} \rho^{t-1} v(k_{t-1}^n, k_t^n) - \sum_{t=1}^{\infty} \rho^{t-1} v(k_{t-1}, k_t) \right| > \varepsilon \tag{6.82}$$

が成り立つとする．一方で，この ε に対してある $T \in \mathbb{N}$ が存在し，

$$\frac{\rho^T}{1-\rho} \bar{v} < \frac{\varepsilon}{4} \tag{6.83}$$

となる．この T は，N や n とは無関係に選べることに注意しよう．この T に対して，

$$\begin{aligned} \left| \sum_{t=T+1}^{\infty} \rho^{t-1} v(k_{t-1}^n, k_t^n) \right| &< \frac{\varepsilon}{4}, \quad n = 1, 2, \cdots \\ \left| \sum_{t=T+1}^{\infty} \rho^{t-1} v(k_{t-1}, k_t) \right| &< \frac{\varepsilon}{4} \end{aligned} \tag{6.84}$$

が成り立つ．結局，(6.82) と (6.84) を用いて，

ある $\varepsilon > 0$ と $T \in \mathbb{N}$ が存在し，任意の自然数 $N \in \mathbb{N}$ に対して，

それより大きいある $n \in \mathbb{N}$ が存在し， (6.85)

$$\left| \sum_{t=1}^{T} \rho^{t-1} v(k_{t-1}^n, k_t^n) - \sum_{t=1}^{T} \rho^{t-1} v(k_{t-1}, k_t) \right| > \frac{\varepsilon}{2}$$

が成立することがわかる．

ところが，(6.80) と (6.85) は互いに矛盾する．よって，補題 6.8 が成り立つ．

これまでに証明した補題を用いて最適軌道の存在を証明することができる．

定理 6.5 A1″(i), A2′(i), A5′ を仮定する．このとき，任意の $k_0 \in K$ を初期値とする最適軌道が存在する．

証明 $k_0 \in K$ を任意にとり固定する．(6.81) に示唆されるように，k_0 を初期値とする実行可能軌道上での総効用は，

$$\sum_{t=1}^{\infty} \rho^{t-1} \bar{v} = \frac{\bar{v}}{1-\rho} \tag{6.86}$$

を越えることはない．ここで，$\bar{v}$ は k_0 を初期値とする実行可能軌道が生み出す各期の効用水準の絶対値を上からおさえる数である．つまり，集合，

$$X = \left\{ \sum_{t=1}^{\infty} \rho^{t-1} v(x_{t-1}, x_t) \,\middle|\, \mathbf{x} = \{x_t\} \in \mathbf{F}(k_0) \right\} \quad (6.87)$$

は有界である．この集合を上からおさえる数のうち最小の数を $u^* \in \mathbb{R}$ とおく．

u^* が (6.87) の集合を上からおさえる数であるとは，厳密に言うと，任意の $\mathbf{x} \in \mathbf{F}(k_0)$ について，

$$u^* \geq \sum_{t=1}^{\infty} \rho^{t-1} v(x_{t-1}, x_t) \quad (6.88)$$

となることである．また，任意の正数 $\varepsilon > 0$ に対して，ある $\mathbf{x}' = \{x'_t\} \in \mathbf{F}(k_0)$ が存在して，

$$\sum_{t=1}^{\infty} \rho^{t-1} v(x'_{t-1}, x'_t) > u^* - \varepsilon \quad (6.89)$$

となることがわかる．なぜなら，そうでないとすると，ある正数 $\varepsilon > 0$ が存在して，どんな $\mathbf{x} = \{x_t\} \in \mathbf{F}(k_0)$ についても，

$$u^* - \varepsilon \geq \sum_{t=1}^{\infty} \rho^{t-1} v(x_{t-1}, x_t) \quad (6.90)$$

となり，u^* が集合 X を上からおさえる数の中で最小の数であったことに反するからである．

ここで，(6.89) において $\varepsilon = \frac{1}{n} > 0$ $(n=1, 2, \cdots)$ とおくと，(6.88) と合わせて，k_0 を初期値とするある実行可能軌道の列 $\mathbf{k}^n = \{k_t^n\}$ $(n=1, 2, \cdots)$ が存在し，

$$u^* \geq \sum_{t=1}^{\infty} \rho^{t-1} v(k_{t-1}^n, k_t^n) > u^* - \frac{1}{n}, \quad n = 1, 2, \cdots \quad (6.91)$$

となることがわかる．これら軌道列 $\mathbf{k}^n$ は系 6.5 より一様有界である．したがって，補題 6.6, 6.7 より，ある実行可能軌道 $\mathbf{k}^* \in \mathbf{F}(k_0)$ が存在し，適当な部分数列 $\{n_i\}$ を選ぶことにより $\mathbf{k}^{n_i}$ は $\mathbf{k}^*$ に収束させることができる．

この実行可能軌道 $\mathbf{k}^*$ が最適軌道であることを示したい．(6.91) より，

$$u^* \geq \sum_{t=1}^{\infty} \rho^{t-1} v(k_{t-1}^{n_i}, k_t^{n_i}) > u^* - \frac{1}{n_i}, \quad i = 1, 2, \cdots \quad (6.92)$$

なので辺々の極限 $i \to \infty$ をとり，補題 6.8 を適用することにより，

$$u^* = \sum_{t=1}^{\infty} \rho^{t-1} v(k_{t-1}^*, k_t^*) \tag{6.93}$$

となる．これは，$\mathbf{k}^* \in \mathbf{F}(k_0)$ と合わせて，$\mathbf{k}^*$ が最適軌道であることを示している．

最適軌道 $\mathbf{k}$ は初期値 k_0 が変化したときに，ある種の連続性をもって変化する．一般には，k_0 に対し，最適軌道が一意的に決まるとは限らないので，k_0 を初期値とする最適軌道の集合を $\mathbf{H}(k_0)$ としよう．（最適軌道は実行可能軌道の中で最も高い効用水準を生み出すものなので $\mathbf{H}(k_0)$ は $\mathbf{F}(k_0)$ の部分集合となることに注意しておこう．）このような場合，$\mathbf{H}$ は**対応**(correspondence)とよばれる．$\mathbf{H}$ は K の点から数列の集合 $\mathbb{R}_+^{\infty}$ の部分集合への写像と解釈することもできる．実行可能軌道の集合 $\mathbf{F}(k_0)$ についても同様である．

対応に関して，写像の場合における連続性を拡張した上半連続や下半連続という概念が次のように定義される．k_0^n が $k_0 \in K$ に収束し，$\mathbf{k}^n \in \mathbf{H}(k_0^n)$ も $\mathbf{k}$ に収束するならば，$\mathbf{k} \in \mathbf{H}(k_0)$ が成り立つとき，$\mathbf{H}$ は k_0 において**上半連続**(upper semi-continuous)とよばれる．さらに，$\mathbf{H}$ が K の任意の元において上半連続であるとき，$\mathbf{H}$ は単に上半連続であるとよばれる[22]．

対応 $\mathbf{F}(k_0)$ は，K の点 k_0 に収束する数列 k_0^n ($n=1, 2, \cdots$) と $\mathbf{k} \in \mathbf{F}(k_0)$ に対して，各 n ごとに適当な実行可能軌道 $\mathbf{k}^n \in \mathbf{F}(k_0^n)$ を選び，$\mathbf{k}^n$ を $\mathbf{k}$ に収束させることができるとき，k_0 において**下半連続**(lower semi-continuous)であるという．さらに，$\mathbf{F}$ が K の任意の元において下半連続であるとき，$\mathbf{F}$ は単に下半連続であるとよばれる．

本節における仮定の下では $\mathbf{H}(k_0)$ が初期値に対して上半連続であることがいえるが，それを示すために，実行可能軌道の集合 $\mathbf{F}(k_0)$ が下半連続であることを用いる．

補題 6.9 A1″(i) を仮定する．このとき，$k_0 \in K$ からそれを初期値とする実行

[22) 対応の連続性について，詳しくは西村和雄(1982)『経済数学早わかり』日本評論社，226-231 頁などを参照せよ．

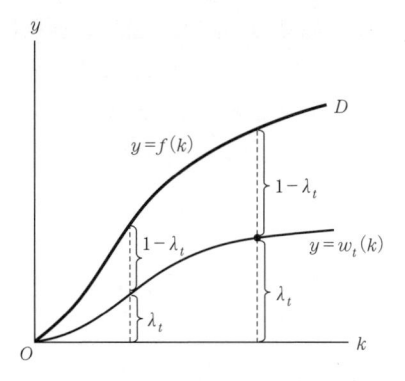

図 6-6 連続関数 w_t の選び方

可能軌道の集合への対応 $\mathbf{F}(k_0)$ は下半連続である.

証明 $k_0 \in K$ を任意にとる. $\{k_0^n\}$ を k_0 に収束する K 内の点列,$\mathbf{k} = \{k_t\}_{t=0}^{\infty} \in \mathbf{F}(k_0)$ とする.示すべきことは,適当な実行可能軌道の列 $\mathbf{k}^n = \{k_t^n\}_{t=0}^{\infty} \in \mathbf{F}(k_0^n)$ $(n=1,2,\cdots)$ が存在し,$\mathbf{k}^n \to \mathbf{k}$ $(n\to\infty)$ となることである.

各 $t\in\mathbb{N}$ ごとに,実行可能軌道 $\mathbf{k}=\{k_t\}_{t=0}^{\infty}$ 上の点 (k_{t-1}, k_t) を通過し,グラフが D 内に納まる連続関数 $w_t:\mathbb{R}_+ \to \mathbb{R}$ が存在する[23](図 6-6 を参照せよ).

この無限個の関数 w_t を用いて,$\{k_0^n\}$ に対して軌道の列 $\mathbf{k}^n$ を,

$$k_t^n = w_t(k_{t-1}^n), \quad \text{for } t, \; n \in \mathbb{N} \tag{6.94}$$

をみたすように定める[24].

[23) D の任意の点 (x,y) に対して,その点を通過し,グラフが D 内に納まる $\mathbb{R}_+$ 上の連続関数が存在するのである.この事実は次のようにして証明できる.
$(x,y)\in D$ とする.仮定より $0\leq y\leq f(x)$ なので,ある $\lambda\in[0,1]$ が存在し,
$$y = \lambda f(x)$$
となる.この $\lambda\in[0,1]$ を用いて,関数 w を,
$$w(s) = \lambda f(s), \quad \text{for } s \in \mathbb{R}_+$$
と定義する.この関数は,点 (x,y) を通過する.また,任意の $s\in\mathbb{R}_+$ について,
$$0 \leq w(s) = \lambda f(s) \leq f(s)$$
なので,w のグラフは D 内に納まる.また,f の連続性より,w も連続関数である.

24) すなわち,
$$\mathbf{k}^1 = \{k_0^1, \; k_1^1 = w_1(k_0^1), \; k_2^1 = w_2(k_1^1), \; k_3^1 = w_3(k_2^1), \cdots\}$$
$$\mathbf{k}^2 = \{k_0^2, \; k_1^2 = w_1(k_0^2), \; k_2^2 = w_2(k_1^2), \; k_3^2 = w_3(k_2^2), \cdots\}$$
$$\cdots \cdots$$

である.

関数 w_1 の連続性と $k_0^n \to k_0$ より,k_1^n も収束し,極限は k_1 となる.帰納法的に,任意の自然数 t について $k_t^n \to k_t$ となることがわかる.また,関数 w_t のグラフが D 内に納まっていることから,各軌道が実行可能であることも明らかである.以上より,(6.94)により所望の軌道列 $\mathbf{k}^n$ が定義されたことがわかる.

それでは,最適軌道の集合 $\mathbf{H}$ が初期値に対して上半連続であることを証明する.

定理 6.6 A1″(i),A2′(i),A5′ を仮定する.このとき,任意の $k_0 \in K$ から,最適軌道の集合への対応 $\mathbf{H}$ は上半連続である.

証明 $k_0 \in K$,$k_0^n \to k_0$,$\mathbf{k}^{n*} = \{k_t^{n*}\}_{t=0}^{\infty} \in \mathbf{H}(k_0^n)$ $(n=1,2,\cdots)$,$\mathbf{k}^{n*} \to \mathbf{k}^* = \{k_t^*\}_{t=0}^{\infty}$ $(n \to \infty)$ とする.$\mathbf{k}^{n*} \in \mathbf{H}(k_0^n) \subset \mathbf{F}(k_0^n)$ かつ $\mathbf{k}^{n*} \to \mathbf{k}^*$ なので,補題 6.7 より,$\mathbf{k}^* \in \mathbf{F}(k_0)$ である.あとは,$\mathbf{k}^*$ が,k_0 からの任意の実行可能軌道よりも(等しいか,または)高い効用を生み出すことを示せばよい.

$\mathbf{k} \in \mathbf{F}(k_0)$ を任意にとり固定する.この軌道 $\mathbf{k} \in \mathbf{F}(k_0)$ と k_0 に収束する初期値の列 $\{k_0^n\}$ に対して,補題 6.9 より,$\mathbf{k}^n \in \mathbf{F}(k_0^n)$ $(n=1,2,\cdots)$ かつ $\mathbf{k}^n \to \mathbf{k}$ をみたす実行可能軌道の列 $\mathbf{k}^n = \{k_t^n\}_{t=0}^{\infty}$ $(n=1,2,\cdots)$ が存在する.$\mathbf{k}^{n*} \in \mathbf{H}(k_0^n)$ と $\mathbf{k}^n \in \mathbf{F}(k_0^n)$ より,

$$\sum_{t=1}^{\infty} \rho^{t-1} v(k_{t-1}^{n*}, k_t^{n*}) \geq \sum_{t=1}^{\infty} \rho^{t-1} v(k_{t-1}^n, k_t^n), \quad n = 1, 2, \cdots$$

である.辺々の極限 $n \to \infty$ をとり,$\mathbf{k}^{n*} \in \mathbf{F}(k_0^{n*})$,$\mathbf{k}^{n*} \to \mathbf{k}^*$ と $\mathbf{k}^n \in \mathbf{F}(k_0^n)$,$\mathbf{k}^n \to \mathbf{k}$ より,補題 6.8 を用いて,

$$\sum_{t=1}^{\infty} \rho^{t-1} v(k_{t-1}^*, k_t^*) \geq \sum_{t=1}^{\infty} \rho^{t-1} v(k_{t-1}, k_t)$$

がいえる.これで $\mathbf{k}^*$ が k_0 からの最適軌道であることを証明できた.

もし,$\mathbf{H}$ が対応ではなく関数となるなら,いまの仮定の下では上半連続性は連続性を意味する.そのとき,$\mathbf{k}^n \in \mathbf{H}(k_0^n)$,$\mathbf{k} \in \mathbf{H}(k_0)$ とすると,$k_0^n \to k_0$ ならば $\mathbf{k}^n \to \mathbf{k}$ となる.したがって,$\mathbf{H}$ が関数となる状況では,定理 6.6 は第 4

章で導入した最適動学関数の連続性を含意する．

系 6.6 A1″，A2′ および A5′ を仮定する．このとき，任意の $k_0 \in K$ からの最適軌道は一意的となり，最適動学関数 h は連続関数となる．

　本節の最後の目標は，価値関数の連続性を証明することである．価値関数 $V: K \to \mathbb{R}$ の性質としてはこれまで凹性（補題6.1）と連続微分可能性（系6.1）がわかっている．しかしながら，凹性だけでは定義域の端における連続性までは含意されないし，系6.1が適用できるのは V の定義域 K の全域とは限らない．本節でのこれまでの結果を用いると，定義域 K の全域での価値関数の連続性を証明できる．$\mathbf{k} = \{k_t\} \in \mathbf{H}(k_0)$ のとき，価値関数の値 $V(k_0)$ は，まさに $\sum_{t=1}^{\infty} \rho^{t-1} v(k_{t-1}, k_t)$ に等しいことに注意しておこう．

定理 6.7 A1″(i)，A2′(i)，A5′ を仮定する．このとき，価値関数 V は連続関数である．

　証明　$k_0 \in K$ を任意にとる．また，$\{k_0^n\}$ を K 内の k_0 に収束する数列とする．その上で，$V(k_0^n) \to V(k_0)$ を示せばよい．そのためには，$\{V(k_0^{n_i})\}$ をある実数 V に収束する $\{V(k_0^n)\}$ の部分列とした上で $V = V(k_0)$ を証明すればよい[25]．

　定理6.5より，各 i ごとに最適軌道 $\mathbf{k}^{n_i} \in \mathbf{H}(k_0^{n_i})$ が存在する．最適軌道は実行可能なので，補題6.6より，ある軌道 $\mathbf{k} = \{k_t\}$ が存在し，数列 $\{n_i\}$ の適当な部分数列 $\{n_j\}$ を選ぶことにより，$\mathbf{k}^{n_j} \to \mathbf{k}$ $(j \to \infty)$ とできる．補題6.7より，$\mathbf{k} \in \mathbf{F}(k_0)$ である．以下，V と $V(k_0)$ が共に実数 $\sum_{t=1}^{\infty} \rho^{t-1} v(k_{t-1}, k_t)$ に等しいことを示す．

　$V(k_0^{n_j}) \to V$ $(j \to \infty)$，任意の j について $\mathbf{k}^{n_j} \in \mathbf{H}(k_0^{n_j})$ であること，および補題6.8を順に用いて，

---

[25] $\{x_n\}$ を有界な実数列とするとき，x_n が x に収束することは，条件，

$$\{x_n\} \text{ の任意の部分数列 } \{x_{n_i}\} \text{ が } y \text{ に収束したとすると，} x = y \text{ となる．} \quad (6.95)$$

と同値なのである．

を得る.

一方，定理 6.6 より，$\mathbf{H}$ が上半連続なので，$k_0^{n_j} \to k_0$，$\mathbf{k}^{n_j} \in \mathbf{H}(k_0^{n_j})$，$\mathbf{k}^{n_j} \to \mathbf{k}$ より $\mathbf{k} \in \mathbf{H}(k_0)$ が成り立つ. ゆえに，

$$V(k_0) = \sum_{t=1}^{\infty} \rho^{t-1} v(k_{t-1}, k_t) \tag{6.97}$$

(6.96), (6.97) より，$V = V(k_0)$ となる. これで証明は完了した.

6.8　補論：定理 6.4 の証明

証明　t が十分大きいときに δ_t と δ_t' のそれぞれが小さくなることをいう代わりに，その和である α_t が小さくなることをいえばよい.

任意の $\alpha > 0$ に対して，(6.75)式から，

$$\beta_t < \alpha \text{ ならば } \alpha_{t+1} < \alpha \tag{6.98}$$

がいえる. 一方，α_t が小さければ δ_t も小さく，A5′ から $\mathbf{k}$ は有界な数列なので，補題 6.4 から，δ_t が小さければ P_t は P に十分近くなる. また，k_t および k が有界なので，$(P_t - P)$ が小さければ (6.77)式から β_t も小さくなる. よって，ある $0 < \alpha' < \alpha$ が存在して，

$$\alpha_t < \alpha' \text{ ならば } \beta_t < \alpha \tag{6.99}$$

となるようにできる.

次に，任意の α とある $0 < \alpha' < \alpha$ に対して，(6.99)をみたす $t = T_1$ が存在して，(6.98)式から，その $t = T_1$ について $\alpha_{t+1} < \alpha$ がいえることを証明しよう.

まず，補題 6.4 を適用すると，(6.76)式の表現から，ある δ が存在して，

$$\delta_t < \delta \text{ ならば } \alpha_t < \alpha' \tag{6.100}$$

となるようにできる. (6.98)-(6.100) から，

$$\delta_t < \delta \text{ ならば } \alpha_{t+1} < \alpha \qquad (6.101)$$

となる.

次に δ を固定すると,(6.71)式と補題 6.3 から,ρ_0 より大きい ρ に対しては,(6.71)式で $t=0$ として得られる Δ_0 に上限があり,その各項 $\rho^{t-1}\delta_t$ は t の増大と共に 0 に収束する.したがって,$t=T_1$ を適切に選ぶと,$\rho_0<\rho<1$ なるすべての ρ について,$\rho^{t-1}\delta_t<\delta$ となるようにすることができる.何故なら,もし,そのような T_1 が存在しなければ,どんな t についてもある ρ' が存在し,$\rho'<\rho<1$ なる ρ について,$\rho^{t-1}\delta_t\geq\delta$ となる.このことは,$\sum_{t=1}^{\infty}\rho^{t-1}\delta_t\leq\overline{\Delta}$ がどんな ρ についても成り立つこととは矛盾するからである.T_1 を選んだうえで,ρ_1 を ρ_0 より大きく,かつ十分 1 に近くとると,$\rho_1<\rho<1$ なる ρ については $t=T_1$ において $\delta_t<\delta$ がみたされるようにできる.よって,(6.101)から $t=T_1$ では,$\alpha_{t+1}<\alpha$ がいえる.

次に $t\geq T_1+2$ において $\alpha_t<\alpha$ がいえることを証明する.もし,T_1 以降で常に α_t が α' より小さければ,$\alpha_t<\alpha$ は自明となる.そこで,T_1 以降に $t=T_2$ で初めて α_t が α' を上回るとしよう.このとき $t=T_2$ では,

$$\alpha_{t+1} < \alpha', \quad \alpha_t < \alpha' \qquad (6.102)$$

が成り立つ.(6.99)より $\beta_{t-1}<\alpha$ となる.ところが,(6.78)から $t=T_2$ では,

$$\begin{aligned}\beta_t-\beta_{t-1} &= (\rho^{-1}-1)\beta_{t-1}-\rho^{-1}\alpha_t \\ &< (\rho^{-1}-1)\alpha-\rho^{-1}\alpha'\end{aligned} \qquad (6.103)$$

となる.ρ_2 を ρ_1 より大きく,かつ十分 1 に近くとると,任意の $\rho\in(\rho_2,1)$ に対して,適当な $\varepsilon>0$ が存在して,

$$(\rho^{-1}-1)\alpha-\rho^{-1}\alpha' < -\varepsilon < 0 \qquad (6.104)$$

にとることができる.このとき,β_t は減少する.

もし,$t\geq T_2$ で $\alpha_t>\alpha'$ のままであれば,β_t も 1 期毎に少なくとも ε の値ずつ減少をし続け,β_t は $-\infty$ に近づく.しかし β_t は非負なので,これは不可能である.したがって,ある $T_3>T_2$ が存在して,T_2 以降 $t=T_3$ で初めて,

$$\alpha_{t+1} > \alpha', \quad \alpha_t < \alpha' \tag{6.105}$$

となる．T_2-1 と T_3-1 の間では，β_t が減少しているので，

$$\beta_t < \beta_{T_2-1} < \alpha, \quad t = T_2, \cdots, T_3-1 \tag{6.106}$$

が成り立つ．よって，(6.98)式から，

$$\alpha_t < \alpha, \quad t = T_2, \cdots, T_3 \tag{6.107}$$

となる．

$t=T_3$ で $\alpha_t<\alpha'$ なので，上の議論の出発点 T_1 を T_3 におきかえると，同じ議論を繰り返すことができ，結局，$\rho_2<\rho<1$ をみたす任意の ρ と，$t\geq T_1+1$ のすべての t について，$\alpha_t<\alpha$ が保証される．T_1 を T，α_t を δ，α_2 を ρ' とおきかえると，定理が成立する．

第7章　連続時間モデル

　本書の大半は時間が離散的にとらえられる場合を扱っている．しかし，経済学の論文には，連続時間モデルを扱っているものも多い．単一資本ストックの場合は，離散時間モデルと比較すると，連続時間モデルの最適動学解の性質がより単純なものになる．しかし，以下に説明するように，両者の間には類似点の方が多い．1部門モデルを連続時間で書きかえて，類似点を説明しよう．
　第4章で述べたオイラー方程式も連続時間モデルで考えることができる．連続時間モデルにおける最適化問題の解法として，変分法が考案され，最適化の1次条件として，オイラー方程式が求められた．連続時間モデルでは，オイラー方程式を図示して，変数の時間変化を追跡する手法がとられる．そのような時間変化を示すグラフは位相図とよばれる．位相図を利用すると最適解の構造を大域的にも局所的にも把握することができる．この手法は基本的には，離散時間モデルの動学系を動学関数のグラフと $45°$ 線との関係を利用して分析するのと同じ意味をもつ．
　また，資本の価値関数にもとづく最大値原理も連続時間モデルに書き直すことができる．さらに，それを利用して，最適動学系も導出される．最大値原理とオイラー方程式の間にも離散時間モデルと同様の関係が見出される．

7.1　1部門モデル

連続時間モデルでは，瞬間的な時間を t とする．産出物は，資本ストック K_t と時間から独立に一定な労働量 L によって生産される．いま t は，特定の日，特定の時間，すなわち，3時25分4.657… 秒を表わしている．もちろん，瞬時に生産できる生産物の量は微小である．時間を測る際には単位を統一する必要がある．秒ですべての時間を測れば1秒が，日数ですべての時間を測れば1日が単位となる．そこで，例えば1時間を単位とするなら，資本ストック K_t と労働量 L を1時間投入したときの生産量を，

$$Y_t = F(K_t, L) \tag{7.1}$$

と表わし，F を生産関数とよぶのである．生産物は，消費と投資に用いられ，

$$C_t + \dot{K}_t = F(K_t, L) \tag{7.2}$$

が成り立つとする．$\dot{K}_t$ は，時間に関する微分 dK_t/dt である．時間を測る1単位，ここでは1時間当たりに蓄積される資本ストックの量が $\dot{K}_t$ である．C_t は1時間生産を行ったときの生産物から消費に回される量で，その効用が $U(C_t)$ である．将来効用は，一定の率 δ で割り引かれるとする．時点 t で $U(C_t)$ にかかる割引のウエイトを w_t とすると，その値が δ の率で減少するので，

$$\frac{\dot{w}_t}{w_t} = -\delta \quad i.e. \ w_t = w_0 e^{-\delta t} \tag{7.3}$$

である．現時点を $t=0$ として，$w_0=1$ とおく．すると，時点 t の効用の現在価値は，

$$w_t U(C_t) = e^{-\delta t} U(C_t) \tag{7.4}$$

となる．消費者の効用の現在価値を，無限の将来に渡って最大化する問題を考える．

$$\max \int_0^\infty e^{-\delta t} U(C_t) dt$$
$$\text{s.t.} \quad \dot{K}_t = F(K_t, L) - C_t \tag{7.5}$$
$$K_0 \text{ given}$$

これは，数学的には**最適制御問題**(optimal control problem)である．K_t は，**状態変数**(state variable)とよばれる．状態の変化が $\dot{K}_t$ である．C_t は**制御変数**(control variable)とよばれる．消費の水準 C_t を変えることによって目的関数を最大化するように資本ストックの水準を制御できるからである．状態変数も，制御変数も，時間 t の関数である．したがって，K_t, C_t を，それぞれ状態関数，制御関数とよぶこともできる．

制御変数は，$\mathbb{R}_+ = \{t \in \mathbb{R} | t \geq 0\}$ の上で定義され，$\mathbb{R}_+$ を値域とする関数である．いま，制御変数は $\mathbb{R}_+$ から $\mathbb{R}_+$ への連続関数であるとして，それを**許容軌道**(admissible trajectory)あるいは**許容関数**とよぶ．許容軌道の集合を **C** とする．次に状態変数は，$\mathbb{R}_+$ で定義され，$\mathbb{R}_+$ を値域とする連続微分可能な関数として，それをやはり許容軌道とよぶ．状態変数の許容軌道の集合を **K** とする．軌道そのものは，**c, k** で表わすことにする．

加えて，ここでは労働量 L を一定とするので，C_t, K_t を前章までと同様に，1人当たりの変数 c_t, k_t でおきかえる．効用関数も，1人当たりの消費と効用，生産関数も，1人当たりの資本ストックと産出量の関係を表わす．

そこで，1部門の新古典派的最適動学問題(7.5)を一般化した，次の形の問題を考えてみよう．

$$\max_{(\mathbf{c}, \mathbf{k}) \in (\mathbf{C}, \mathbf{K})} \int_0^\infty u(c_t, k_t, t) dt$$
$$\text{s.t.} \quad \dot{k}_t = f(c_t, k_t, t) \tag{7.6}$$
$$k_0 \text{ given}$$

ここで，関数 u と f は，すべての変数について，連続微分可能とする．

我々は，これまでに用いてきた離散時間モデルと対比させることで，連続時間モデルを説明するつもりである．そのためには，離散時間モデルにおいて既約型効用関数とよんだものと同じ形の効用関数で比較する方がよいであろう．そこで，

$$\dot{k}_t = f(c_t, k_t, t) \tag{7.7}$$

を c_t について解くことによって，

$$c_t = c(k_t, \dot{k}_t, t) \tag{7.8}$$

を得る．これを効用関数に代入して，

$$\max_{\mathbf{k} \in \mathbf{K}} \int_0^\infty u\left(c(k_t, \dot{k}_t, t), k_t, t\right) dt \\ s.t.\ k_0\ \text{given} \tag{7.9}$$

とすることができる．

7.2 変分法

状態変数 k_t とその時間変化率 $\dot{k}_t$ および時間 t の関数の積分を最大化するように経路 $\mathbf{k}$ を選ぶことを，**変分問題**とよぶ．変分問題の解析を**変分法**とよぶ．微分法における最適化問題は，ある関数をその変数について最大あるいは最小化する問題であった．これに対して，変分問題とは，$\mathbf{k}$ あるいは $\mathbf{c}$ などの実数値関数に依存して決まる関数の値を最大化あるいは最小化するように，実数値関数を定めることである．実数値関数は，**変関数**とよばれ，我々の問題では，$\mathbf{k}, \dot{\mathbf{k}}$ である．変関数の関数は，**汎関数**とよばれ，問題 (7.6) では，u の積分の値である．

これまでの離散時間の最適動学モデルと比較するために，(7.9) においては，

$$u\left(c(k_t, \dot{k}_t, t), k_t, t\right) = e^{-\delta t} v(k_t, \dot{k}_t) \tag{7.10}$$

の積分値を目的関数とする．$Y \subset \mathbb{R}_+ \times \mathbb{R}$ を関数 v の定義域とする．所与の k_0 を初期値とする許容経路 $\mathbf{k}$ は，

$$k_t = k_0 + \int_0^t \dot{k}_s ds,\ (k_t, \dot{k}_t) \in Y \tag{7.11}$$

をみたすものである．ある $k_0 \geq 0$ を初期値とする許容経路の集合を $\mathbf{K}(k_0)$ とする．このとき，最適動学問題 (7.5) は，

$$V(k_0) = \max \int_0^\infty e^{-\delta t} v(k_t, \dot{k}_t) dt$$
$$s.t. \quad \mathbf{k} \in \mathbf{K}(k_0) \tag{7.12}$$
$$k_0 \text{ given}$$

と表わされる．k_0 を所与とするとき，$\mathbf{K}(k_0)$ の中に最大値を与える経路 $\mathbf{k}$ が実際に存在することを，以下を通じて仮定する．また最大値を初期値の関数としてみた，$V(k_0)$ を**価値関数**とよぶ．

次に，離散時間モデルにおけるオイラー方程式に対応するものを導出しよう．$\mathbf{k}$ を最適軌道とすると，任意の $0 \leq t_1 < t_2$ をみたす t_1, t_2 に対して，$x_{t_1} = k_{t_1}$ を初期値とする許容軌道で，$x_{t_2} = k_{t_2}$ をみたす任意のものについて，

$$\int_{t_1}^{t_2} e^{-\delta t} v(k_t, \dot{k}_t) dt \geq \int_{t_1}^{t_2} e^{-\delta t} v(x_t, \dot{x}_t) dt \tag{7.13}$$

が成り立つ．条件(7.13)から，オイラー方程式に相当する微分方程式が得られるのである．ここで v の微分可能性を仮定する．

A1 $v:Y \to \mathbb{R}$ は，2回連続微分可能で，$v_1 > 0$ かつ $v_2 < 0$ である．

$\mathbf{k} \in \mathbf{K}(k_0)$ が (7.12) の最適軌道であるとする．しかも，$\mathbf{k}$ は以下の意味で内部解であるとしよう．すなわち，すべての t についてある $\varepsilon_t > 0$ が存在して，$|x_t - k_t| < \varepsilon_t$ が成り立ち，$\mathbf{x}$ が t について連続微分可能であるとすれば，$\mathbf{x} \in \mathbf{K}(k_0)$ である．$\mathbf{x} \in \mathbf{K}(k_0)$ でかつ，

$$x_{t_1} = k_{t_1}, \quad x_{t_2} = k_{t_2} \tag{7.14}$$

をみたすものを選び，それを固定する．そして，

$$F(a) = \int_{t_1}^{t_2} e^{-\delta t} v\left(k_t + a(x_t - k_t), \dot{k}_t + a(\dot{x}_t - \dot{k}_t)\right) dt \tag{7.15}$$

とする．a は，$-1 < a < 1$ をみたす．a を十分 0 に近くとれば，軌道 $\mathbf{k} + a(\mathbf{x} - \mathbf{k})$ は $\mathbf{K}(k_0)$ に属し，$F(a)$ が定義される．$\mathbf{k}$ が最適軌道なので，$F(a)$ は $a=0$ で最大値をとる．ここで，

$$v_{it} = v_i(k_t, \dot{k}_t) \tag{7.16}$$

と定義すると，

$$F'(0) = \int_{t_1}^{t_2} e^{-\delta t} v_{1t} \cdot (x_t - k_t) dt + \int_{t_1}^{t_2} e^{-\delta t} v_{2t} \cdot (\dot{x}_t - \dot{k}_t) dt = 0 \quad (7.17)$$

である．真ん中の2項のうち，2番目の項を部分積分すると，

$$\int_{t_1}^{t_2} e^{-\delta t} v_{2t} \cdot (\dot{x}_t - \dot{k}_t) dt \\ = \left[e^{-\delta t} v_{2t} \cdot (x_t - k_t) \right]_{t_1}^{t_2} - \int_{t_1}^{t_2} \frac{d}{dt} \left[e^{-\delta t} v_{2t} \right] \cdot (x_t - k_t) dt \quad (7.18)$$

(7.18)式の右辺の第1項は，(7.14)の条件によって0となる．よって，(7.18)式を(7.17)式に代入すると，

$$\int_{t_1}^{t_2} \left\{ e^{-\delta t} v_{1t} - \frac{d}{dt} \left[e^{-\delta t} v_{2t} \right] \right\} \cdot (x_t - k_t) dt = 0 \quad (7.19)$$

が得られる．(7.14)式をみたす任意の許容軌道 **x** について，(7.19)式が成り立つので，

$$e^{-\delta t} v_{1t} - \frac{d}{dt} \left[e^{-\delta t} v_{2t} \right] = 0 \quad (7.20)$$

が成り立たなければならない．$0 \leq t_1 < t_2$ のとり方も任意なので，(7.20)式はすべての t について成り立つ．これが連続時間モデルにおけるオイラー方程式である．いま，

$$p_t = -e^{-\delta t} v_2(k_t, \dot{k}_t) \quad (7.21)$$

とおいて，関数 **p** を**双対軌道**(dual trajectory)とよぶ．このとき次の結果が得られる．

最適軌道 **k** が内部解であれば，その双対軌道 **p** が存在して，次の式が成り立つ．

$$\begin{aligned} p_t &= -e^{-\delta t} v_2(k_t, \dot{k}_t) \\ \dot{p}_t &= -e^{-\delta t} v_1(k_t, \dot{k}_t) \end{aligned} \quad (7.22)$$

オイラー方程式は，(7.20)あるいは(7.22)式で与えられる．これらは，最適軌道が内部解である場合に成り立つ必要条件である．(7.22)式は，変数を p_t, k_t

とする連立微分方程式である．初期値 p_0, k_0 が与えられると(7.22)式の解として，1つの軌道が定まるのである．しかし，そのすべてが最適軌道になるわけではない．最適なのは，所与の k_0 に対して，適当な双対変数 p_0 を選ぶことによって定まる軌道のみである．

最適性を保証する条件（十分条件）を求めるためには次の仮定を加える．

A2 Y は凸集合で $\mathbb{R}_+ \times \mathbb{R}$ の閉部分集合である．
A3 $v(k_t, \dot{k}_t)$ は凹関数である．

軌道 **k** が内部解で双対軌道 **p** が(7.22)式をみたしているなら，関数 v の凹性から，$x_0 = k_0$ をみたす任意の許容軌道 **x** について，

$$e^{-\delta t}v(k_t, \dot{k}_t) + \dot{p}_t k_t + p_t \dot{k}_t \geq e^{-\delta t}v(x_t, \dot{x}_t) + \dot{p}_t x_t + p_t \dot{x}_t \quad (7.23)$$

が成り立つ．(7.23)式を積分して，

$$\int_0^T e^{-\delta t}v(k_t, \dot{k}_t)dt + p_T k_T - p_0 k_0 \geq \int_0^T e^{-\delta t}v(x_t, \dot{x}_t)dt + p_T x_T - p_0 x_0 \quad (7.24)$$

を得る．$x_0 = k_0$ であるので，横断性条件，

$$\lim_{T \to \infty} p_T k_T = 0 \quad (7.25)$$

がみたされるなら，(7.24)式から，

$$\int_0^\infty e^{-\delta t}v(k_t, \dot{k}_t)dt \geq \int_0^\infty e^{-\delta t}v(x_t, \dot{x}_t)dt \quad (7.26)$$

が成り立つことになる．これは，**k** が最適軌道であることを意味する．

定理 7.1 許容軌道 **k** に対して，(7.22)式をみたす双対軌道 **p** が存在して，それが横断性条件(7.25)をみたすなら，**k** は k_0 からの最適軌道である．

7.3 位相図による解析

双対変数 p_t は，効用の現在価値で測った投資財の価格，すなわち現在価格

である．これを経常価格 P_t に変換するためには，$P_t = e^{\delta t} p_t$ とおけばよい．すると，

$$\dot{P}_t = \delta P_t + e^{\delta t} \dot{p}_t \tag{7.27}$$

が成り立ち，(7.22)式を，

$$\begin{aligned} P_t &= -v_2(k_t, \dot{k}_t) \\ \dot{P}_t &= \delta P_t - v_1(k_t, \dot{k}_t) \end{aligned} \tag{7.28}$$

と変形できる．(7.28)の第1式を，$\dot{k}_t$ について解いて得られる式を，

$$\dot{k}_t = h(k_t, P_t) \tag{7.29}$$

とする．これを，(7.28)の第2式に代入して，

$$\dot{P}_t = g(k_t, P_t) \tag{7.30}$$

を定義する．ここで，

$$g(k_t, P_t) = \delta P_t - v_1(k_t, h(k_t, P_t)) \tag{7.31}$$

である．

図7-1〜7-4は，(7.29), (7.30)をみたす解の動きを表わす位相図である．図の中心に位置する点 E は，定常軌道または，長期均衡である．これは，(7.29), (7.30)式において，$\dot{k}_t$ と $\dot{P}_t$ を0とおいて得られる解である．(7.28)式を用いると，

$$\begin{aligned} P &= -v_2(k, 0) \\ \delta v_2(k, 0) + v_1(k, 0) &= 0 \end{aligned} \tag{7.32}$$

の解として長期均衡 (k, P) が定まることがわかる．

解の動きを調べるためには，$\dot{k}=0$ をみたす点 (k_t, P_t) の成す曲線と，$\dot{P}=0$ をみたす点 (k_t, P_t) の成す曲線の形を調べる必要がある．以下では，v が強い意味の凹性をもち，

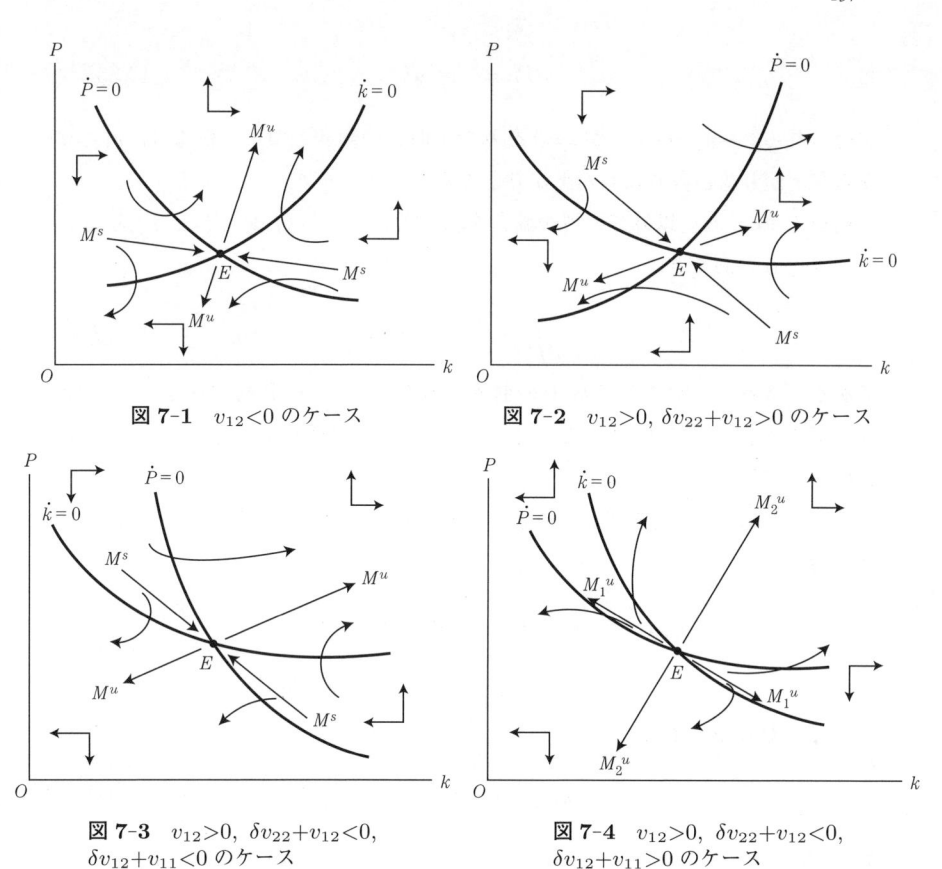

図 7-1　$v_{12}<0$ のケース

図 7-2　$v_{12}>0, \delta v_{22}+v_{12}>0$ のケース

図 7-3　$v_{12}>0, \delta v_{22}+v_{12}<0,$
$\delta v_{12}+v_{11}<0$ のケース

図 7-4　$v_{12}>0, \delta v_{22}+v_{12}<0,$
$\delta v_{12}+v_{11}>0$ のケース

$$v_{11}<0, \quad v_{22}<0, \quad v_{11}v_{22}-v_{12}^2>0 \qquad (7.33)$$

がみたされることを仮定する.

　$\dot{k}=0$ の解は, $h(k_t,P_t)=0$ をみたす (k_t,P_t) の軌跡である. (7.28)の第1式を全微分して,

$$dP_t = -v_{21}dk_t - v_{22}d\dot{k}_t \qquad (7.34)$$

とする. ここで, $d\dot{k}_t=0$ とおくと,

$$dP_t = -v_{21}dk_t \qquad (7.35)$$

が得られる．$-v_{21}=-v_{12}$ が $\dot{k}=0$ をみたす曲線の傾きとなる．曲線は，$v_{12}>0$ なら右下がり，$v_{12}<0$ なら右上がりとなる．

曲線 $\dot{k}=0$ 上の点以外での解の動きを調べるために，(7.34)式で，k_t を固定し，$dk_t=0$ とおくと，

$$\frac{d\dot{k}_t}{dP_t} = -\frac{1}{v_{22}} > 0 \qquad (7.36)$$

である．よって，図 7-1 で $\dot{k}=0$ の曲線上の点から上方へ移動すると $\dot{k}>0$ となり，下方へ移動すると $\dot{k}<0$ となる．図 7-2〜7-4 の曲線 $\dot{k}=0$ は，$v_{12}>0$ の場合について描かれたものである．

次に，$\dot{P}=0$ の曲線を調べてみよう．(7.28)の第 2 式を全微分して，(7.34)式を用いると，

$$\begin{aligned}v_{22}d\dot{P}_t &= v_{22}(\delta dP_t - v_{11}dk_t - v_{12}\dot{k}_t) \\ &= (\delta v_{22}+v_{12})dP_t - (v_{11}v_{22}-v_{12}^2)dk_t\end{aligned} \qquad (7.37)$$

ここで，$d\dot{P}_t=0$ とおくと，

$$(\delta v_{22}+v_{12})dP_t = (v_{11}v_{22}-v_{12}^2)dk_t \qquad (7.38)$$

である．(7.33)により，$\dot{P}_t=0$ の傾きは，$\delta v_{22}+v_{12}>0$ ならば，右上がり，$\delta v_{22}+v_{12}<0$ ならば，右下がりとなる．よって，$v_{12}<0$ ならば右下がり，$v_{12}>0$ かつその値が十分大きければ右上がりとなる．

曲線 $\dot{P}=0$ 上の点以外での解の動きを調べるためには，(7.37)式で，$dP_t=0$ とおく．すると，

$$v_{22}d\dot{P}_t = -(v_{11}v_{22}-v_{12}^2)dk_t \qquad (7.39)$$

である．ここで，P_t を固定して k_t を増加すると，$\dot{P}_t$ が増加することがわかる．よって，$\dot{P}=0$ の曲線の右側では，$\dot{P}_t>0$，左側では $\dot{P}_t<0$ となる．

図 7-1 は，$v_{12}<0$ のケースである．$\dot{k}=0$ は右上がり，$\dot{P}=0$ は右下がりとなっている．長期均衡に収束する軌道 M^s は**安定多様体**，長期均衡から出発し

て発散してゆく軌道 M^u は**不安定多様体**とよばれる．任意の k_0 に対して，(k_0, P_0) が安定多様体 M^s 上にあるように P_0 を選ぶと，この点を初期値とする軌道は最適軌道となる．何故なら，軌道はオイラー方程式(7.29)，(7.30)をみたす．そして，(k_t, P_t) が長期均衡 (k, P) に収束するので，$p_t k_t = e^{-\delta t} P_t k_t$ は0に収束して，横断性条件をみたすからである．

図7-2〜7-4は，$v_{12} > 0$ のケースである．$\dot{k}=0$ は右下がりである．図7-2では，$\dot{P}=0$ が右上がり，すなわち $\delta v_{22} + v_{12} > 0$ のケースである．図7-3と図7-4では，$\dot{P}=0$ が右下がり，すなわち $\delta v_{22} + v_{12} < 0$ のケースである．図7-2と図7-3では，安定多様体と不安定多様体が存在し，安定多様体が最適軌道となっていることでは図7-1と同じである．

これに対して図7-4は，$\dot{P}=0$ が右下がりで，かつ $\dot{k}=0$ に，左下方から交叉するケースである．この場合には，安定多様体は存在しない．また，最適軌道がどこに位置するかは改めて議論する．なお，$\dot{P}=0$ が右下がりであるときに，$\dot{P}=0$ の傾きが $\dot{k}=0$ の傾きより緩やかである条件は，(7.35)，(7.38)より，

$$\delta v_{12} + v_{11} > 0 \tag{7.40}$$

となることが導かれる．

7.4　局所的安定性

前節では，長期均衡に収束する軌道と長期均衡から発散する軌道があることを，図を用いて推理した．しかし，これは必ずしも厳密な議論ではないので，長期均衡における局所的安定性を直接調べることにする．オイラー方程式(7.29)，(7.30)は自律系の非線形連立微分方程式である．右辺を長期均衡における k と P で線形近似する．近似として用いられる線形微分方程式は，

$$\begin{pmatrix} \dot{k_t - k} \\ \dot{P_t - P} \end{pmatrix} = \begin{pmatrix} h_1 & h_2 \\ g_1 & g_2 \end{pmatrix} \begin{pmatrix} k_t - k \\ P_t - P \end{pmatrix} \tag{7.41}$$

である．係数行列の特性根を λ_1，λ_2 とすると，(7.41)の解は $e^{\lambda_1 t}$ と $e^{\lambda_2 t}$ の加

重和で表現される[1]．したがって，特性根の実部が共に負ならば定常解は安定，共に正ならば不安定，1個が正で他方が負ならば鞍点となる．図7-1～7-3は長期均衡が鞍点，図7-4は不安定となる場合である．

(7.41)の係数行列の特性根は，特性方程式，

$$\lambda^2 - (h_1+g_2)\lambda + h_1g_2 - h_2g_1 = 0 \tag{7.42}$$

の解である．(7.28)の第1式を全微分すると，(7.34)式になるので，

$$h_1 = -\frac{v_{21}}{v_{22}}, \quad h_2 = -\frac{1}{v_{22}} \tag{7.43}$$

である．また，(7.30)，(7.31)から，

$$g_1 = -v_{11} - v_{12}h_1, \quad g_2 = \delta - v_{12}h_2 \tag{7.44}$$

である．(7.42)，(7.43)，(7.44)から，

$$\lambda_1 + \lambda_2 = h_1 + g_2 = \delta > 0 \tag{7.45}$$

$$\lambda_1\lambda_2 = h_1g_2 - h_2g_1 = -\frac{1}{v_{22}}[\delta v_{12} + v_{11}] \tag{7.46}$$

である．ここで，長期均衡での条件(7.32)から，$\delta = -v_1/v_2$を代入すると，

$$h_1g_2 - h_2g_1 = \frac{1}{v_{22}v_2}[v_{12}v_1 - v_{11}v_2] \tag{7.47}$$

が成り立つ．(7.46)，(7.47)より，

$$v_{12}v_1 - v_{11}v_2 < 0 \quad \text{すなわち} \quad \delta v_{12} + v_{11} < 0 \tag{7.48}$$

である限り，1根は正，他根は負となり，長期均衡は鞍点となる．$v_1 > 0$, $v_2 < 0$なので，(7.48)は$v_{12} \leq 0$である限り，必ず成り立つ．

一方，$v_{12} > 0$でv_{12}が$v_{11}v_2/v_1$より大きければ，(7.48)の条件は成立しない．もし，(7.48)式の不等号の向きが逆転すれば，2根の実部が共に正となる．したがって，長期均衡は完全不安定である．

---

[1] 微分方程式の解の性質は，第2章で説明した差分方程式の解と対応させて理解できる．微分方程式の解について確認したければ，西村和雄(1982)『経済数学早わかり』日本評論社，第5章をみよ．

以上で明らかになったことは，v_{12} の符号そのものではなく，(7.48)の不等式が成立するか否かが，安定性に影響するということである．

定理 7.2 オイラー方程式(7.29)，(7.30)の解と長期均衡 (k, P) について，次のことが成り立つ．
 (i) $v_{12}v_1 - v_{11}v_2 < 0$ ならば (k, P) は鞍点となる．
 (ii) $v_{12}v_1 - v_{11}v_2 > 0$ ならば (k, P) は完全不安定となる．

7.5 価値関数と最適性原理

次に，(7.12)で定義された価値関数 $V(k)$ を用いて，双対変数 P_t を求め，最適性原理から解の性質を調べる．ここでは，話を簡単にするために，価値関数 $V(k)$ の連続微分可能性を仮定しよう．双対変数 P_t は資本の価値の限界評価を表わすものである．価値関数が微分可能な場合には，

$$P_t = V'(k_t) \tag{7.49}$$

と考えてもよい．以下では，この変数と最適性原理との関係を考える．

$k_0 \geq 0$ を初期値とする最適軌道を $\mathbf{k}$ としよう．価値関数は凹関数なので，この関係式から，どの t についても，

$$V(k_t) - P_t k_t \geq V(x_t) - P_t x_t \tag{7.50}$$

がすべての $x_t \geq 0$ について成立する．したがって，x_t からはじまる任意の許容軌道 $\mathbf{x} \in \mathbf{K}(x_t)$ について，

$$\begin{aligned} V(k_t) - P_t k_t &= \int_0^T e^{-\delta s} v(k_{t+s}, \dot{k}_{t+s}) ds + e^{-\delta T} V(k_{t+T}) - P_t k_t \\ &\geq \int_0^T e^{-\delta s} v(x_{t+s}, \dot{x}_{t+s}) ds + e^{-\delta T} V(x_{t+T}) - P_t x_t \end{aligned} \tag{7.51}$$

が成立する．

つまり，$k_t \geq 0$ を初期値とする許容軌道 $\mathbf{x} \in \mathbf{K}(k_t)$ をとると，

$$V(k_t) = \int_0^T e^{-\delta s} v(k_{t+s}, \dot{k}_{t+s}) ds + e^{-\delta T} V(k_{t+T})$$
$$\geq \int_0^T e^{-\delta s} v(x_{t+s}, \dot{x}_{t+s}) ds + e^{-\delta T} V(x_{t+T}) \qquad (7.52)$$

が成立する.

ここで,
$$\tilde{v}(x_t, x_{t+T}) = \max_{\xi} \left[\int_0^T e^{-\delta s} v(\xi_{t+s}, \dot{\xi}_{t+s}) ds \right] \qquad (7.53)$$
$$s.t. \ \xi_t = x_t, \ \xi_{t+T} = x_{t+T}$$

という関係を考えると, (7.51)から, どんな x_t と x_{t+T} についても,
$$\tilde{v}(k_t, k_{t+T}) + e^{-\delta T} V(k_{t+T}) - P_t k_t \geq \tilde{v}(x_t, x_{t+T}) + e^{-\delta T} V(x_{t+T}) - P_t x_t$$
$$(7.54)$$

が成り立つ. この式の最大化の1次条件は,
$$\tilde{v}_1(k_t, k_{t+T}) = P_t$$
$$-\tilde{v}_2(k_t, k_{t+T}) = e^{-\delta T} V'(k_{t+T}) = e^{-\delta T} P_{t+T} \qquad (7.55)$$

である. 関数 $\tilde{v}$ は凹関数なので, (7.55)から, どんな x_t と x_{t+T} についても,
$$\tilde{v}(k_t, k_{t+T}) + e^{-\delta T} P_{t+T} k_{t+T} - P_t k_t \geq \tilde{v}(x_t, x_{t+T}) + e^{-\delta T} P_{t+T} x_{t+T} - P_t x_t$$
$$(7.56)$$

が成り立つ. ここで, $\tilde{v}$ の定義から,
$$\tilde{v}(k_t, k_{t+T}) = \int_0^T e^{-\delta s} v(k_{t+s}, \dot{k}_{t+s}) ds \qquad (7.57)$$

が成立し, $\xi_t = x_t, \xi_{t+T} = x_{t+T}$ をみたす任意の実行可能経路 ξ について,
$$\tilde{v}(k_t, k_{t+T}) \geq \int_t^{t+T} e^{-\delta s} v(\xi_{t+s}, \dot{\xi}_{t+s}) ds \qquad (7.58)$$

が成立することを使うと, (7.56)から,
$$\int_0^T e^{-\delta s} v(k_{t+s}, \dot{k}_{t+s}) ds + e^{-\delta T} P_{t+T} k_{t+T} - P_t k_t$$
$$\geq \int_0^T e^{-\delta s} v(x_{t+s}, \dot{x}_{t+s}) ds + e^{-\delta T} P_{t+T} x_{t+T} - P_t x \qquad (7.59)$$

が任意の実行可能経路 **x** について成り立つことがわかる.

ここで,この関係の両辺を T で割って,$T \to 0$ をとる.そうすると,左辺では第 1 項が,

$$\frac{1}{T}\int_0^T e^{-\delta s}v(k_{t+s},\dot{k}_{t+s})ds \longrightarrow v(k_t,\dot{k}_t) \tag{7.60}$$

また,第 2 項と第 3 項が,

$$\frac{e^{-\delta T}P_{t+T}k_{t+T}-P_tk_t}{T}$$
$$\longrightarrow g'(t) = -\delta P_tk_t+\dot{P}_tk_t+P_t\dot{k}_t \tag{7.61}$$

となる.ここで,$g(s)=e^{-\delta(s-t)}P_sk_s$ である.右辺でも同様の関係が成立するので,(7.59) は,

$$v(k_t,\dot{k}_t)-(\delta-\dot{P}_t)k_t+P_t\dot{k}_t \geq v(x_t,\dot{x}_t)-(\delta-\dot{P}_t)x_t+P_t\dot{x}_t \tag{7.62}$$

がすべての $(x_t,\dot{x}_t)$ について成立することを意味する.以上の性質を次にまとめておく.

定理 7.3 最適軌道 **k** が内部解であれば双対軌道 **P** が存在して,

(i) 任意の許容軌道の初期値 x に対して,

$$V(k_t)-P_tk_t \geq V(x)-P_tx \tag{7.63}$$

(ii) 任意の許容軌道 **x** に対して,

$$v(k_t,\dot{k}_t)-(\delta P_t-\dot{P}_t)k_t+P_t\dot{k}_t \geq v(x_t,\dot{x}_t)-(\delta P_t-\dot{P}_t)x_t+P_t\dot{x}_t \tag{7.64}$$

が成り立つ.

系 7.1 もし,価値関数が微分可能であれば,内部最適軌道 **k** と双対軌道 **P** について,次の結果が成り立つ.

$$\begin{aligned}P_t &= V'(k_t) = -v_2(k_t,\dot{k}_t) \\ \dot{P}_t &= \delta P_t-v_1(k_t,\dot{k}_t)\end{aligned} \tag{7.65}$$

7.6 最適軌道の分析

前節の結果は，最適軌道について，追加的な情報を与えてくれる．価値関数と双対変数の関係式,

$$P_t = V'(k_t) \tag{7.66}$$

と，V が凹関数であることから，P_t は k_t について非増加関数となる．図7-1〜7-3の安定多様体は，この性質をみたしている．図7-4は，安定多様体が存在しないケースであった．図の不安定多様体である M_1^u と M_2^u を比較すると，M_1^u に沿った動きのみが(7.66)と矛盾しないことがわかる．

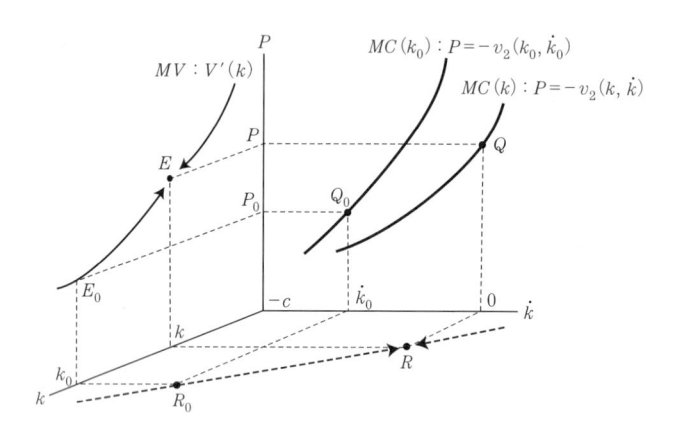

図 7-5 $v_{12}<0$ のケース：$k_0>k$ かつ $\dot{k}_0>\dot{k}=0$

図7-5は $(k,\dot{k},P)$ の3次元の図である．見やすいように，原点 $(0,0,0)$ の代わりに，ある $c>0$ をとって，$(0,-c,0)$ を座標軸が通るように描いてある．曲線 MV は，(7.66)式をみたす (k_t, P_t) の軌跡である．曲線 $MC(k_t)$ は，k_t を所与とするときの，

$$P_t = -v_2(k_t, \dot{k}_t) \tag{7.67}$$

をみたす $(\dot{k}_t, P_t)$ の軌跡である．$v_{12}>0$ であれば，k_t を増加させると，曲線

$MC(k_t)$ は下方にシフトする.

図 7-5 は $v_{12}<0$ のケースである.点 E での P と k は,$\dot{k}$ を 0 とする長期均衡を与えている.点 Q で,ちょうど $P=-v_2(k,0)$ が成り立っている.次に,k よりも大きい値 k_0 を考えると,曲線 MV 上で P_0 が決まる.P_0 は P より低い値である.一方,曲線 MC は上方にシフトして,P_0 と $MC(k_0)$ が等しくなる点 Q_0 で決まる $\dot{k}_0$ は負の値をとる.よって,k_0 は減少する.資本ストックの値は,曲線 MV に沿って E に収束する.図 7-5 は,位相図の図 7-1 に対応する最適軌道の動きを与えている.

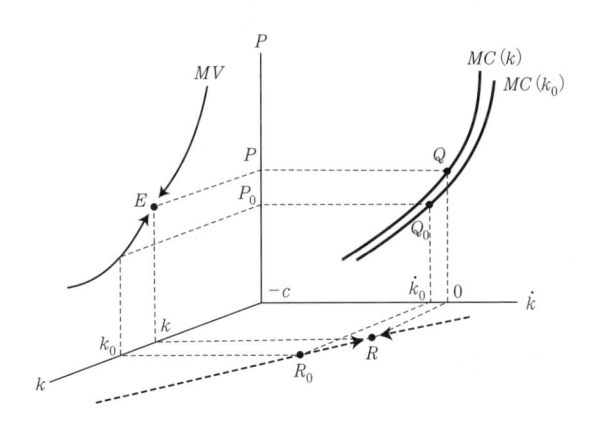

図 7-6 $v_{12}>0$ のケース: $k_0>k$ かつ $\dot{k}_0<\dot{k}=0$

図 7-5 を使えば,たとえ曲線 MC がシフトしなかったとしても,すなわち $v_{12}=0$ であるとしても,曲線 MV に沿って解が長期均衡 E に収束することには変わりがないことがわかる.したがって,$v_{12}>0$ であって,MC 曲線が下方にシフトするとしても,そのシフトが小さい限り,最適軌道はやはり長期均衡 E に収束するであろう.このケースは,図 7-6 に描かれている.長期均衡水準 k から,k_0 に上昇させると,曲線 $MC(k_0)$ は,曲線 $MC(k)$ の下方にシフトする.それでも,Q_0 が Q の左側に位置する限りは $\dot{k}_0<0$ となり,太い実線と破線上の資本ストックの動きは,図 7-5 と同じになる.これは,位相図の図 7-2 と図 7-3 に対応するケースである.

$v_{12}>0$ の値が更に大きくなると,図 7-7 のように曲線 $MC(k_0)$ が曲線

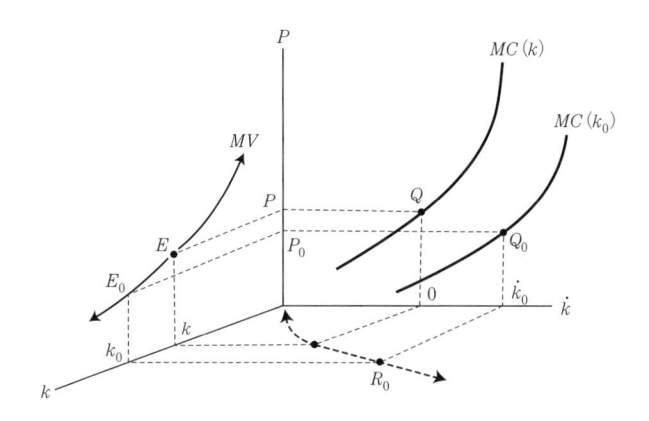

図 7-7 $v_{12}>0$ のケース: $k_0>k$ かつ $\dot{k}_0>\dot{k}=0$

$MC(k)$ の十分下方にシフトして，その結果，Q_0 が Q の右側に位置するようになる．この場合は，$\dot{k}_0>0$ であり，k_0 は時間と共に増加して，発散することになる．図 7-7 の太線は，不安定な最適軌道の動きを示している．図 7-7 は，位相図の図 7-4 に対応する．

7.7 最大値原理

変分法と異なるもう1つの解法は，ハミルトニアンを用いる方法である．まず，問題(7.6)に戻って考えてみよう．

$$\max_{(\mathbf{c},\mathbf{k})\in(\mathbf{C},\mathbf{K})} \int_0^\infty u(c_t,k_t,t)dt \\ s.t. \quad \dot{k}_t = f(c_t,k_t,t) \\ k_0 \text{ given} \tag{7.68}$$

静学的な制約条件付最適化問題を解く際には，ラグランジュ関数を用いると，最適性の1階の条件が容易に導出される．動学的最適化問題においては，**ハミルトニアン**(Hamiltonian)とよばれる関数，

$$H(c_t,k_t,q_t,t) = u(c_t,k_t,t)+q_tf(c_t,k_t,t) \tag{7.69}$$

を用いて，1階の条件が導出される．ここで，q_t は，静学問題におけるラグラ

ンジュ乗数と対応する．しかし，ハミルトニアンとラグランジュ関数が，直接対応しているというわけではない．動学問題(7.68)におけるラグランジュ関数は，むしろ次の形をとる．

$$\begin{aligned} L &= \int_0^\infty \left[u(c_t, k_t, t) + q_t \left(f(c_t, k_t, t) - \dot{k}_t \right) \right] dt \\ &= \int_0^\infty \left[H(c_t, k_t, q_t, t) - q_t \dot{k}_t \right] dt \end{aligned} \quad (7.70)$$

ここで，部分積分，

$$\int_0^\infty q_t \dot{k}_t dt = [q_t k_t]_0^\infty - \int_0^\infty \dot{q}_t k_t dt \quad (7.71)$$

を(7.70)式に代入すると，

$$L = \int_0^\infty \left[H(c_t, k_t, q_t, t) + \dot{q}_t k_t \right] dt - [q_t k_t]_0^\infty \quad (7.72)$$

となる．横断性条件として，

$$\lim_{t \to \infty} q_t k_t = 0 \quad (7.73)$$

を仮定すると，Lが最大化される必要条件として，(7.72)式での積分の中の関数が最大化されること，すなわち，

$$\frac{\partial H}{\partial c_t} = 0, \quad \frac{\partial H}{\partial k_t} = -\dot{q}_t \quad (7.74)$$

が得られる．また，(7.70)の最初の式が最大化される条件から，

$$\frac{\partial H}{\partial q_t} = f(c_t, k_t, t) = \dot{k}_t \quad (7.75)$$

も得られる．問題(7.68)の解に対して，変数q_tが存在し，それが(7.74)と(7.75)をみたすという結果を**最大値原理**(maximum principle)とよぶ．(7.74)の第1式は，

$$u_1 + q_t f_1 = 0 \quad (7.76)$$

である．これを解いて得られる$c_t = c(q_t, k_t, t)$を(7.74)の第2式と(7.75)式に代入すると，

$$\dot{q}_t = -\frac{\partial}{\partial k_t} H(c(q_t, k_t, t), k_t, q_t, t) \qquad (7.77)$$

$$\dot{k}_t = \frac{\partial}{\partial q_t} H(c(q_t, k_t, t), k_t, q_t, t) \qquad (7.78)$$

または,

$$\dot{q}_t = -u_2(c(q_t, k_t, t), k_t, t) - q_t f_2(c(q_t, k_t, t), k_t, t) \qquad (7.79)$$

$$\dot{k}_t = f(c(q_t, k_t, t), k_t, t) \qquad (7.80)$$

となる.

ここで,再び効用関数を,

$$u(c_t, k_t, t) = e^{-\delta t} u(c_t, k_t) \qquad (7.81)$$

と特定化し,双対変数を経常価格 $Q_t = e^{\delta t} q_t$ におきかえて,修正化されたハミルトニアン,

$$\widehat{H}(c_t, k_t, Q_t, t) = e^{\delta t} H(c_t, k_t, q_t, t) \qquad (7.82)$$

を定義するなら,(7.77),(7.78)式は,

$$\dot{Q}_t = \delta Q_t - \frac{\partial \widehat{H}}{\partial k_t} \qquad (7.83)$$

$$\dot{k}_t = \frac{\partial \widehat{H}}{\partial Q_t} \qquad (7.84)$$

と書きかえることができる.

7.8 オイラー方程式と最大値原理

最大値原理で用いられた補助変数 q_t, Q_t は,変分法において導かれた双対変数 p_t, P_t と同じものであることを証明しよう.

そのために,変分法でオイラー方程式を導いた過程を思い出してみよう.(7.7)式 $\dot{k}_t = f(c_t, k_t, t)$ を全微分して,

$$d\dot{k}_t = f_1 dc_t + f_2 dk_t \tag{7.85}$$

よって，

$$\frac{\partial c_t}{\partial k_t} = -\frac{f_2}{f_1}, \quad \frac{\partial c_t}{\partial \dot{k}_t} = \frac{1}{f_1} \tag{7.86}$$

である．なお問題，

$$\max_{\mathbf{k} \in \mathbf{K}} \int_0^\infty u\left(c(k_t, \dot{k}_t, t), k_t, t\right) dt \tag{7.87}$$
$$s.t.\ k_0\ \text{given}$$

に対して，(7.22)式と同様の双対変数が定義される．(7.10)式のもとでは，それは，

$$p_t = -\frac{d}{d\dot{k}_t} u\left(c(k_t, \dot{k}_t, t), k_t, t\right) \tag{7.88}$$
$$\dot{p}_t = -\frac{d}{dk_t} u\left(c(k_t, \dot{k}_t, t), k_t, t\right) \tag{7.89}$$

となる．(7.88)，(7.89)式から，

$$\begin{aligned} p_t &= -u_1 \cdot \left(\frac{\partial c}{d\dot{k}_t}\right) \\ \dot{p}_t &= -\left(u_2 + u_1 \cdot \left(\frac{\partial c}{dk_t}\right)\right) \end{aligned} \tag{7.90}$$

これに(7.86)式を代入する．そして，(7.7)式を加え，

$$\begin{aligned} u_1(c_t, k_t, t) + p_t f_1(c_t, k_t, t) &= 0 \\ \dot{p}_t &= -u_2(c_t, k_t, t) - p_t f_2(c_t, k_t, t) \\ \dot{k}_t &= f(c_t, k_t, t) \end{aligned} \tag{7.91}$$

とまとめられる．(7.91)は，上の(7.76)式，(7.79)式と対応している．したがって，変分法の双対変数 p_t を q_t でおきかえることによって，最大値原理を導くことができるのである．

第8章　非線形動学と局所分岐

　本章から始まる本書の後半では，最適動学関数で記述される最適化問題の解を複雑系非線形動学の観点から検討する．複雑系非線形動学というのは，20世紀の後半に開発された数学的分析手法である．この手法を通じて明らかになったのは，(1)動学関数自体が非常に簡単な構造をもっていたとしても，それで記述される動学経路は極めて複雑な動きをする可能性があり，(2)複雑な経路の発生が動学関数のもつ非線形性に起因するといった事実である．複雑系非線形動学の手法は，1970年代以降，マクロ経済モデルにおける景気変動の分析に大きな影響を及ぼしてきた．その最も基礎的な部分を紹介するのが，本書の後半のテーマである．

　本書でとりあげる複雑系非線形動学の手法は2つに大別できる．1つは定常解の分岐に関するものであり，もう1つはカオスに関するものである．本章では，分岐に関する基本的な数学的結果を紹介し，次章では，それにもとづいて最適動学関数の動きを検討する．第10章では，カオスの数学的結果を紹介し，第11章と第12章では，最適動学関数から発生するカオスをとりあげる．第13章では，より一般的なマクロ動学モデルに関わる非線形動学分析を紹介する．

　分岐というのは，動学関数の定常解の数と動学関数を決定するパラメーターとの関連に関わる現象である．パラメーターの値が変化するにつれ，定常解の数が(たとえば，1つから3つというように)変化する場合がある．その変化が分岐と表現される．

8.1 定常解の分岐

最適化問題を解いて得られる最適動学関数 $k_{t+1}=h(k_t)$ は，1 階の差分方程式である[1]．しかも，それは ρ に依存して変化するので，正確には，$h(k_t, \rho)$ と書くべきものである．そこで，一般の 1 階の差分方程式で，パラメーター μ に依存する，

$$x_{t+1} = f(x_t, \mu) \tag{8.1}$$

を考えることにする．h を f，ρ を μ，k_t を x_t でおきかえるのである．また，簡単化のために，f は 2 回連続微分可能な関数であるとする．差分方程式(8.1)の解とは，パラメーター μ の値が固定された場合に，(8.1)をみたす x_t の経路のことである．

パラメーターの値が変化するにつれ，途中までは一意に定まっている定常解が複数の定常解に分かれたり，周期解が発生したりすることがある．また，周期解が分かれて，より多くの周期解が生まれる場合もある．分岐とは，そのような現象をいう(周期解については後で厳密な定義を行うが，直観的にいうと，差分方程式(8.1)をみたす解のうちで，一定期間の後に元の値に戻ってくるような解のことである．たとえば，$x_0=x$ から始まる(8.1)の解が T 期間後に初めて，$x_T=x$ となるならば，T 周期解とよばれる)．

以下では，$\mu=0$ では，(8.1)の定常解が $x_t=0$ であり，μ が $\mu=0$ から変化するときに 0 から分岐がおきるとしよう．このとき，$(x,\mu)=(0,0)$ を **分岐点**(bifurcation point)，$\mu=0$ を **分岐値**(bifurcation value)とよぶ．まず，

$$f(0,0) = 0 \tag{8.2}$$

---

[1] 以下，8.2 節，8.3 節の定常解および周期解の分岐についての詳しい議論は，Guckenheimer, J., and P. Holmes (1983), *Nonlinear Oscillations, Dynamical Systems, and Bifurcations of Vector Fields*, New York: Springer-Verlag および Wiggins, S. (1990), *Introduction to Applied Nonlinear Dynamical Systems and Chaos*, New York; Tokyo: Springer-Verlag(丹羽敏雄監訳(1992)『非線形の力学系とカオス』上・下，シュプリンガー・フェアラーク東京)を参照せよ．

である．(8.1)式で $x_{t+1}=x_t=x$ とおいて，x で微分して，$x=\mu=0$ で評価したとき，

$$f_x(0,0)-1 \neq 0 \tag{8.3}$$

ならば，陰関数定理から，μ に対して，局所的に一意な x が対応する．よって，定常解の分岐は生じない．これは矛盾である．したがって，分岐値 $\mu=0$ では，

$$f_x(0,0) = 1 \tag{8.4}$$

が成り立たなければいけない．これは，$\mu=0$ のときには差分方程式(8.1)の，$x=0$ での特性根が1となることである．以下の本節の鞍状結節分岐，交叉安定性分岐，熊手型分岐はすべて，(8.4)式の下での分岐である．いいかえると，特性根がパラメーターの変化と共に実数値1を下から上へ横切ることによって生じる分岐である．これに対し，8.2節の倍周期分岐は特性根が -1 を上から下へ横切る場合，ホップ分岐は特性根が複素数であって，特性根の絶対値が1を越える場合である．

8.1.1 鞍状結節分岐

図 8-1 は，パラメーター μ の値と定常解の関係を曲線で表わしたものであ

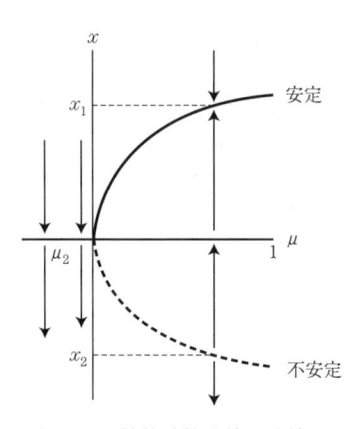

図 8-1 鞍状結節分岐の分岐図

る．これを**分岐図**(bifurcation diagram)とよぶ．$\mu<0$ では定常解がなく，$\mu=0$ で，$x=0$ のみが定常解となり，$\mu>0$ では定常解が2個(図の x_1 と x_2)となり，1個(x_1)が安定で，他の1個(x_2)が不安定となる．これは，**鞍状結節分岐**(saddle-node bifurcation)とよばれるケースである．

$\mu=0$ を固定すると，$x=0$ は，$x>0$ の方向から安定，$x<0$ の方向から不安定で，$x=0$ は鞍点である．このケースは，$x=0$ で，$f_x(0,0)=1$ であり，十分小さな $x>0$ について $f_x(x,0)<1$，十分0に近い $x<0$ に対して，$f_x(x,0)>1$ となる場合に出現する．よって，(8.4)に加えて，

$$f_{xx}(0,0) < 0 \tag{8.5}$$

であることが，$x=0$ が鞍点となる十分条件である．(x_t, x_{t+1}) 平面では，条件(8.5)は，図8-2のように，曲線 $x_{t+1}=f(x_t,\mu)$ が $(0,0)$ の近くで，上に凸であることを意味する．このような形状の曲線については，μ を増加させると共に上方にシフトするならば，45°線との2個の交点が出現する．このことは，

$$f_\mu(0,0) > 0 \tag{8.6}$$

のときに保証される．以上から，(8.2)と(8.4)に加えて，

$$f_\mu(0,0) > 0, \quad f_{xx}(0,0) < 0 \tag{8.7}$$

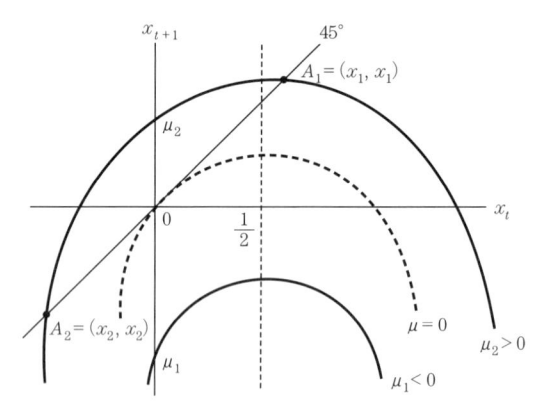

図 8-2 $f(x_t,\mu)=x_t+\mu-x_t^2$, 頂点 $\left(\frac{1}{2}, \frac{4\mu+1}{4}\right)$

が成り立てば，図 8-1 の鞍状結節分岐が生ずることがわかる．

なお，(8.7) の第 1 番目の条件のみが $f_\mu(0,0)<0$ に変わるなら，図 8-2 の曲線群は，μ が増加するにつれて，上方の曲線から下方の曲線に変わってゆくことになる．それに従って，図 8-1 に対応する分岐図では，図 8-1 の曲線と縦軸に関して対称的な曲線に変わる．また，(8.7) の第 2 番目の条件のみが $f_{xx}(0,0)>0$ と変わるならば，図 8-2 の曲線群は下に凸な関数に変わり，図 8-1 の分岐図の曲線は原点を中心にして 180° 回転したものに変わる．次に，$f_\mu(0,0)<0$，$f_{xx}(0,0)>0$ と変えたらどのようになるかは，読者自ら考えてほしい．

例 8.1 図 8-1, 図 8-2 のケースが生じる具体的な例は，

$$x_{t+1} = x_t + \mu - x_t^2, \quad \mu < 1 \tag{8.8}$$

で与えられる．これは，(x_t, x_{t+1}) 平面において縦軸との切片が $(0, \mu)$ となる放物線である．μ の値を増加させると，放物線が垂直に上方へシフトしてゆく．頂点は常に $x_t=1/2$ の直線上にある．

(8.8) 式の定常解 $x_{t+1}=x_t=x$ は，$\mu=x^2$ をみたす．これは図 8-2 の放物線を表わす．なお，図 8-2 の 45° 線との交点が定常解である．$\mu<0$ のときは放物線が 45° 線の下方にあり，定常解は存在しない．解 x_t は時間と共にマイナス無限大に発散する．μ が増加すると放物線は上方にシフトして，$\mu=0$ で原点で 45° 線に接する．更に μ が増加すると 2 個の定常解が出現する．

(8.8) 式の第 3 項 $-x_t^2$ を x_t^2 に変えると $f_{xx}(0,0)>0$ のケースになる．また，第 2 項 μ を $-\mu$ に変えると $f_\mu(0,0)<0$ のケースになる．

8.1.2 交叉安定性分岐

第 2 の型の分岐は，図 8-3 で示された形のものである．$\mu<0$ では，定常解 0 が安定で，その他に，もう 1 つの不安定な定常解がある．$\mu=0$ で 2 個の定常解が一致して，$\mu>0$ では，0 が不安定，他の 1 つが安定となる．2 個の定常解の安定・不安定が，分岐値 $\mu=0$ を境として，スイッチするのである．こ

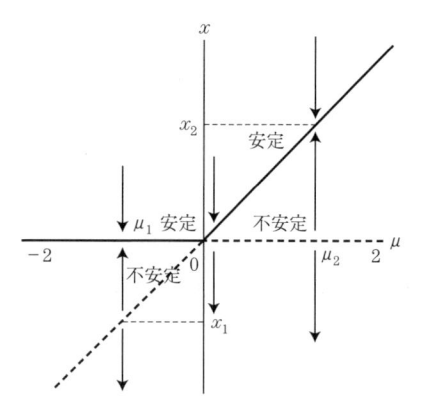

図 8-3 交叉安定性分岐の分岐図

れを 2 つの定常解の安定性が交叉的にスイッチするという意味で**交叉安定性分岐**(transcritical bifurcation)とよぶ．図 8-3 の分岐図では，μ の値に関わらず $x=0$ が定常解となる．すなわち，

$$f(0,\mu) = 0 \tag{8.9}$$

が μ に関わらず成り立つ．したがって，

$$f_\mu(0,\mu) = 0 \tag{8.10}$$

でなければならない．

μ が 0 から増加したとき，定常解 $x=0$ が安定から不安定に変わる，すなわち，$\mu=0$ を境に，$f_x(0,\mu)<1$ から $f_x(0,\mu)>1$ に変わることは，

$$f_{x\mu}(0,0) > 0 \tag{8.11}$$

によって保証される．

次に，$\mu=0$ を固定すると，

$$f_{xx}(0,0) < 0 \tag{8.12}$$

のときに，$x=0$ は，$x>0$ の方向から安定，$x<0$ の方向から不安定となる．図 8-4 で，$\mu=0$ の場合に，曲線が 45°線と接しているのが $f_x(0,0)=1$，上に凸

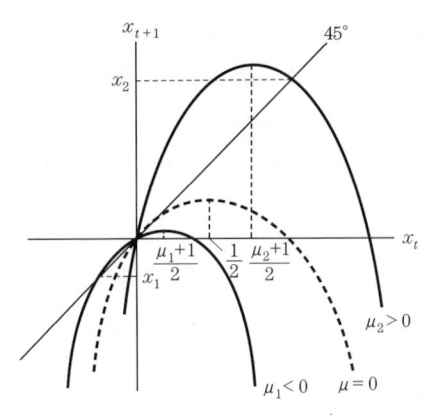

図 8-4　$f(x_t,\mu)=x_t+\mu x_t-x_t^2$，頂点 $\left(\frac{\mu+1}{2},\left(\frac{\mu+1}{2}\right)^2\right)$

であることが (8.12) と対応している．

以上をまとめると，(8.2) と (8.4) に加えて，

$$f_\mu(0,\mu)=0, \quad f_{x\mu}(0,0)>0, \quad f_{xx}(0,0)<0 \quad (8.13)$$

が成り立てば，図 8-3 の交叉安定性分岐が生じる．もし，(8.13) の第 2 の条件が $f_{x\mu}(0,0)<0$ となるなら，μ が負の値から正の値になるにつれて，$x=0$ は不安定な定常解から安定な定常解に変わる．図 8-3 の 2 つの直線を縦軸について対称にしたものが新しい分岐図である．図 8-4 での $\mu>0$ の曲線と $\mu<0$ の曲線が入れ代わるのである．(8.13) の第 3 の条件のみが $f_{xx}(0,0)>0$ に変わると，図 8-4 の曲線は，下に凸な曲線に変わる．図 8-3 の 2 つの直線を横軸に対して対称にしたものが新しい分岐図である．(8.13) の第 2 の条件と第 3 の条件が同時に符号を変えると，図 8-3 の分岐図を 180° 回転したものが新しい分岐図となる．$f_{x\mu}(0,0)$ と $f_{xx}(0,0)$ が 0 でない限り，たとえ符号の組み合わせが違っても，交叉安定性分岐であることでは同じである．

例 8.2　図 8-3 と図 8-4 を表わす例は，

$$x_{t+1}=x_t+\mu x_t-x_t^2 \quad (8.14)$$

で与えられる．これは，原点を通る放物線である．μ が増加すると，頂点は右

へシフトする．頂点が最も低くなるのは，$\mu=-1$ のときで，そのとき放物線の頂点は原点になる．μ が -1 から離れる程，頂点は上方に移動する．図 8-4 では，μ が負の値をとる場合から始めて，μ を増加させてゆくと，放物線は右にシフトしている．45° 線と接するのが $\mu=0$ の場合である．

定常解は，

$$x=0, \quad \mu=x \tag{8.15}$$

で与えられる．これが，図 8-3 の 2 個の直線を表わしている．

8.1.3 熊手型分岐

第 3 の型の分岐は，図 8-5 の分岐図に示されるように，パラメーター μ が負のときは，定常解が $x=0$ の 1 つで，μ が負の値から 0 を越えて正となるときに，3 個の定常解に分かれるものである．定常解のみをみると，熊手の形をしている．

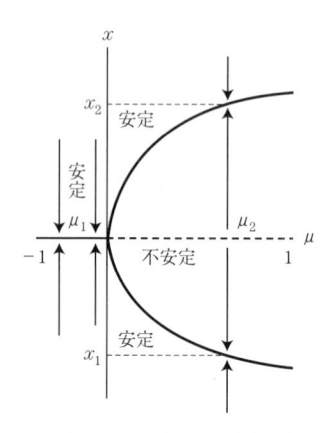

図 8-5 熊手型分岐の分岐図——上方臨界的分岐のケース

図 8-5 の $x=0$ は，$\mu<0$ で安定，$\mu>0$ で不安定である．$\mu>0$ のとき，$x=0$ 以外の 2 個の定常解は安定である．$x=0$ が安定性を失うと共に，他の 2 個の安定な定常解が出現するといってもよい．このタイプの分岐を，**上方臨界的** (supercritical) な**熊手型分岐** (pitchfork bifurcation) という．

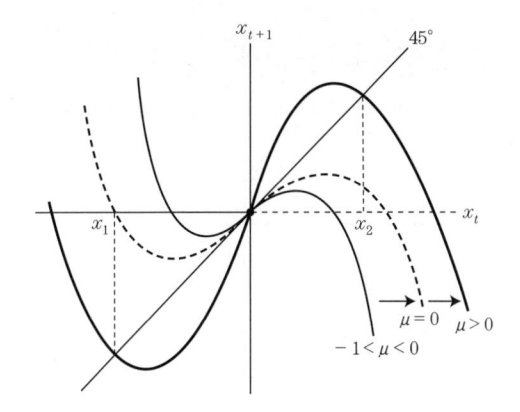

図 8-6　$f(x_t,\mu)=x_t+\mu x_t-x_t^3$

図 8-5 では，μ の値に関わらず $f(0,\mu)=0$ が成り立つことから，

$$f_\mu(0,\mu) = 0 \tag{8.16}$$

が成り立たねばならない．$x=0$ が分岐値 $\mu=0$ を境に安定 ($0<f_x(0,\mu)<1$) から不安定 ($f_x(0,\mu)>1$) に変わることは，

$$f_{x\mu}(0,0) > 0 \tag{8.17}$$

によって保証される．μ が 0 を越えるときに，3 個の定常解が出現することは，条件 (8.16) と (8.17) に加えて，図 8-6 のように，$\mu=0$ を固定したときに得られる曲線 $f(x,\mu)$ は，$x=0$ で変曲点をもっていて，しかも，$x<0$ で下に凸 ($f_{xx}(0,0)>0$)，$x>0$ で上に凸 ($f_{xx}(0,0)<0$) であれば保証される．よって，$x=0$ では，

$$f_{xx}(0,0) = 0, \quad f_{xxx}(0,0) < 0 \tag{8.18}$$

となっていればよい．以上をまとめると，f が 3 回連続微分可能な場合は，(8.2) と (8.4) に加えて，

$$f_\mu(0,\mu) = 0, \quad f_{x\mu}(0,0) > 0, \quad f_{xx}(0,0) = 0, \quad f_{xxx}(0,0) < 0 \tag{8.19}$$

が成り立つとき，上方臨界的な熊手型分岐が生ずる．

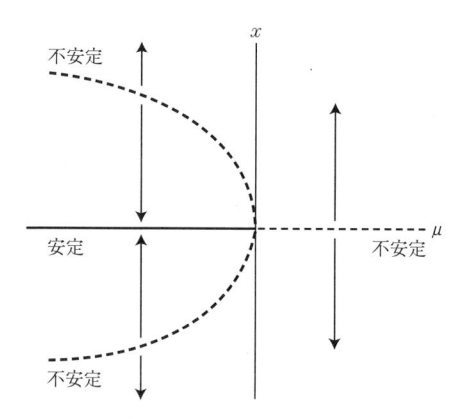

図 8-7 熊手型分岐の分岐図——下方臨界的分岐のケース

(8.19)の第2の条件が$f_{x\mu}(0,0)<0$と変わるなら，μが0を越えるとき，定常解$x=0$が不安定から安定に変化することになる．第4の条件のみが$f_{xxx}(0,0)>0$に変わるなら，図8-6の$\mu=0$における曲線(破線)は，$x<0$で上に凸，$x>0$で下に凸となる．これによって，図8-5の曲線は，図8-7のように変わる．これは，μが負のとき，安定な定常解$x=0$の他に，不安定な2個の定常解があり，μが0に近づくと，他の2個の定常解が$x=0$に収束して，$\mu\geq 0$では1個の不安定な定常解になるケースである．これは，**下方臨界的**(subcritical)**な熊手型分岐**とよばれている．

例 8.3 図8-5と図8-6を表わす具体的な例は，

$$x_{t+1} = x_t + \mu x_t - x_t^3, \quad -2 < \mu < 1 \tag{8.20}$$

で与えられる．この曲線は，常に原点を通り，原点を中心に180°回転させると，それ自身に重なる形状をもつ．(8.20)式の右辺を微分すると，

$$f_x(x_t, \mu) = \mu + 1 - 3x_t^2 \tag{8.21}$$

なので，$f(x,\mu)$は，$-2<\mu\leq -1$ならば単調減少，$\mu>-1$ならば極大値と極小値をそれぞれ1つずつもつ．μを-1より1まで増加させるにつれて，極大値と極小値の絶対値が大きくなる．すなわち，μの増加と共に図8-6の曲線の山

と谷の部分が大きくなってゆくのである．
　(8.20)の定常解を求めると，

$$x = 0, \quad \mu = x^2 \tag{8.22}$$

であり，図8-5の横軸と放物線が得られる．
　なお，(8.20)式の第3項 $-x_t^3$ を x_t^3 に変えると，f_{xxx}=6>0 となり，下方臨界的な熊手型分岐(図8-7)のケースとなる．

8.2　より複雑な解の分岐

　8.1節の3種類の分岐は，特性根が1を越えるケースに生じるものであった．μ が変化するとき定常解から他の定常解が分岐した．この節では，定常解0から周期解が分岐する場合を考える．まず特性根の値が -1 を越えて小さくなる場合の倍周期分岐について，次に特性根が複素数でありその絶対値が1を横切る場合に生じるホップ分岐について議論する．

8.2.1　倍周期分岐

　いま，1階の差分方程式，

$$x_{t+1} = f(x_t, \mu) \tag{8.23}$$

の定常解が，μ の値に関わらず一意的で，$x=0$ であるとする．そして，$\mu=0$ を境として安定から，不安定に変わるとする．$f_x(0,0)=1$ の場合は上の3つの分岐で扱ったので，ここでは，$f_x(0,0)=-1$ の場合を扱う．この分岐図は，図8-8に描いてある．定常解の分岐は生じていない．一意的な定常解が安定から不安定に変わることを，コインが裏返しになることに例えて，そしてその結果，以下のように周期解が分岐することを**フリップ分岐**(flip bifurcation)とよぶ．flipとはコインを弾いて裏返すことの意味である．
　次に，$x_1, x_3, x_5, \cdots$ と，2期毎に解をとりあげる．すなわち，f を反復してできる差分方程式，

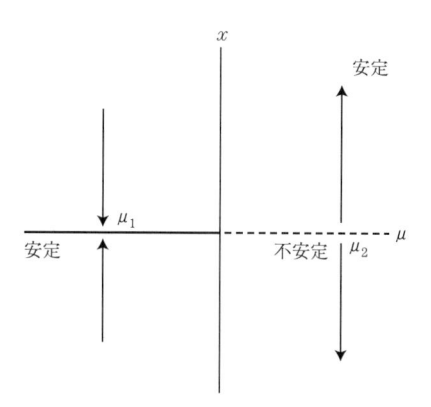

図 8-8 倍周期分岐の定常解

$$x_{t+2} = f(f(x_t, \mu), \mu), \quad t = 1, 2, \cdots \tag{8.24}$$

の解を考える．(8.24)の右辺を $f^2(x_t, \mu)$ と書くことにする．(8.24)式に定常解があれば，それは，(8.23)の定常解か，周期2の周期解である．

そこで，(8.24)の分岐図を描き，その定常解が図8-9のように上方臨界的な熊手型分岐をしたとする．すると，$\mu>0$ では3つの定常解がある．$x=0$ は元々の定常解であるので，他の2個の解が周期2の解ということになる．1個の定常解0が不安定になるとき，2個の安定な周期解が分岐するのである．こ

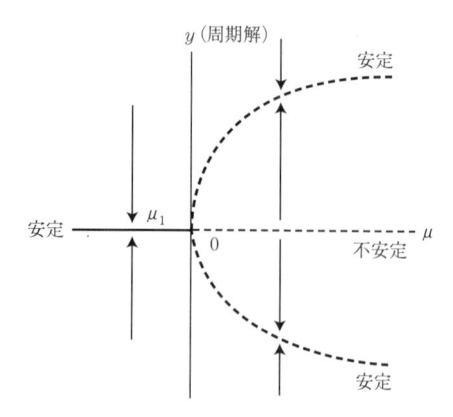

図 8-9 周期2の解の上方臨界的分岐

のような分岐を，**上方臨界的なフリップ分岐**とよぶが，また，**上方臨界的な倍周期分岐**(period-doubling bifurcation)ともよんでいる．これは，周期1の解(定常解)から，周期2の解が分岐するからである．

0が定常解であること，$\mu=0$で，定常解0が安定$(-1<f_x(0,\mu)<0)$の場合から，不安定$(f_x(0,\mu)<-1)$の場合に変わることの十分条件は，

$$f(0,0)=0, \quad f_\mu(0,\mu)=0, \quad f_x(0,0)=-1, \quad f_{x\mu}(0,0)<0 \quad (8.25)$$

である．f^2が上方臨界的な熊手型分岐をすることは，(8.19)式から，$(x,\mu)=(0,0)$における，

$$\begin{aligned}(f^2)_\mu(0,\mu)=0, \quad &(f^2)_{x\mu}(0,0)>0\\ (f^2)_{xx}(0,0)=0, \quad &(f^2)_{xxx}(0,0)<0\end{aligned} \quad (8.26)$$

によって保証される．ここで，$(f^2)_\alpha$, $(f^2)_{\alpha\beta}$は，$f(f(\alpha,\beta),\beta)$を，αで，あるいはαとβで偏微分したものである．(8.25)と(8.26)をまとめると，fが3回連続微分可能であること，そして$f(0,0)=0$, $f_x(0,0)=-1$に加えて，やはり，$(x,\mu)=(0,0)$で，

$$f_\mu(0,\mu)=0, \quad f_{x\mu}(0,0)<0, \quad (f^2)_{xxx}<0 \quad (8.27)$$

が成り立つことが，上方臨界的な倍周期分岐を保証することになる[2]．

(8.27)の最後の条件を$(f^2)_{xxx}>0$と変えるなら，図8-9は，下方臨界的な熊手型分岐(図8-7)に変わる．このとき，$\mu<0$の範囲に不安定な周期2の解が存在して，μが分岐値0に近づくにつれて，それが，安定な定常解$x=0$に収束してゆく．μが0を越えるとき，定常解$x=0$は不安定になり，同時に周期解は消えるのである．これは，**下方臨界的なフリップ分岐**あるいは**下方臨界的な倍周期分岐**とよばれる．

---

[2] $z=f(x,\mu)$, $y=f(z,\mu)$とおくと，

$$\frac{dy}{dx}=f_z f_x, \quad \frac{d^2y}{dx^2}=f_{zz}(f_x)^2+f_z f_{xx}$$

ここで，$(x,\mu)=(0,0)$においては，$f_{zz}=f_{xx}$, $f_z=-1$, $f_x=-1$なので，$d^2y/dx^2=0$となる．すなわち，$(f^2)_{xx}=0$が成り立つ．$f^2_\mu(0,0)=0$と$f^2_{x\mu}(0,0)>0$も同様に成り立つ．よって，(8.27)の条件から除いてある．

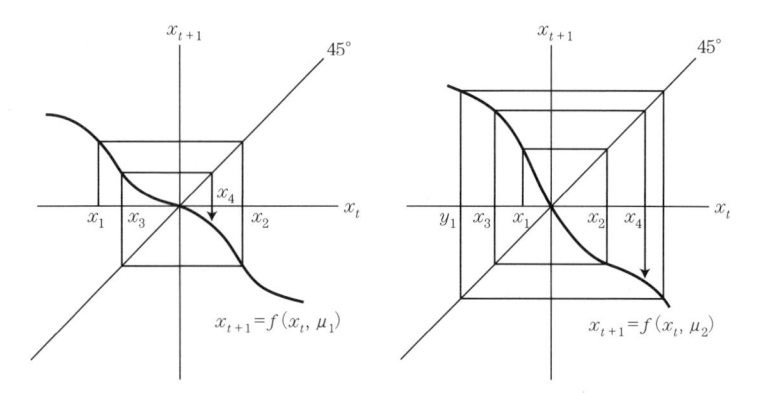

（i）安定な定常解：$\mu_1<0$　　　（ii）不安定な定常解と安定周期解：$\mu_2>0$

図 8-10　上方臨界的な倍周期分岐　$x_{t+1}=f(x_t,\mu)$

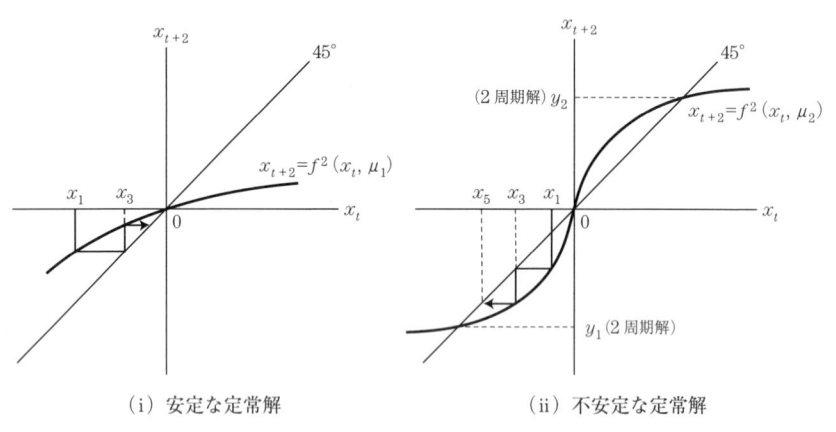

（i）安定な定常解　　　　　　　　（ii）不安定な定常解

図 8-11　上方臨界的な倍周期分岐　$x_{t+2}=f^2(x_t,\mu)$

　上方臨界的なケースについて，動学方程式(8.23)に倍周期分岐の生ずる様子を表わしたのが図 8-10(i), (ii)である．μ が負の値のときは，定常解が安定で，μ が正の値に変わると，特性根が -1 より小さくなり不安定に変わる．更に，毎2期後の解，すなわち(8.24)式の解の動学は，図 8-11 で表わされている．図 8-10 で振動していた解について，毎2期後の値を辿ってゆくと，それが単調に変動していることがわかる．図 8-11(i)では，定常解は安定であったものが，図 8-11(ii)で不安定に変わるとき，2個の安定な定常解 y_1, y_2（周期2

の解)が出現している.

例 8.4 倍周期分岐の例として,

$$x_{t+1} = -x_t - \mu x_t + x_t^3 \tag{8.28}$$

を考えよう.この定常解は,

$$x = 0, \quad x^2 = \mu + 2 \tag{8.29}$$

である.$\mu > -2$ では,定常解は 2 個となる.(8.28)の右辺を f とおいて,微分すると,

$$f_x(x, \mu) = 3x^2 - \mu - 1$$

である.定常解 $x=0$ では,$f_x(0, \mu) = -\mu - 1$ なので,

$$\begin{aligned} -2 < \mu < 0 \quad &\text{で} \quad -1 < f_x < 1 \\ 0 < \mu \quad &\text{で} \quad f_x < -1 \end{aligned} \tag{8.30}$$

となり,$x=0$ は,$\mu=0$ を境に安定から不安定に変わる.実は,$x=0$ は,$\mu = -2$ を境に熊手型分岐をする.定常解 $x=0$ は不安定から安定に変わる.一方,$x^2 = \mu + 2$ に対しては,

$$f_x = 2\mu + 5 \tag{8.31}$$

なので,$\mu > -2$ では,$x = \pm(\mu+2)^{\frac{1}{2}}$ が不安定な定常解となる.しかし,これについては,当面無視することにする.

(8.28)式を反復した動学方程式は,4 次以上の高次の項を無視すると,

$$x_{t+2} \approx x_t + \mu(2+\mu)x_t - 2x_t^3 \tag{8.32}$$

となる.この定常解は,

$$x = 0, \quad x = \pm \left[\frac{\mu(2+\mu)}{2} \right]^{\frac{1}{2}} \tag{8.33}$$

で与えられる．(8.33)の後者は，$x=0$ から分岐する周期2の解である．これは安定である．この例で，(8.27)の符号条件がみたされることは，容易に確かめられる．

8.2.2 ホップ分岐

これまでの，変数が1個の場合の差分方程式の定常解では，特性根は実数となる．しかし，変数が複数個ある場合には，特性根が複素数となる場合も考えられるであろう．

いま，$\mathbf{x} \in \mathbb{R}^2$ として，$\mathbf{f}:\mathbb{R}^2 \to \mathbb{R}^2$ を無限回連続微分可能とする．このとき，動学系，

$$\mathbf{x}_{t+1} = \mathbf{f}(\mathbf{x}_t, \mu) \tag{8.34}$$

を考える．(8.34)の定常解が，μ に関わらず $\mathbf{0}$ であるとしよう．

$$\mathbf{f}(\mathbf{0}, \mu) = \mathbf{0} \tag{8.35}$$

$\mu<0$ における定常解は安定で，$\mathbf{f}$ のヤコビ行列の特性根が複素数 $\lambda(\mu)$ と $\overline{\lambda}(\mu)$ であるとする．$\mu<0$ で，$|\lambda(\mu)|<1$ となっている．μ が0を越えるとき，定常解は，安定から不安定に変わるとする．$\mu>0$ では $|\lambda(\mu)|>1$ である．このことは，

$$|\lambda(\mathbf{0})| = 1, \quad \left.\frac{d|\lambda(\mu)|}{d\mu}\right|_{\mu=0} > 0 \tag{8.36}$$

によって保証される．他に，$\lambda(0)$ が実根であるケース ($\lambda(0)=\pm 1$)，純虚数であるケース ($\lambda(0)=\pm i$) を含む，$\lambda^j(0)=1$，$j=1,2,3,4$ となるケースを排除しておく[3]．

---

[3] (8.37)式は技術的な条件である．$\lambda^4(0)\neq 1$ から $\lambda(0)=\pm 1, \pm i$ が排除される．それに加えて $\lambda^3(0)\neq 1$ は，
$$\lambda(0) = \frac{-1 \pm i\sqrt{3}}{2}$$
を排除している．したがって，(8.37)の条件を，
$$\lambda^j(0) \neq 1, \quad j=3,4$$
としても，さしつかえない．

$$\lambda^j(0) \neq 1, \quad j = 1, 2, 3, 4 \tag{8.37}$$

このとき，ある $\varepsilon>0$ があって，$-\varepsilon<\mu<0$ あるいは，$0<\mu<\varepsilon$ のどちらか，すなわち，定常解が不安定化する直前あるいは直後に，閉曲線 C_μ が存在し続け，その閉曲線上を動く解が存在するという結果がホップ分岐である．閉曲線は，円と位相同型な 1 次元多様体である．しかも，閉曲線 C_μ 上の任意の点 $\mathbf{x}$ を初期値とする (8.34) の解は，C_μ の上に留まる ($\mathbf{f}(\mathbf{x},\mu)\in C_\mu$)．これを，

$$\mathbf{f}(C_\mu,\mu) \subset C_\mu \tag{8.38}$$

と表わすことができる．この意味で，C_μ は**不変閉曲線**(invariant closed curve) である．

不変閉曲線上の点から出発する動学系 (8.34) の解が，不変閉曲線上を動き続けるが，それが周期解となることもあれば，周期解とならずに，すなわち同じ値には戻らないが，同一の曲線上を一定方向に動き続けることもある．

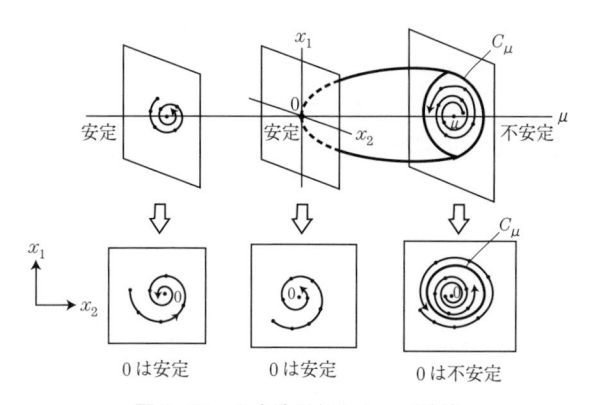

図 8-12　上方臨界的なホップ分岐

図 8-12 は，$\mu<0$ で安定な定常解が μ が 0 を越えるときに不安定な定常解に変化し，定常解をかこむ不変閉曲線 C_μ が出現するケースである．不変閉曲線は，その近傍の解が不変閉曲線に近づいてゆくという意味で，安定的である．図 8-12 では，解の動きをスムーズな曲線で表わしたが，(8.34) 式は，差

分方程式なので,実際の解は飛々に動いてゆく.図8-12は,**上方臨界的な**ホップ分岐(Hopf bifurcation)とよばれるケースである.不安定な不変閉曲線が $\mu<0$ での安定な定常解の周囲に存在して,μ が 0 に近づくと共に,それが定常解に収束して,$\mu>0$ で定常解が不安定となるケースは,**下方臨界的な**ホップ分岐とよばれる.

以上をまとめた次の定理がホップ分岐定理である.

定理 8.1 $\mathbf{f}$ は無限回連続微分可能な関数とする.$\mathbf{f}$ のヤコビ行列の特性根が複素数であり,(8.34)が(8.35)-(8.37)をみたすなら,$\varepsilon>0$ が存在して,$-\varepsilon<\mu<0$ で $\mathbf{x}=\mathbf{0}$ は安定,$0<\mu<\varepsilon$ で $\mathbf{x}=\mathbf{0}$ は不安定となり,適当な 0 の近傍 U に対して次の 2 つのケースのどちらかが成り立つ.

(i) $-\varepsilon<\mu<0$ なる任意の μ に対しては,U の中に不変閉曲線が存在せずに,$0<\mu<\varepsilon$ なる任意の μ に対して,U に属する不変閉曲線 C_μ が存在する.$\mathbf{x}=\mathbf{0}$ は,$\mu=0$ で安定である.

(ii) $-\varepsilon<\mu<0$ なる任意の μ に対しては,U に属する不変閉曲線 C_μ が存在し,$0<\mu<\varepsilon$ なる μ に対しては,U に属する不変閉曲線は存在しない.$\mathbf{x}=\mathbf{0}$ は,$\mu=0$ で不安定である.

例 8.5 2 変数 x_1 と x_2 に関する差分方程式,

$$x_{1t+1} = x_{2t}, \quad x_{2t+1} = (\mu+2)x_{2t}(1-x_{1t}) \tag{8.39}$$

を考える.定常解は,

$$(0,0), \quad \left(\frac{\mu+1}{\mu+2}, \frac{\mu+1}{\mu+2}\right) \tag{8.40}$$

で与えられる.以下では,後者のみに注目する.(8.39)のヤコビ行列を,$\left(\frac{\mu+1}{\mu+2}, \frac{\mu+1}{\mu+2}\right)$ で評価すると,

$$J = \begin{bmatrix} 0 & 1 \\ -\mu-1 & 1 \end{bmatrix} \tag{8.41}$$

特性根は,$\mu>-\frac{3}{4}$ では,

$$\lambda(\mu) = \frac{1 \pm i\sqrt{4\mu+3}}{2} \tag{8.42}$$

である．ここで，

$$|\lambda(\mu)| = \sqrt{\mu+1} \tag{8.43}$$

なので，

$$|\lambda(0)| = 1, \quad \left.\frac{d|\lambda(\mu)|}{d\mu}\right|_{\mu=0} = \frac{1}{2} \tag{8.44}$$

である．しかも，

$$\lambda(0) = \frac{1 \pm i\sqrt{3}}{2} \tag{8.45}$$

なので，明らかに，$\lambda^j(0) \neq 1, j=1,2,3,4$ をみたしている．したがって，(8.39)では，$\mu=0$ を分岐値とする，ホップ分岐が生ずる．

第9章　経済の均衡動学と分岐

　本章では，第8章で紹介した方法を応用して，最適動学関数における定常解の周期解への分岐を中心に検討する．動学的均衡モデルの定常解とは長期均衡のことを指す．また，最適動学関数の周期解は動学的均衡モデルにおいて規則正しい景気循環が発生することを意味する．

　長期均衡の分岐を示すために，オイラー方程式を利用し，割引因子 ρ の値の変化につれて，定常解がどのように変化し，どのような場合に，周期解へ分岐するか調べる．最適解の分岐をシステマティックに記述できる最適動学モデルの具体例は少ない．以下では，そのような具体例として，ワイツマン＝サミュエルソン・モデルやサザーランド・モデルをとりあげ，これら2つのモデルにおける最適動学関数の大域的性質が，割引因子の値の変化に応じて，どのように変化するかを明らかにする．この分析を通じて，最適動学モデルにおける定常解(長期均衡)の具体的な分岐の構造を明らかにする．

9.1 動学的均衡の性質

新古典派的1部門モデルでは，任意の動学的均衡は，長期均衡に単調に収束することが知られている(第4章参照)．動学的均衡がより複雑な経路を成すことは，この場合にはあり得ないのである．

そこで，1部門モデルから離れて，一般の既約型効用関数を目的関数の中に入れた場合の動学的最適化問題，

$$\max \sum_{t=1}^{\infty} \rho^{t-1} v(k_{t-1}, k_t) \\ s.t. \quad (k_{t-1}, k_t) \in D, \quad (t=1, 2, \cdots) \\ k_0 \text{ given} \tag{9.1}$$

を考えてみよう．ここで，ρ は1より小さい正の定数である．そして，次の仮定をおく．

- **A1** $D \subset \mathbb{R}_+^2$ は閉集合かつ凸集合である．
- **A2** $v: D \to \mathbb{R}_+$ は連続関数であり，Int D の上で2回連続微分可能である．
- **A3** Int D の上で $v_1 > 0$, $v_2 < 0$.
- **A4** (自由処分) $(x,y) \in D$, $0 \leq x \leq x'$, $0 \leq y' \leq y$ であるときは，$(x', y') \in D$ でかつ，$v(x', y') \geq v(x, y)$ をみたす．
- **A5** ある値 $a > 0$ が存在して，$0 < x < a$ に対しては，$x < y$ かつ $(x, y) \in D$ なる y が存在し，$a < x$ かつ $(x, y) \in D$ ならば，必ず $y < x$ となる．

このとき，以下で説明するように効用関数の D の内部での交叉偏微分の符号によって，次のように均衡経路の動きが決まる．

$$\text{Int } D \text{ の上で } v_{12} > 0 \text{ ならば } \mathbf{k}_t \text{ は Int } D \text{ の上で単調である．} \tag{9.2}$$

$$\text{Int } D \text{ の上で } v_{12} < 0 \text{ ならば } \mathbf{k}_t \text{ は Int } D \text{ の上で振動する．} \tag{9.3}$$

以上の結果は，効用関数が凹関数でなくとも成立する[1]．

---

[1] Benhabib, J., and K. Nihsimura (1985), "Competitive Equilibrium Cycles," *Journal of Economic Theory* 35, pp.284-306 では，周期解を導くことが目的であったので，効

凹関数という制約がなければ，所与の初期値をもつ複数の動学的均衡が存在する可能性がでてくる．しかし，我々は，単純で標準的なモデルから複雑な解が出現することに関心があるので，既約型効用関数が凹関数であることは仮定しておきたい．そこで，仮定 A2, A3 を強めて，

A2′ $v:D \to \mathbb{R}_+$ は連続な凹関数であり，Int D の上で 2 回連続微分可能である．

A3′ Int D の上で，$v_1 > 0$, $v_2 < 0$, $v_{22} < 0$.

とする．動学的均衡が存在する初期値の集合を K とする．

以上の準備の下で，価値関数が凹関数であることが証明される[2]．

補題 9.1 価値関数 $V:K \to \mathbb{R}_+$ は凹関数である．

また，$(k_t, k_{t+1}) \in \text{Int } D$ がすべての $t=1, 2, \cdots$ についてみたされるなら，軌道 **k** を**内部軌道**とよぶ．すると，次の結果が成り立つ．

補題 9.2 所与の $k_0 \in K$ に対する動学的均衡 **k** が内部軌道であれば，**k** は一意的に決まる．

証明 k_0 に対する動学的均衡が内部軌道 **k** と **k**′ であるとする．ベルマンの最適性原理から，

$$V(k_0) = \max\{v(k_0, y) + \rho V(y) \mid (k_0, y) \in D, \ y \in K\} \quad (9.4)$$

が成り立つ．そして，$y = k_1$ と $y = k_1'$ で，右辺の関数の値が最大値をとる．いま，$k_1'' = \frac{1}{2}(k_1 + k_1')$ とすると，$k_1 \neq k_1'$ ならば，v が凹関数で，$v_{22} < 0$ をみたすことから，

用関数が凹関数であることを仮定している．しかし，非凹性を許した Dechert, W. D., and K. Nishimura (1983), "A Compete Characterization of Optimal Growth Paths in an Aggregated Model with a Non-Concave Production Function," *Journal of Economic Theory* 31, pp.332-354 の一般化としてとらえれば，ベンハビブと西村の結果が非凹関数のケースについても成り立つことは，彼らの証明から明らかである（第 13 章 13.2 節参照）．

2) 補題 9.1 は，第 3 章補題 3.1 と同様な方法で証明できる．

$$\frac{v(k_0, k_1) + v(k_0, k_1')}{2} < v(k_0, k_1'') \tag{9.5}$$

また，価値関数が凹関数なので，

$$\frac{V(k_1) + V(k_1')}{2} \leq V(k_1'') \tag{9.6}$$

が成り立つ．以上から，

$$V(k_0) < v(k_0, k_1'') + \rho V(k_1'') \tag{9.7}$$

となり，矛盾する．よって，$k_1 = k_1'$ でなければならない．同様にして，k_2 も一意的に決まり，結局，k_t ($t = 1, 2, \cdots$) がすべて一意的となる．

補題9.2の証明の中で，軌道 $\mathbf{k}$ 自体が内部軌道でなくとも，(k_0, k_1) が D の内部にあれば，k_1 が一意的に定まることが明らかである．

系 9.1 $k_0 \in K$ を初期値とする任意の動学的均衡 $\mathbf{k}$ に対して，$(k_0, k_1) \in \mathrm{Int}\, D$ であれば，k_1 は一意的に定まる．

系9.1をみたす状況の下では，最適動学関数 $h: K \to \mathbb{R}_+$ が存在して，$k_1 = h(k_0)$ と表わすことができる．

A2′ では，効用関数が凹関数であることを仮定している．これを，強い意味の凹関数と強めるなら，動学的均衡は，内部軌道に限らずとも常に一意的となる．しかし，以下では効用関数が1次同次性をもつ場合も扱う．したがって，ここでは凹関数であることを仮定するに留めておきたい．

以上の準備の下で，次の結果が成り立つ．

定理 9.1 最適動学関数を $k_1 = h(k_0)$ とする．$(k_0, k_1) \in \mathrm{Int}\, D$ に対して，
 (i) $v_{12}(k_0, k_1) > 0$ ならば，k_0 で，$h(k)$ は増加している．
 (ii) $v_{12}(k_0, k_1) < 0$ ならば，k_0 で，$h(k)$ は減少している．
が成り立つ．

この定理は，動学的均衡経路全体の情報や価値関数 $V(k_{t+1})$ の条件を必要とせず，効用関数 $v(k_t, k_{t+1})$ の交叉偏微分の符号のみで最適動学関数の増加・減少が決定されるというものである．

厳密な証明は第 11 章 11.1 節にまわして，ここでは定理 9.1 が成り立つ理由を価値関数を用いて直感的に説明してみよう．ベルマンの最適性原理から，

$$\max[v(k_0, k_1) + \rho V(k_1)]$$
$$s.t. \quad (k_0, k_1) \in D \quad (9.8)$$
$$k_0 \text{ given}$$

の解として，$k_1 = h(k_0)$ が決まる．ここで，$\rho V(k_1)$ の限界的変化を資本ストックの限界効用，$-v_2(k_0, k_1)$ を限界費用とよぼう．価値関数は，凹関数なので，限界効用は図 9-1 のように右下がりの曲線 MV で表わされる．効用関数も凹関数なので，k_0 の値を固定して描かれる限界費用は，図 9-1 の右上がりの曲線 $MC(k_0)$ となる．限界効用曲線と限界費用曲線の交点 E で，最適な資本ストック k_1 の値が定まる．点 E の高さは資本ストックの現在価格である．

v_{12} の符号は，限界費用曲線がシフトする方向を定める．v_{12} が正であれば，k_0 を k_0' に増加すると，図 9-1 のように，限界費用曲線が下方にシフトし，最適な資本ストックは k_1 から k_1' に増加する．これが，最適動学関数 h が単調増加であるケースである．

v_{12} が負であれば，k_0 を k_0' に増加すると，図 9-2 のように限界費用曲線は

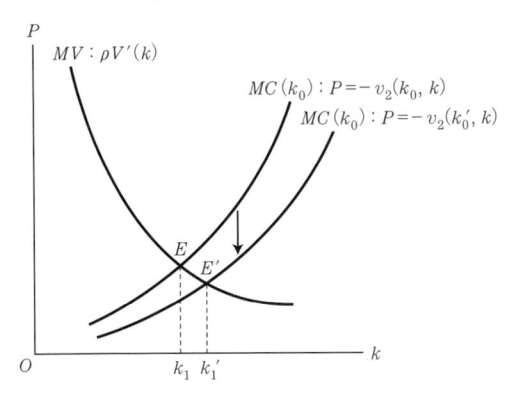

図 9-1 $v_{12} > 0$: 最適動学経路が単調なケース

上方にシフトして，最適資本ストックは k_1 から k_1' に減少する．これが，最適動学関数 h が単調減少であるケースである．

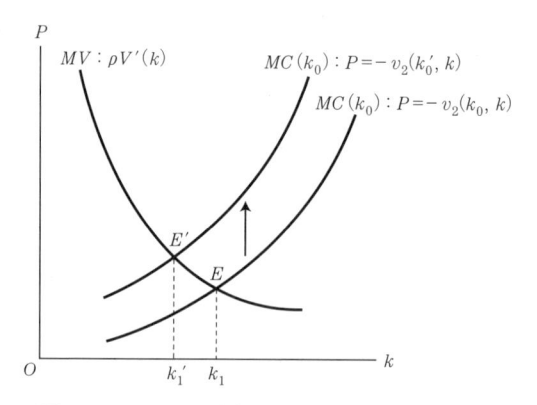

図 9-2 $v_{12}<0$: 最適動学経路が振動するケース

以上で重要な役割を果たしてきた効用関数の交叉偏微分の符号を，具体的な例で確かめてみよう．

例 9.1 新古典派的 1 部門モデルを考えてみる．生産関数は $y=f(k)$，効用関数は $u(c)$ で，

$$0 \leq c_t + k_t \leq f(k_{t-1}) \tag{9.9}$$

がみたされる．既約型効用関数を求めると，

$$v(k_{t-1}, k_t) = u(f(k_{t-1}) - k_t) \tag{9.10}$$

となる．ここで，交叉偏微分を求めると，

$$v_{12} = -u''f' > 0 \tag{9.11}$$

となり，動学的均衡経路は，単調な流列となる．これは，第 4 章で求めた新古典派的 1 部門モデルの結果と一致する(図 9-3 参照)．

例 9.2 既約型効用関数として，

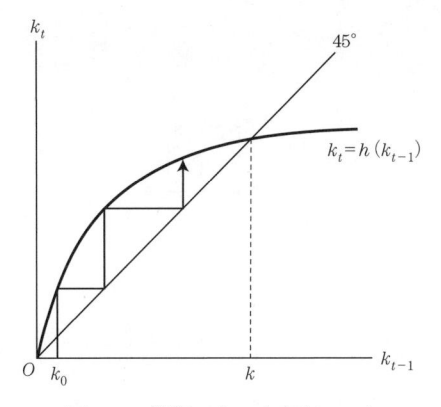

図 9-3 単調でかつ安定($v_{12}>0$)

$$v(k_{t-1}, k_t) = k_{t-1}^{\alpha}(1-k_t)^{\beta}$$
$$(\alpha > 0,\ \beta > 0,\ 0 < \alpha+\beta \leq 1) \tag{9.12}$$

を考える．v の定義域は，$D=[0,1]\times[0,1]$ である．交叉偏微分は，

$$v_{12} = -\frac{\alpha\beta v}{k_{t-1}(1-k_t)} < 0 \tag{9.13}$$

となり，D の内部では，常に負の値をとる．よって，(9.12)式で与えられた効用関数に対する動学的最適化問題(9.1)では，最適動学関数は単調減少であり，動学的均衡経路は振動する経路となる(図 9-4 参照)．

9.2 局所的安定性

動学的均衡の，長期均衡の近傍における性質を調べよう．長期均衡 k は，オイラー方程式，すなわち，

$$v_2(k_{t-1}, k_t) + \rho v_1(k_t, k_{t+1}) = 0 \tag{9.14}$$

の定常解として求まる．

長期均衡におけるオイラー方程式の解の性質は $v_{12} \neq 0$ である限り，第 6 章 6.4 節より，特性方程式，

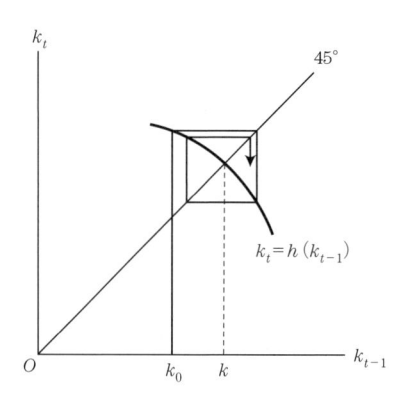

図 9-4 振動しつつ安定 ($v_{12}<0$)

$$\rho v_{12}\lambda^2+(v_{22}+\rho v_{11})\lambda+v_{12} = 0 \tag{9.15}$$

の解によって決定される．v が凹関数であることを用いると，(9.15)の解の判別式 D に関して，

$$\begin{aligned}D &= (v_{22}+\rho v_{11})^2-4\rho v_{12}^2 \\ &\geq (v_{22}-\rho v_{11})^2 \geq 0\end{aligned} \tag{9.16}$$

が成り立つ．したがって，解は実根となる．(9.16)式の等号は，

$$v_{11}v_{22}-v_{12}^2 = 0 \quad \text{かつ} \quad \rho v_{11} = v_{22} \tag{9.17}$$

の下で成立する[3]．そのとき，(9.15)式は重根をもち，その重根は $v_{12}>0$ あるいは $v_{12}<0$ に従って，$\rho=1$ のときは，$\lambda=1$ あるいは $\lambda=-1$ である．$0<\rho<1$ のときは，

$$\lambda = \rho^{-\frac{1}{2}} > 1 \quad \text{あるいは} \quad \lambda = -\rho^{-\frac{1}{2}} < -1 \tag{9.18}$$

となる．

長期均衡における特性根が 1 や -1 を含まない場合には，鞍点となるか，完全不安定になるケースしか存在しない．これは，(9.15)式の解と係数の関係か

---

[3] v の凹性による $v_{11}v_{12} \geq v_{12}^2$ を用いて，(9.16)式の不等号部分を導いている．

ら，

$$\lambda_1\lambda_2 = \rho^{-1} > 1 \tag{9.19}$$

なので，2根の絶対値が共に1より小さくなることはあり得ないからである．鞍点となる条件は，$v_{12}>0$ の場合に，(9.15)の左辺の λ に1を代入して負となること，

$$(1+\rho)v_{12}+(v_{22}+\rho v_{11}) < 0 \tag{9.20}$$

$v_{12}<0$ の場合には，(9.15)の左辺の λ に -1 を代入して正となること，

$$(1+\rho)v_{12}-(v_{22}+\rho v_{11}) > 0 \tag{9.21}$$

である．長期均衡が鞍点であるとき，動学的均衡経路は長期均衡に収束する．このときの長期均衡における最適動学関数 h の傾きの絶対値は，1より小さい（図 9-3, 図 9-4 を参照）．

例 9.3 上の例 9.2 のケースで，$\alpha+\beta=1$ とする．すると，v は1次同次になるので，(9.17)の第1番目の等号条件が成り立つ[4]．次に，

$$v_1 = \frac{\alpha v}{k_{t-1}}, \quad v_2 = -\frac{\beta v}{1-k_t} \tag{9.22}$$

で，$k_t=k_{t-1}=k$ とおいて，(9.14)式に代入して，長期均衡での値，

$$k = \frac{\rho\alpha}{\rho\alpha+\beta}, \quad 1-k = \frac{\beta}{\rho\alpha+\beta} \tag{9.23}$$

を求める．更に，

$$v_{11} = \frac{\alpha(\alpha-1)v}{k_{t-1}^2}, \quad v_{22} = \frac{\beta(\beta-1)v}{(1-k_t)^2} \tag{9.24}$$

---

[4] この例は，$\alpha=\beta=\frac{1}{2}$ のケースが，Samuelson, P. (1973), "Optimality of Profit-including Price under Ideal Planning," *Proceedings of the National Academy of Sciences of the United States of America* 70, pp.2109-2111 の中で，ワイツマン(Weitzman)による例として報告されたものである．$\alpha+\beta=1$ のケースは，Mckenzie, L. (1983), "Turnpike Theory, Discounted Utility, and the von Neumann Facet," *Journal of Economic Theory* 30, pp.330-352 による．

を(9.15)に代入して，$\alpha+\beta=1$ を用いると，特性根，

$$\lambda = -\frac{\alpha}{\beta}, \ -\frac{\beta}{\rho\alpha} \qquad (9.25)$$

が求まる．

(i) $\alpha=\beta=\frac{1}{2}$ のケース：このとき，特性根は，$\lambda=-1, \ -\rho^{-1}$ である．長期均衡は決して鞍点にならない．特に，$\rho=1$ とすると，λ は重根 -1 となる．このとき，(9.17)の第2番目の等号条件も成り立っている．

(ii) $\alpha<\frac{1}{2}<\beta$ のケース：このとき，特性根は，1個が -1 と 0 の間，他が -1 以下となり，長期均衡は常に鞍点となる．

(iii) $\beta<\frac{1}{2}<\alpha$ のケース：このとき，長期均衡は $\frac{\beta}{\alpha}<\rho<1$ に対して鞍点，$\rho<\frac{\beta}{\alpha}$ に対して完全不安定となる．

9.3 定常解の分岐

$v_{12}>0$ の場合に，動学的最適化問題(9.1)の解は，単調な流列となる．動学的均衡経路は，決して振動しないので周期解を成すことはない．一方，長期均衡は，(9.20)式がみたされるときに安定，(9.20)式の不等号の向きが逆となるときに不安定となる．長期均衡の安定性が失われるときは，1つの長期均衡から複数の長期均衡が分岐する可能性がある．以下では，長期均衡を定常解とよび，定常解の分岐を調べる．

最適化問題(9.1)を解いて得られる最適動学関数 $k_{t+1}=h(k_t)$ が，ρ に依存して変化するので，$h(k_t,\rho)$ と書く．

最適動学関数で，定常解が図9-5のような鞍状結節分岐をする場合は図9-6のケースである．ρ_0 のときに長期均衡 k は一意であり，$k_0>0$ を初期値とする解はすべて k に収束する．ρ_0 が ρ_1 に変化すると最適動学曲線が下方にシフトして，$\rho=\rho_1$ で，新たな長期均衡 x_0 が出現する．これは鞍点である．更に ρ が変化すると，2個の長期均衡が現われる．x_1 は安定，x_2 は不安定な長期均衡である．

最適化問題では，$v_{12}<0$ の場合に最適動学関数 h が，定義域の内部で単調減少となる．この場合に，パラメーターの変化につれて長期均衡が安定性を失

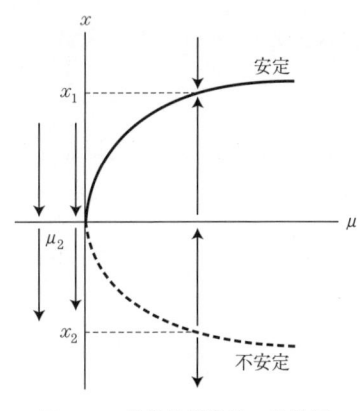

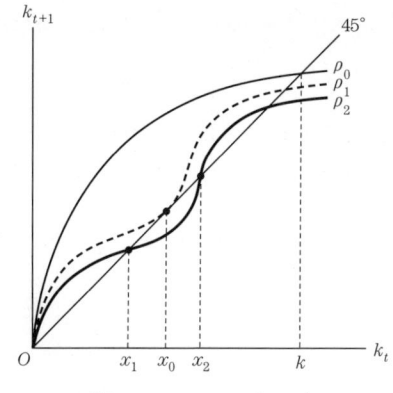

図 9-5　鞍状結節分岐の分岐図　　　　図 9-6　$k_{t+1}=h(k_t,\rho)$

うのは，h' の値が -1 を越えて小さくなる場合である．

　状態変数が 1 個の場合の動学的最適化問題の解については，ホップ分岐は生じない．しかし，長期均衡から，周期解が局所的に分岐することを以下のようにして証明することもできる[5]．

　この方法は，オイラー方程式を使うものである[6]．まず，定義域 D の内部で，v が 2 回連続微分可能であり，かつ $v_{12}<0$ であると仮定する．そして，

$$v_2(k_t,k_{t+1})+\rho v_1(k_{t+1},k_{t+2}) = 0 \qquad (9.26)$$

を，k_{t+2} について解いて，

$$k_{t+2} = F(k_t,k_{t+1};\rho) \qquad (9.27)$$

とおく．ここで，$y_{t+1}=k_t$ とおくと，2 階の差分方程式(9.27)を，1 階の連立差分方程式，

---

[5] 一方，連続時間の最適モデルでは，状態変数が 1 個の場合には，周期解が存在しない．状態変数が 2 個のモデルで周期解が生じ得ることは，Benhabib, J., and K. Nishimura (1979b), "The Hopf Bifurcation and the Exsitence and the Stability of Closed Orbits in Multisector Models of Optimal Economic Growth," *Journal of Economic Theory* 21, pp.421-444 の中で，ホップ分岐定理を用いることで証明されている．

[6] この方法は，Benhabib, J., and K. Nishimura (1985), "Competitive Equilibrium Cycles," *Journal of Economic Theory* 35, pp.284-306 の定理 1 の証明によっている．

$$k_{t+2} = F(y_{t+1}, k_{t+1}; \rho)$$
$$y_{t+2} = k_{t+1} \tag{9.28}$$

に変換できる．(9.28)の不動点 (k, k) が定常解，すなわち長期均衡 k を与える．(9.26)式と(9.27)式は，(9.26)式を全微分した，

$$v_{21}dk_t + (v_{22} + \rho v_{11})dk_{t+1} + \rho v_{12}dk_{t+2} = 0 \tag{9.29}$$

から，

$$F_1 = -\frac{v_{21}(k_t, k_{t+1})}{\rho v_{12}(k_{t+1}, k_{t+2})}$$
$$F_2 = -\frac{v_{22}(k_t, k_{t+1}) + \rho v_{11}(k_{t+1}, k_{t+2})}{\rho v_{12}(k_{t+1}, k_{t+2})} \tag{9.30}$$

によって関係づけられる．$v_{12}<0$ の条件の下では，長期均衡 $k>0$ は一意的である．これは，最適動学関数 h が D の内部で単調減少であることによる．次に，ρ を 1 から低下させてゆくと，$0<\rho_0<1$ で，定常解 (k, k) が安定から不安定に変わるとしよう．オイラー方程式の解については，定常解が，鞍点から完全不安定に変わる．一方，(9.28)式の右辺のヤコビ行列は，

$$J_1 = \begin{bmatrix} F_2 & F_1 \\ 1 & 0 \end{bmatrix} \tag{9.31}$$

である．J_1 の固有値を λ_1, λ_2 とすると，$\rho_0<\rho<1$ では，$\lambda_2<-1<\lambda_1<0$ であり，ρ が ρ_0 を下回るとき，$\lambda_1, \lambda_2<-1$ となる．

(9.28)式を反復すると，

$$k_{t+2} = F(k_t, F(y_t, k_t; \rho); \rho)$$
$$y_{t+2} = F(y_t, k_t; \rho) \tag{9.32}$$

が得られる．この不動点は，(9.28)式の定常解もしくは周期 2 の解である．(9.32)の不動点 (k, y) では，

が成り立つ．(9.33)の左辺のヤコビ行列は，

$$J_2 = I - \begin{bmatrix} F_1+F_2^2 & F_2F_1 \\ F_2 & F_1 \end{bmatrix} \quad (9.34)$$
$$= I - J_1^2$$

$$k - F(k, F(y, k; \rho); \rho) = 0$$
$$y - F(y, k; \rho) = 0 \quad (9.33)$$

となる．J_1 の固有値を λ とすると，J_1^2 の固有値は λ^2 である．すると J_2 の固有値は，$1-\lambda^2$ となる．したがって，J_1 の固有値 λ_1, λ_2 を用いると，J_2 の行列式を，

$$|J_2| = (1-\lambda_1^2)(1-\lambda_2^2) \quad (9.35)$$

と書くことができる．(9.35)式から明らかなことは，ρ が1から低下して，ρ_0 を越えるとき，J_2 の定常解における行列式が負から正に変わることである．

もし，定常解の適当な近傍 U をとって，ある $\varepsilon>0$ について，$\rho_0-\varepsilon<\rho<\rho_0+\varepsilon$ の範囲では，U の内部に定常解は存在するが，他に周期2の解が存在しないとしよう．すると，ホップ=ミルナーの定理から，定常解で評価した $|J_2|$ の符号は一定となる[7]．これは，上で述べた $|J_2|$ の符号が変わるという事実と矛盾する．したがって，いかに近傍 U と $\varepsilon>0$ を選んでも，U の中に周期2の解が出現することになる．

いま，$\rho \in (\rho_0, \rho_0+\varepsilon)$ に対して，周期2の解が存在するとしよう．すると，ε を十分小さくすると周期2の解で評価した $|J_2|$ の符号が正の値をとり続けるので，周期2の解は $(\rho_0, \rho_0+\varepsilon)$ の範囲で存在し続ける．これは，定常解が上

---

[7] ここでは，U の境界上に制限された写像の指数がホモトピー不変であることを用いている．ホップ=ミルナーの定理については，Milnor, J. (1965), *Topology from the Differentiable Viewpoint*, Charlottesville: The University Press of Virginia, p.36 を参照．ホモトピーの使い方については，Nishimura, K. (1978), "A Further Remark on the Number of the Equilibria of an Economy," *International Economic Review* 19, pp.679-685 を，ρ をホモトピー・パラメーターとする考えは，Benhabib, J., and K. Nishimura (1979a), "On the Uniqueness of Steady States in an Economy with Heterogeneous Capital Goods," *International Economic Review* 20, pp.59-82 を参照．

方臨界的分岐をする場合である．

一方，$\rho \in (\rho_0-\varepsilon, \rho_0)$ に対して，周期 2 の解が存在する場合も，十分小さな ε に対しては，周期解が $(\rho_0-\varepsilon, \rho_0)$ の範囲で存在し続ける．これは，定常解が下方臨界的分岐をする場合である．定義域の内部に周期解が存在すれば，それはオイラー方程式と横断性条件をみたすので最適解である．

以上をまとめると，

定理 9.2 v は D の内部で 2 回連続微分可能で，$v_{12}<0$ をみたすとき，ある $0<\rho_0<1$ が存在し，任意の $\rho_0\leq\rho<1$ に対して動学的最適化問題 (9.1) の長期均衡 $k>0$ が存在し，(k,k) は D の内部にあるとする．しかも，(k,k) で評価した，

$$(1+\rho)v_{12}-(v_{22}+\rho v_{11}) \tag{9.36}$$

の値は，$\rho_0<\rho<1$ で正の値をとり，ρ_0 を下回ると負に変わるとする．このとき，$\varepsilon>0$ が存在して，適当な k の近傍 U に対して，次の 3 つのケースのいずれかが成り立つ．

(i) $\rho=\rho_0$ に対して，U の内部に周期 2 の周期解が無限個存在する．

(ii) $\rho_0<\rho<\rho_0+\varepsilon$ なる任意の ρ に対して，k は局所的に安定で，U に属する周期 2 の周期解が存在し，$\rho_0-\varepsilon<\rho<\rho_0$ なる任意の ρ に対して，k は局所的に不安定となる．

(iii) $\rho_0<\rho<\rho_0+\varepsilon$ なる任意の ρ に対して，k は局所的に安定であり，$\rho_0-\varepsilon<\rho<\rho_0$ なる任意の ρ に対して，k は局所的に不安定で，U に属する周期 2 の周期解が存在する．

例 9.4 例 9.2 の関数を考える．

$$v(k_{t-1},k_t) = k_{t-1}^\alpha (1-k_t)^\beta$$
$$\left(0<\beta<\frac{1}{2}<\alpha<1,\ 0<\alpha+\beta\leq 1\right) \tag{9.37}$$

これは，定義域 D が正方形 $[0,1]\times[0,1]$ で，最適動学関数 h が単調減少とな

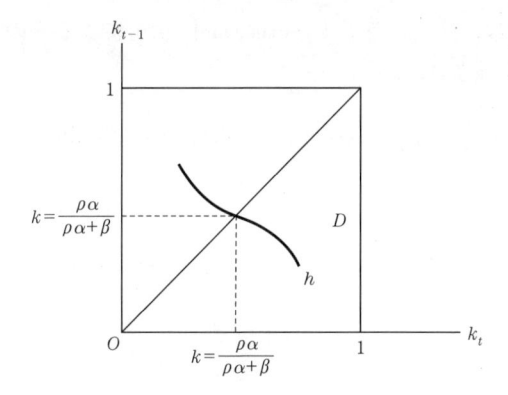

図 9-7　$v(k_{t-1}, k) = k_{t-1}^{\alpha}(1-k_t)^{\beta}$

るケースである(図9-7)[8]．ここでは，v が強い意味で凹関数である場合も許している．

長期均衡は，

$$k = \frac{\rho\alpha}{\rho\alpha+\beta} \qquad (9.38)$$

である．(9.36)式に，(9.13)，(9.24)を代入して，さらに(9.23)式を用いて簡単化すると，(9.36)式の符号は，

$$\rho\alpha(1-2\beta) - \beta(2\alpha-1) \qquad (9.39)$$

の符号と一致する．したがって，

$$\rho_0 = \frac{\beta(2\alpha-1)}{\alpha(1-2\beta)} \qquad (9.40)$$

とおくと，$\rho_0 < \rho < 1$ のとき，(9.39)式が正で，長期均衡は安定，$\rho < \rho_0$ のとき，(9.39)式が負で長期均衡は不安定となる．よって，定理9.2が適用される(なお，(9.37)におけるパラメーターの条件により $0 < \rho_0 < 1$ となることは容易に確認することができる)．

---

8) このケースは，Benhabib, J., and K. Nishimura (1985), "Competitive Equilibrium Cycles," *Journal of Economic Theory* 35, pp.284-306 によって分析された．

例 9.5 次の例は，サザーランド(Sutherland 1970)によるものである[9]．$D=[0,1]\times[0,1]$ で定義された，

$$v(k_{t-1}, k_t) = -9k_{t-1}^2 - 11k_t k_{t-1} - 4k_t^2 + 43k_{t-1} \tag{9.41}$$

を考える．

$$v_1 = 43 - 18k_{t-1} - 11k_t, \quad v_2 = -8k_t - 11k_{t-1} \tag{9.42}$$

より，長期均衡は，

$$k = \frac{43\rho}{29\rho + 19} \tag{9.43}$$

である．また，

$$v_{12} = -11, \quad v_{11} = -18, \quad v_{22} = -8 \tag{9.44}$$

なので，v は強い意味の凹関数である．(9.36)式は，

$$7\rho - 3 \tag{9.45}$$

となる．よって，$\rho_0 = \frac{3}{7}$ とおくなら，長期均衡は $\rho_0 < \rho < 1$ で安定，$0 < \rho < \rho_0$ で不安定となり，定理 9.2 が適用できる．

9.4 ワイツマン＝サミュエルソン・モデルの大域的分析

無限期間最適化問題における 1960 年から 70 年代の中心的テーマは，定常解の大域的安定性で，80 年代以降，定常解の不安定性，周期解の存在，カオスなどがテーマの中に含まれてきた．しかし，解析的には，定常解の近傍での局所的な分析に留まる場合が多く，大域的な分析が行われた例は少ない．以下では，これまでにも例として分析してきたサザーランド(Sutherland 1970)とサ

---

[9] Sutherland, W. A. (1970), "On Optimal Development in Multi-Sectoral Economy: The Discounted Case," *Review of Economic Studies* 37, pp.585-589. 定理 9.1 のこの例への応用は Benhabib, J., and K. Nishimura (1985), "Competitive Equilibrium Cycles," *Journal of Economic Theory* 35, pp.284-306 による．

ミュエルソン(Samuelson 1973)による2つのモデルについて，改めてとりあげ大域的な分析を行う[10]．

まず，サミュエルソンによる例を一般化したケースについて分析する．既約型効用関数 $v:[0,1]^2 \to \mathbb{R}$ は，

$$v(k_{t-1}, k_t) = k_{t-1}^\alpha (1-k_t)^\beta \tag{9.46}$$

である．$0<\beta\leq\frac{1}{2}\leq\alpha<1$, $0<\alpha+\beta\leq 1$ がパラメーターのみたす制約である．

9.4.1 定常解の値

(9.46)のオイラー方程式は，

$$-\frac{\beta v(k_{t-1}, k_t)}{1-k_t} + \rho \frac{\alpha v(k_t, k_{t+1})}{k_t} = 0 \tag{9.47}$$

となる．定常解で $k_{t-1}=k_t=k_{t+1}=k$ とおくと，
(9.47)から，

$$-\beta k + \rho\alpha(1-k) = 0 \quad \text{すなわち} \quad k_\rho = \frac{\rho\alpha}{\rho\alpha+\beta} \tag{9.48}$$

が成り立つ．

9.4.2 定常解が不安定に変わる ρ の値

交叉偏微分が負，すなわち，

$$v_{12}(k_{t-1}, k_t) = \frac{-\alpha\beta v(k_{t-1}, k_t)}{k_{t-1}(1-k_t)} < 0 \tag{9.49}$$

であることから，最適動学関数は，$D=[0,1]^2$ の内部で右下がりである(図9-7)．定常解で評価した特性方程式は次のようになる．

$$f(\lambda) = \rho\alpha\beta\lambda^2 + [(1-\alpha)\beta + \rho\alpha(1-\beta)]\lambda + \alpha\beta = 0 \tag{9.50}$$

この方程式の判別式 D は，

---

10) この文章の分析は，Mitra, T., and K. Nishimura (2001), "Discounting and Long-Run Behavior: Global Bifurcation Analysis of a Family of Dynamical Systems," *Journal of Economic Theory* 96, pp.256-293 に従っている．

$$D = [(1-\alpha)\beta+\rho\alpha(1-\beta)]^2 - 4\rho\alpha^2\beta^2$$
$$\geq (\beta^2+\rho\alpha^2)^2 - 4\rho\alpha^2\beta^2$$
$$= (\beta^2-\rho\alpha^2)^2 \geq 0$$

よって，特性方程式の 2 根は実根である．また，2 根を λ_1, λ_2 で $\lambda_2 \leq \lambda_1$ とすると，

$$\lambda_1\lambda_2 = \rho^{-1} > 1 \tag{9.51}$$

から 2 根は同符号で，少なくとも 1 つの絶対値は 1 より大きい．

更に，

$$\lambda_1+\lambda_2 = -\frac{(1-\alpha)\beta+\rho\alpha(1-\beta)}{\rho\alpha\beta} < 0 \tag{9.52}$$

なので，2 根は共に負である．次に (9.50) 式に $\lambda=-1$ を代入した $f(\lambda)$ の値は，

$$f(-1) = (2\alpha-1)\beta - \rho\alpha(1-2\beta) \tag{9.53}$$

であるので，$\beta < \frac{1}{2} < \alpha$ のとき，

$$\rho_0 = \frac{(2\alpha-1)\beta}{\alpha(1-2\beta)} \tag{9.54}$$

とおくと，

$$\rho_0 < \rho < 1 \text{ なら } f(-1) < 0 \text{ すなわち } \lambda_2 < -1 < \lambda_1 < 0 \tag{9.55}$$

$$0 < \rho < \rho_0 \text{ なら } f(-1) > 0 \text{ すなわち } \lambda_2 \leq \lambda_1 < -1 \tag{9.56}$$

となる．(9.56) のケースは，$\lambda_1\lambda_2=\rho^{-1}>1$ から少なくとも 1 つは -1 より小さいので，2 根が共に -1 より大きいか小さいとすると，2 根共に小さい場合しかあり得ないことから成り立つ[11]．

9.4.3 周期解の存在

周期 2 の周期解があるとすれば，$(k_{t-1}, k_t)=(y, x)$, $(k_t, k_{t+1})=(x, y)$ とおい

---

11) $\alpha=\beta$ ならば $\rho_0=1$ になる．

て得られるオイラー方程式，

$$\beta y^\alpha (1-x)^{\beta-1} = \rho\alpha x^{\alpha-1}(1-y)^\beta \qquad (9.57)$$

と，$(k_{t-1}, k_t)=(x,y)$, $(k_t, k_{t+1})=(y,x)$ とおいて得られるオイラー方程式，

$$\beta x^\alpha (1-y)^{\beta-1} = \rho\alpha y^{\alpha-1}(1-x)^\beta \qquad (9.58)$$

が成り立つはずである．

　パラメーターが $0<\beta\leq\frac{1}{2}\leq\alpha<1$ を満足する場合について (9.57) と (9.58) を両方みたす点について調べてみよう．(9.57) を (9.58) で割ると，

$$y = x\left(\frac{1-x}{1-y}\right)^{\frac{1-2\beta}{2\alpha-1}} \qquad (9.59)$$

が得られる．(9.57) と (9.58) を掛けると，

$$\left(\frac{\beta}{\rho\alpha}\right)^2 xy = (1-x)(1-y) \qquad (9.60)$$

が得られる．$a=\frac{\beta}{\rho\alpha}$ とおいて，(9.59) を (9.60) に代入すると，

$$a^2 x^2 (1-x)^{\frac{2(1-\alpha-\beta)}{2\alpha-1}} = (1-y)^{\frac{2(\alpha-\beta)}{2\alpha-1}} \qquad (9.61)$$

よって，

$$(1-y) = a^{\frac{2\alpha-1}{\alpha-\beta}} x^{\frac{2\alpha-1}{\alpha-\beta}} (1-x)^{\frac{1-\alpha-\beta}{\alpha-\beta}} \qquad (9.62)$$

これをまた (9.60) に代入して整理すると，

$$F(x) \equiv a^2 x - (a^2 x + 1 - x) a^{\frac{2\alpha-1}{\alpha-\beta}} x^{\frac{2\alpha-1}{\alpha-\beta}} (1-x)^{\frac{1-\alpha-\beta}{\alpha-\beta}} = 0 \qquad (9.63)$$

となる．この $F(x)$ を 0 とする実根は，定常解 $x=k_\rho$ と周期 2 の周期解である．

　ここで，パラメーターによるいくつかの場合分けをする．

(I) $\alpha=\beta=1/2$：

　(9.57) 式に戻ると，

(i) $\rho=1$ (ii) $0<\rho<1$

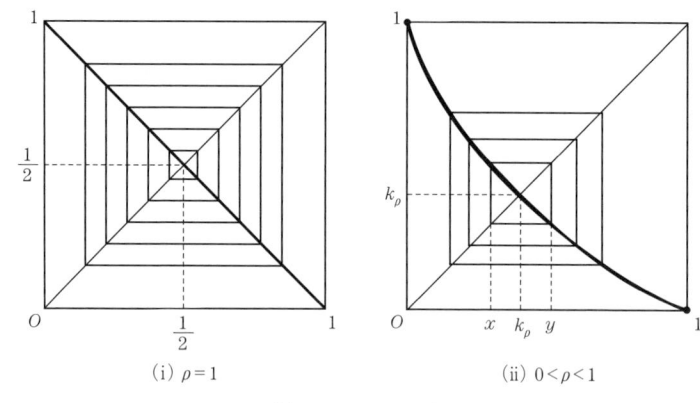

図 9-8 $\alpha=\beta=\frac{1}{2}$

$$\frac{y}{1-x} = \rho^2 \frac{1-y}{x}$$

が得られる．これは，$\rho=1$ なら任意の x に対して，$y=1-x$ となる（図 9-8(i)）．また，$0<\rho<1$ なら任意の x に対して，$y=\frac{\rho^2(1-x)}{x+\rho^2(1-x)}$ となる（図 9-8(ii)）．これを変形すると，

$$\left(x+\frac{\rho^2}{1-\rho^2}\right)\left(y+\frac{\rho^2}{1-\rho^2}\right) = \frac{\rho^2}{(1-\rho^2)^2} \tag{9.64}$$

となり，直角双曲線であることがわかる．したがって，図 9-8(ii) のように，双曲線の一部が最適動学関数の曲線となる．この場合は定常解を除くすべての点が周期 2 の解となる．

(II) $\alpha+\beta=1, 0<\beta<1/2<\alpha<1$：

このとき，(9.54)は次のように簡単化される．

$$\rho_0 = \frac{\beta}{\alpha} \tag{9.65}$$

ρ_0 に対応する a の値は $a_0=1$ となる．

$\alpha+\beta=1$ のとき，(9.63)の $F(x)$ は，

$$F(x) = a^2 x - [a^2 x + (1-x)] ax \qquad (9.66)$$
$$= a(a-1)[1-(a+1)x]x$$

となる．したがって，$F(x)=0$ の解は $\rho \neq \rho_0$，すなわち $a \neq 1$ の場合は，

$$x = 0$$
$$x = \frac{1}{a+1} = \frac{\rho\alpha}{\rho\alpha+\beta} = k_\rho \qquad (9.67)$$

のみである．

$\rho_0 < \rho < 1$ すなわち $0 < a < 1$ のときは，k_ρ は安定となる（図 9-9(i)）．

$\rho = \rho_0$ すなわち $a=1$ のときは，すべての x が $F(x)=0$ の解である．(9.57) から，

$$y^\alpha x^{1-\alpha} = (1-x)^\alpha (1-y)^{1-\alpha} \qquad (9.68)$$

よって，任意の x に対して，$y=1-x$ がオイラー方程式をみたす．定常解を除くすべての解が周期 2 の周期解となる（図 9-9(ii)）．

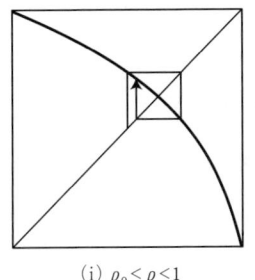

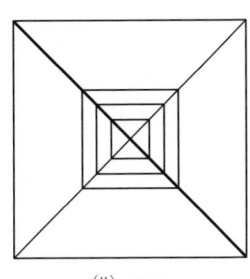

| (i) $\rho_0 < \rho < 1$ | (ii) $\rho = \rho_0$ | (iii) $0 < \rho < \rho_0$ |

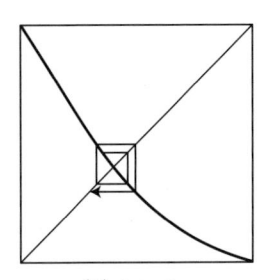

図 9-9 　$\alpha+\beta=1,\ 0<\beta<\frac{1}{2}<\alpha<1$

$0 < \rho < \rho_0$ すなわち $a > 1$ のときは，定常解 k_ρ は不安定となり，最適解は (9.67) の解 $x=0$，(9.68) から $y=1$ として求まる境界上の点 $(0,1)$ に近づいてゆく（図 9-9(iii)）．

(III) $0<\alpha+\beta<1,\ 0<\beta<1/2<\alpha<1$：

$F(x)$ を $a^2 x$ で割って，

$$G(x) \equiv 1-\left(a^2x+1-x\right)a^{\frac{2\beta-1}{\alpha-\beta}}x^{\frac{\alpha+\beta-1}{\alpha-\beta}}(1-x)^{\frac{1-\alpha-\beta}{\alpha-\beta}} \tag{9.69}$$

とおく．この関数は，パラメーターの値に関わらず，

$$\lim_{x\to 0} G(x) = -\infty, \quad G(1) = 1 > 0 \tag{9.70}$$

をみたしている．$G(x)$ を微分すると，

$$\begin{aligned}G'(x) = \frac{1}{\alpha-\beta}a^{\frac{2\beta-1}{\alpha-\beta}}&\left[-(\alpha-\beta)(a^2-1)\left(\frac{1-x}{x}\right)^{\frac{1-\alpha-\beta}{\alpha-\beta}}\right.\\&\left.+(1-\alpha-\beta)\left(a^2+\frac{1-x}{x}\right)\left\{\left(\frac{1-x}{x}\right)^{\frac{1-\alpha-\beta}{\alpha-\beta}}+\left(\frac{x}{1-x}\right)^{\frac{2\alpha-1}{\alpha-\beta}}\right\}\right]\end{aligned} \tag{9.71}$$

右辺を $\frac{1}{\alpha-\beta}a^{\frac{2\beta-1}{\alpha-\beta}}\left(\frac{x}{1-x}\right)^{\frac{2\alpha-1}{\alpha-\beta}}$ で割って，$z=\frac{1-x}{x}$ とおいてできる z の関数を $H(z)$ とすると，

$$H(z) = (1-\alpha-\beta)z^2 - \left[(2\alpha-1)a^2 - (1-2\beta)\right]z + (1-\alpha-\beta)a^2 \tag{9.72}$$

である．z 自体は x の減少関数である．

ここで，$H(z)=0$ の実根を考えよう．2根の積は正で，$a\leq 1$ のとき，

$$(2\alpha-1)a^2 - (1-2\beta) \leq (2\alpha-1)-(1-2\beta) < 0 \tag{9.73}$$

より2根の和は負なので，もし実根があるなら，根は2つ共に負となる．$H(z)=0$ の判別式をとると，

$$\begin{aligned}D &= \left[(1-2\beta)-(2\alpha-1)a^2\right]^2 - 4(1-\alpha-\beta)^2 a^2 \\ &= \left[(2\alpha-1)a-(1-2\beta)\right]\left[(2\alpha-1)a+(1-2\beta)\right](a-1)(a+1)\end{aligned} \tag{9.74}$$

となる．$\left[(2\alpha-1)a-(1-2\beta)\right](a-1)$ の符号と D の符号が一致する．$\rho=\rho_1=\frac{\beta}{\alpha}$ のとき，$a=1$ であり，$\rho=\rho_0=\frac{\beta(2\alpha-1)}{\alpha(1-2\beta)}$ のとき $a=\frac{1-2\beta}{2\alpha-1}$ である．後者の a の値を a_0 とおく．（$\alpha+\beta<1$ により $\rho_1<\rho_0$ および $a_0>1$ は容易に確認することができる．）

第 9 章　経済の均衡動学と分岐────193

$$\rho_1 \leq \rho < 1, \quad 0 < a \leq 1, \quad 0 \leq D, \quad \text{負の実根}$$
$$\rho_0 < \rho < \rho_1, \quad 1 < a < a_0, \quad D < 0, \quad \text{実根なし}$$
$$\rho = \rho_0, \quad\quad a = a_0, \quad\quad D = 0, \quad\quad \text{重根}$$
$$0 < \rho < \rho_0, \quad\quad a_0 < a, \quad\quad D > 0, \quad\quad \text{正の実根}$$

また定常解 $x=k_\rho$ では，$z_\rho = \frac{\beta}{\rho\alpha} = a$ であり，このとき，

$$H(a) = -a\left[(2\alpha-1)a-(1-2\beta)\right](a+1) \tag{9.75}$$

以上から，次のことが言える．

(i) $\rho_0 < \rho < 1$ なら，$H(z)=0$ に正の実根はない．$z>0$ に対して，$H(z)>0$ であり，$G'(x)>0$ である．$G(x)$ は単調増加関数で，$G(x)=0$ の根は $x=k_\rho$ のみである．また，$H(a)>0$ かつ $G'(k_\rho)>0$ である(図 9-10(i) 参照)．

(ii) $\rho=\rho_0$ なら，$H(z)=0$ は z_ρ で重根をもち，それ以外の点では $H(z)$ は正，よって，$G'(x)$ も $x=k_\rho$ で 0，それ以外では正となる．$G(x)$ は $x=k_\rho$ を変曲点とする単調増加関数である．

以上，$\rho_0 \leq \rho < 1$ では，周期 2 の内点解はない．

(iii) $0<\rho<\rho_0$ の場合，$H(z)=0$ と $G'(x)=0$ は異なる 2 つの正根をもつ．これは $G(x)$ の極大・極小を与える点となる．よって，$G'(k_\rho)<0$ と (9.70) も合わせると，$G(x)=0$ は 3 つの根をもつことになり，$x=k_\rho$ 以外の根は周期 2 の解となる．$G'(k_\rho)<0$ なので，(i) と (ii) を合わせて考えると，ρ_0 を上からよぎるときに，$G'(x)$ の定常解での符号が正から負に変わって，2 つの解が分岐するのである(図 9-10(iii) 参照)．

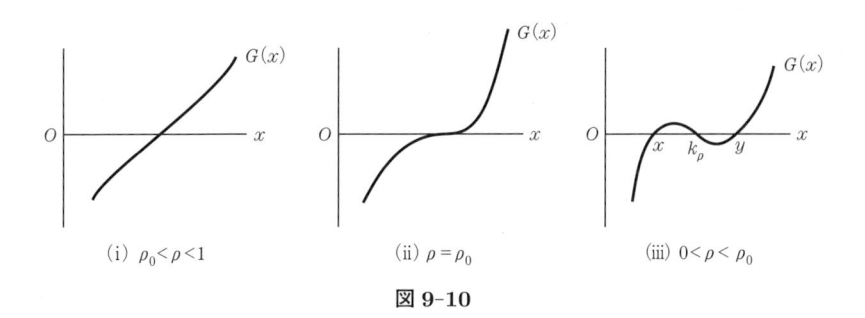

(i) $\rho_0 < \rho < 1$ 　　(ii) $\rho = \rho_0$ 　　(iii) $0 < \rho < \rho_0$

図 9-10

以上をいいかえると，$\rho_0<\rho<1$ で定常解は安定，ρ が減少して ρ_0 をよぎるとき，定常解は不安定となり，周期 2 の解が出現する．更に，ρ が小さくなるに従い周期解は大きくなってゆく（図 9-11(i), (ii)）．

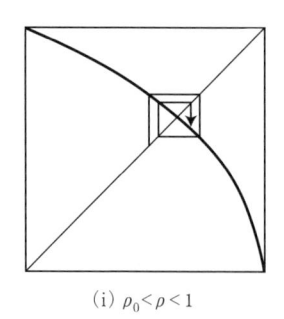

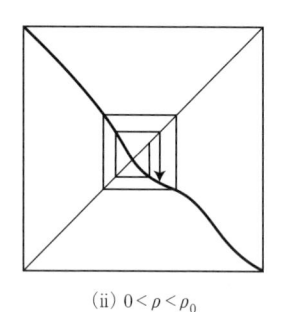

(i) $\rho_0<\rho<1$ (ii) $0<\rho<\rho_0$

図 9-11 $0<\alpha+\beta<1, 0<\beta<\frac{1}{2}<\alpha<1$

9.5 サザーランド・モデルの大域的分析

$D=[0,1]^2$ の上で定義された，

$$v(x,y) = -ax^2 - bxy - cy^2 + dx$$

を効用関数とする．ここで，$a,b,c,d>0$ であり，

$$2\sqrt{ac} > b > 2c, \quad 2(a+b+c) > d > \frac{2b(a-c)}{b-2c} \tag{9.76}$$

をみたす．

9.5.1 効用関数の性質

$$v_1 = d-(2ax+by) > d-(2a+b) \tag{9.77}$$

ここで，(9.76) の $4ac>b^2$ から，

$$\frac{2b(a-c)}{b-2c} - (2a+b) = \frac{4ac-b^2}{b-2c} > 0$$

よって，(9.77) の右辺は，

$$d-(2a+b) > d-\frac{2b(a-c)}{b-2c} > 0$$

したがって，$v_1>0$ となる．また，

$$v_2 = -bx-2cy < 0$$

も成り立つ．2 階偏微分は，

$$v_{11} = -2a < 0, \quad v_{22} = -2c, \quad v_{12} = v_{21} = -b \quad (9.78)$$

(9.76)と(9.78)から，

$$v_{11}v_{22}-v_{12}^2 = 4ac-b^2 > 0 \quad (9.79)$$

となり，v は強い意味で凹関数である．

9.5.2 定常解と安定性

オイラー方程式は，

$$\begin{aligned}&v_2(x,y)+\rho v_1(y,z) = 0 \\ &-bx-2cy+\rho(d-2ay-bz) = 0\end{aligned} \quad (9.80)$$

定常解は，(9.80)で $x=y=z=k_\rho$ とおいて，

$$k_\rho = \frac{\rho d}{(b+2c)+\rho(2a+b)} \quad (9.81)$$

で得られる．定常解における特性方程式は，

$$f(\lambda) \equiv \rho b\lambda^2+(2a\rho+2c)\lambda+b = 0 \quad (9.82)$$

$f(\lambda)=0$ の 2 根の積が正，2 根の和が負なので，2 根の実部は負である．判別式 D は，

$$\begin{aligned}D &= (2a\rho+2c)^2-4b^2\rho \\ &= 4(a\rho+c-b\sqrt{\rho})(a\rho+c+b\sqrt{\rho})\end{aligned}$$

(9.76)より，$4ac-b^2>0$ なので，D は，常に正となり，$f(\lambda)=0$ の 2 根 λ_1, λ_2

は共に負の実根となる．$\lambda_1\lambda_2=\rho^{-1}>1$ なので，少なくとも1つの根は，-1 より小さい．ここで，$\lambda=-1$ のとき，

$$f(-1) = (b-2c)-\rho(2a-b) \tag{9.83}$$

であり，

$$\rho_0 = \frac{b-2c}{2a-b} \tag{9.84}$$

とおくと，

$$\rho_0 < \rho < 1 \text{ なら} \quad f(-1) < 0 \quad \lambda_2 < -1 < \lambda_1 < 0$$
$$\rho = \rho_0 \text{ なら} \quad f(-1) = 0 \quad \lambda_2 < -1 = \lambda_1$$
$$\rho < \rho_0 \text{ なら} \quad f(-1) > 0 \quad \lambda_2, \lambda_1 < -1$$

である．よって，ρ が ρ_0 を上からよぎるとき，定常解は不安定となる．

9.5.3 内部周期解

周期2の解を見出すために，

$$\begin{aligned}&\max v(x,y)+\rho v(y,x)\\&s.t. \quad (x,y), (y,x) \in D\\&\quad x \text{ given}\end{aligned} \tag{9.85}$$

の最大化問題を考える．v が強い意味の凹関数なので，各 $x\in[0,1]$ に対して，最大値を与える y は一意的に決まる．これを，$y=g(x)$ とすると，g は連続関数である．次に，g は D の内部において減少関数である．なぜなら，(x,y), $(y,x)\in \text{Int } D$ とすると，最大化の1階の条件は $v_2(x,y)+\rho v_1(y,x)=0$ であるが，ここから，陰関数定理より，

$$g'(x) = -\frac{v_{12}(x,y)+\rho v_{12}(y,x)}{v_{22}(x,y)+\rho v_{11}(y,x)} < 0$$

となるからである．

もし，周期解が D の内点なら，オイラー方程式をみたす．周期2の周期解を x と y とすると，オイラー方程式(9.80)で，$z=x$ とおいた，

$$-bx-2cy+\rho(d-2ay-bx) = 0 \tag{9.86}$$

と，(x,y,z) を (y,x,y) でおきかえた式，

$$-by-2cx+\rho(d-2ax-by) = 0 \tag{9.87}$$

が成立する．(9.86) を解いて，直線，

$$y = \frac{\rho d - b(1+\rho)x}{2(c+\rho a)} \tag{9.88}$$

を得る．(9.88) を (9.87) に代入すると，

$$[\rho(2a-b)-(b-2c)]\,[x-k_\rho] = 0 \tag{9.89}$$

が得られる．$\rho=\rho_0$ なら，(9.88) は，

$$y = \frac{d(b-2c)}{2b(a-c)} - x$$

となり，定常解を除くすべての内点が周期 2 の解となる．$\rho \neq \rho_0$ なら，内点では，(9.86),(9.87) の交点である定常解 $x=k_\rho$ を除けば，周期 2 の解は (9.88) 上にはない．直線 (9.88) から，

$$\begin{aligned}
x=1 \text{ のとき,} \quad & y_1 = \frac{\rho(d-b)-b}{2(c+\rho a)} \\
x=0 \text{ のとき,} \quad & y_2 = \frac{\rho d}{2(c+\rho a)} \\
y=0 \text{ のとき,} \quad & x_1 = \frac{\rho d}{b(1+\rho)} \\
y=1 \text{ のとき,} \quad & x_2 = \frac{\rho(d-2a)-2c}{b(1+\rho)}
\end{aligned}$$

を得る．$y_1=0$ となる ρ の値と $x_1=1$ となる ρ の値とは同じで，$y_2=1$ となる ρ の値と $x_2=0$ となる ρ の値とは同じである．ここで，$x_1=1, x_2=0$ となる ρ の値を ρ_1, ρ_2 とすると，

$$\rho_1 = \frac{b}{d-b}, \quad \rho_2 = \frac{2c}{d-2a} \tag{9.90}$$

$2\sqrt{ac}>2c$ から $\sqrt{a}>\sqrt{c}$，よって $2a>2\sqrt{ac}>b$ であることを用いると，

$$\frac{2b(a-c)}{b-2c}-b > \frac{2b(a-c)}{b-2c}-2a = \frac{2c(2a-b)}{b-2c} > 0 \qquad (9.91)$$

であり，このことから，

$$d-b > d-2a > d-\frac{2b(a-c)}{b-2c} > 0$$

が得られ，ρ_1 と ρ_2 は正となる．また，

$$\rho_0-\rho_1 = \frac{d(b-2c)-2b(a-c)}{(2a-b)(d-b)} > 0 \qquad (9.92)$$

$$\rho_1-\rho_2 = \frac{d(b-2c)-2b(a-c)}{(d-2a)(d-b)} > 0 \qquad (9.93)$$

をまとめて，$0<\rho_2<\rho_1<\rho_0<1$ となる．

9.5.4 右下がりの関数 g の形状

(9.85) の解 $g(x)$ は，右下がりの曲線をなし，D の内部では直線 (9.88) と一致する．$\rho<\rho_0$ の場合，定常解 k_ρ は不安定となり，最適解は，境界に近づいてゆく．$\rho_1<\rho<1$ なら，$y_1>0$ かつ $x_2>0$ である．

$$g(x) = \begin{cases} 1 & 0 \leq x < x_2 \\ \dfrac{\rho d - b(1+\rho)x}{2(c+\rho a)} & x_2 \leq x \leq 1 \end{cases} \qquad (9.94)$$

である．特に，$\rho_0<\rho<1$ なら，

$$y_1-x_2 = \frac{[(2a-b)\rho-(b-2c)][(2a+b-d)\rho+(b+2c)]}{2b(1+\rho)(c+\rho a)}$$

(9.77) より，$2a+b-d<0$ なので，

$$(2a+b-d)\rho+b+2c > 2(a+b+c)-d > 0$$

であるので，$\rho_0<\rho<1$ では $x_2<y_1$ となる．図 9-12 から，このとき，周期 2 の周期解は存在しない．

$\rho=\rho_0$ のとき，$x_2=y_1$ となり，$x_2\leq x\leq 1$ の点はすべて周期解となる (図 9-13)．$\rho_1<\rho<\rho_0$ のときは，図 9-14 から，y_1 と 1 が周期解となり，k_ρ 以外の点からの解はこの周期解に振動しながら収束する．

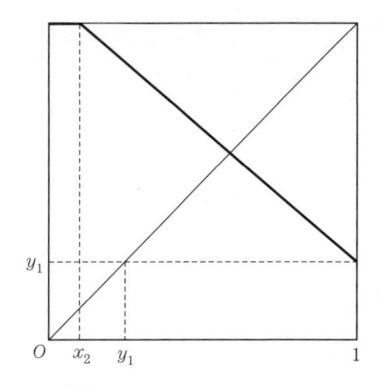

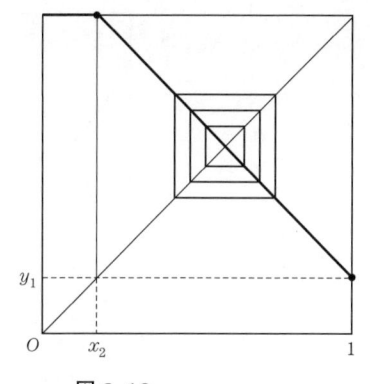

図 9-12 $\rho_0 < \rho < 1,\ x_2 < y_1$ **図 9-13** $\rho = \rho_0,\ x_2 = y_1$

$\rho_2 \leq \rho \leq \rho_1$ のとき，$k_\rho \leq x_1 \leq 1,\ x_2 \geq 0$ であるので，$g(x)$ を，

$$g(x) = \begin{cases} 1 & 0 \leq x \leq x_2 \\ \dfrac{\rho d - b(1+\rho)x}{2(c+\rho a)} & x_2 \leq x \leq x_1 \\ 0 & x_1 \leq x \leq 1 \end{cases}$$

と定義する．図 9-15 から，0 と 1 が周期解となり，k_ρ 以外の点からの最適解は振動しながらこの周期解に収束する．

$0 < \rho < \rho_2$ のとき，$k_\rho < x_1 < 1,\ k_\rho < y_2 < 1$ となるので，$g(x)$ は，

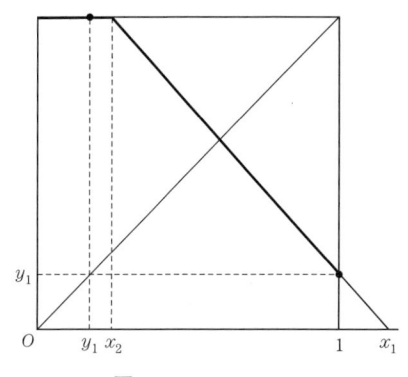

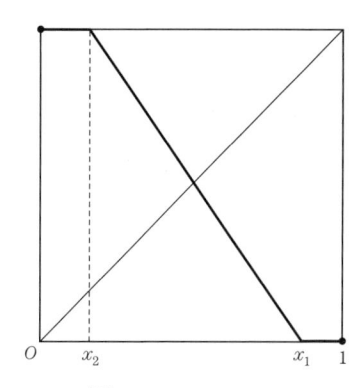

図 9-14 $\rho_1 < \rho < \rho_0$ **図 9-15** $\rho_2 \leq \rho \leq \rho_1$

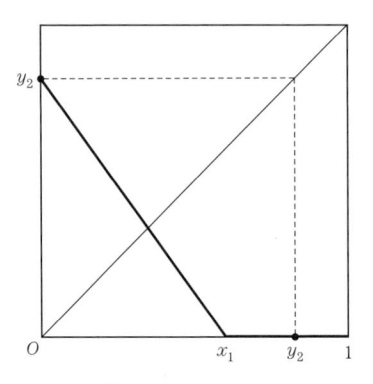

図 9-16 $0<\rho<\rho_2$

$$g(x) = \begin{cases} \dfrac{\rho d - b(1+\rho)x}{2(c+\rho a)} & 0 \leq x \leq x_1 \\ 0 & x_1 \leq x \leq 1 \end{cases}$$

となる．$\rho<\rho_0$ なので，$y_2-x_1>0$ であり，図 9-16 から，周期解は $0, y_2$ であり，k_ρ 以外の点からの最適解は振動しながらこの周期解に近づいてゆく．

第10章　非線形動学とカオス

　動学的均衡が，必ずしも単調に長期均衡に収束するわけではないことは，前章で議論した通りである．第1に，動学的均衡は振動することもある，第2に，長期均衡は不安定となり得る，その結果として，長期均衡から周期2の解が分岐することもあることを述べた．

　本章で，周期2の解のみならず，周期解一般を，そしてカオスに代表されるようなより不規則な動きをする解を考えてみたい．カオスとは何かは，10.2節以下で説明してゆくことになるが，その前に我々がカオスを念頭において，非線形動学というとき，それが何を意味しているかを述べておこう．動学系が非線形関数 f で表わされる場合，それが単調関数であれば，複雑な軌道は生じない．そのような非線形関数を，線形関数で近似することにより，軌道の性格をとらえることも可能である．単調関数は，一対一写像であり，逆関数をもつ．

　非線形関数が線形関数と決定的に異なるのは，それが逆関数をもたない場合である．この場合，ある点をとって，その点に到る軌道を遡ることができない．動学系を時間と共に変化する経路とすれば，その時間を遡ることができないのである．これは，歴史の非遡行性である．本章の非線形動学で対象とするのは，主にこの場合である．以下では，内容を数学に限定し，経済学への応用は次章以降に議論をする[1]．

---

1) 本章の内容については，以下の文献が有益である．Collet, P., and J. -P. Eckmann (1980), *Interated Maps on the Interval as Dynamical Systems*, Boston: Birkhäuser; Grandmont, J. -M. (1986), "Periodic and Aperiodic Behavior in Discrete One-Dimensional Dynamical Systems," in W. Hildenbrand and A. Mas Collel eds., *Contributions to*

10.1　一般の周期解の存在

以下では，$I=[0,1]$ で定義され，$I=[0,1]$ を値域とする連続関数を f として，差分方程式，

$$x_{t+1} = f(x_t) \tag{10.1}$$

を考える．恒等写像を f^0，f を f^1 と書くこととして，f を t 回反復する写像 f^t を帰納法的に定義する．すなわち，

$$f^t(x) = f(f^{t-1}(x)), \quad t = 1, 2, \cdots \tag{10.2}$$

とする．すると，x の**軌道**は，

$$\{f^t(x)\}_{t=0}^{\infty} = \{x,\ f(x),\ f^2(x), \cdots\} \tag{10.3}$$

である．f の**周期 s の周期解** x とは，x を f によって s 回反復したとき，初めて x に戻るような点，すなわち，

$$\begin{aligned} x &= f^s(x) \\ x &\neq f^j(x), \quad j = 1, \cdots, s-1 \end{aligned} \tag{10.4}$$

をみたす点である．x を **s 周期解**ともよぶ．x が s 周期解ならば，$x_j = f^j(x)$，$j=1,\cdots,s-1$ も，s 周期解である．$\{x, x_1, \cdots, x_{s-1}\}$ を**周期軌道**(periodic orbit)とよぶ．

s 周期解は，f^s の不動点である．したがって，s 周期解は $y=f^s(x)$ の曲線と 45° 線の交点となる．この逆は必ずしもいえないことには注意を要する．たとえば，f の不動点は $y=f^s(x)$ の曲線と 45° 線の交点であるが，$s=2,3,\cdots$ に対して s 周期解ではない．$j=1,\cdots,s-1$ について $x=f^j(x)$ だからである．

例として，**テント写像**(Tent map)，

Mathematical Economics, New York: Elsevier Science Publishers (North-Holland).

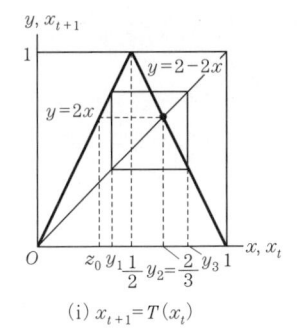

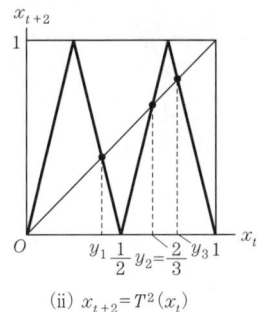

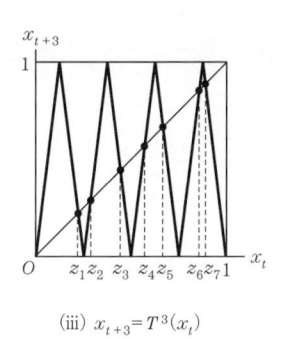

図 10-1 テント写像

$$T(x) = \begin{cases} 2x & 0 \leq x \leq \frac{1}{2} \\ 2-2x & \frac{1}{2} < x \leq 1 \end{cases} \qquad (10.5)$$

を考えてみよう．これは，図 10-1(i)のように，点 $\left(\frac{1}{2}, 1\right)$ を頂点とし，2 個の線分をつなぎ合わせた形をしている．45°線との交点は定常解 0 および $\bar{x} = \frac{2}{3}$ である．$x=0$ は T で何度移しても 0 である．$x=1$ は $T(1)=0$ となり，その後は，$T^s(1)=0$, $s=1,2,\cdots$ であり続ける．$x=\frac{1}{2}$ は T で 1 に移され，T^2 で 0 に移される．このようにして，図 10-1(ii)のように，T^2 の曲線が得られる．この曲線と 45°線との交点は，0 を別にすると y_1, y_2, y_3 の 3 個である．このうち，y_2 は定常解 $\frac{2}{3}$ である．y_1 と y_3 が 2 周期解である．2 周期解の周期軌道は，それぞれ，

$$\{y_1, y_3\}, \quad \{y_3, y_1\} \qquad (10.6)$$

となる．

3 周期解は，曲線 $y=T^3(x)$ と 45°線の交点である．図 10-1(iii)のように，0 以外に，7 個の交点がある．このうち z_5 は定常解であり，他の 6 個が 3 周期解である．同様の操作を続けて，s の値を大きくしてゆくと，$y=T^s(x)$ のグラフの頂点，最小点，45°線との交点の数が増加してゆく．s を無限に大きくすると，交点が 45°線上で稠密になることがわかる．

2 周期解を具体的に求めよう．図 10-1(i)から，軌道，

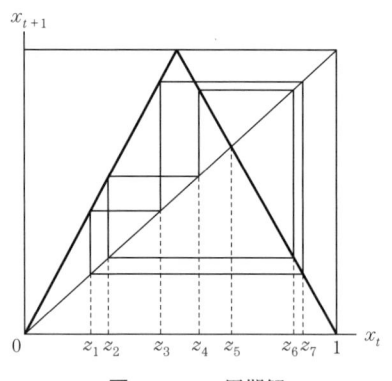

[図: 3周期解の蜘蛛の巣図, 横軸 x_t, 縦軸 x_{t+1}, 点 $z_1, z_2, z_3, z_4, z_5, z_6, z_7$ が示されている]

図 10-2 3周期解

$$x, \ 2x, \ 2-2(2x), \cdots \tag{10.7}$$

の3番目の点を初期点と等しくおくと，$y_1 = \frac{2}{5}$ が求まる．一方，3周期解は，図 10-2 において，

$$\begin{aligned} 2x, \ & 2(2x), \ 2-2(4x) = x \\ 2x, \ & 2-2(2x), \ 2-2(2-4x) = x \end{aligned} \tag{10.8}$$

のそれぞれより，3周期解となる x の値，$x = \frac{2}{9}, \ \frac{2}{7}$ として求まる．これが，図 10-2 の点 z_1, z_2 と対応する．

周期解分岐の局所的条件については第 8 章および前章の定理 9.2 で議論した．ここでは，周期の存在を保証する大域的条件を考えてみよう．

補題 10.1 $f:I \to I$ を連続関数とする．区間 I にある点 $\bar{x} > 0$ が存在し次の 2 条件が成り立つとする．

(i) $0 < x < \bar{x}$ ならば，$x < f(x)$

(ii) ある $0 < y < \bar{x}$ に対して，$f^2(y) \leq y$

このとき，f は 2 周期解をもつ．

証明 $f(0) = 0$ の場合と $f(0) > 0$ の場合に分けて証明する．まず，$f(0) = 0$ としよう．すると，f の連続性から，十分に 0 に近い $z > 0$ に対して，$f(z) > z$, $f^2(z) > f(z)$, すなわち，$f^2(z) > z$ である．一方で，条件 (ii) の y に対しては

$f^2(y)<y$ である．よって，中間値の定理によって，z と y の間に，$f^2(x^*)=x^*$ をみたす点 x^* が存在する．この点 x^* は 0 と $\bar{x}$ の間にあるので，条件 (i) により $f(x^*)>x^*$ であるので 2 周期解である．

次に，$f(0)>0$ としよう．$f^2(0)\geq 0$ なので，$f^2(0)=0$ で 0 自身が 2 周期解であるか，さもなくば $f^2(0)>0$ と (ii) から 0 と y の間に 2 周期解が存在することを $f(0)=0$ の場合と同様にして示すことができる．

補題 10.1 の (ii) の不等式を，$f^3(y)\leq y$ と変えるなら，3 周期解の存在が証明できる．実は，3 周期解の存在は特別な意味をもつ．3 周期解が存在すれば，他の任意の自然数 s の周期をもつ周期解も存在するからである．これは，シャルコフスキー (Sarkovskii 1964) によって証明された以下の結果による[2]．

定理 10.1 3 以上の奇数を最初に並べて，次にそれに 2 の巾乗を掛けたものを並べて，最後に 2 の巾乗を並べた，以下の自然数の配列を考える．

$$3 \succ 5 \succ 7 \succ \cdots$$
$$\succ 2\cdot 3 \succ 2\cdot 5 \succ 2\cdot 7 \succ \cdots$$
$$\cdots\cdots\cdots$$
$$\succ 2^n\cdot 3 \succ 2^n\cdot 5 \succ 2^n\cdot 7 \succ \cdots$$
$$\cdots\cdots\cdots$$
$$\succ 2^m \succ 2^{m-1} \succ \cdots \succ 8 \succ 4 \succ 2 \succ 1$$

いま，$f:I\to I$ が連続で，p 周期解をもつとする．すると，f は上の配列で $p\succ q$ なるすべての自然数 q に対する q 周期解をもつ．

シャルコフスキーの配列によれば，3 が最も高い位置を占め，次に小さい順に正の奇数が並ぶ．次は，それまでの奇数に 2 を掛けた数が並ぶ．このようにして，奇数に 2^n を掛けたものを順に並べてゆく．そして，2 の巾乗以外の自然数をすべて尽くすことになる．最後は，2 の巾乗 2^m がより大きい数から

---

[2] Sarkovskii, A. N. (1964), "Coexistence of Cycles of a Continuous Map of the Line into Itself," *Ukr. Mat. Z.* 16, pp.61-71.

順に並び，$2^0=1$ が最も低い位置の数となる．周期 1 の解は，定常解である．定理 10.1 によると，定常解を別とすると，最も存在し易い周期解が 2 周期解で，最も存在し難い周期解が 3 周期解である．

10.2 周期解の安定性

x_0 が f の s 周期解であるとする．周期解 x_0 の安定性とは，写像 $f^s:I\to I$ に対する x_0 の安定性である．適当な x_0 の近傍 U が存在して，$x\in U$ から出発する点に対して，

$$\lim_{m\to\infty}|f^{sm}(x)-x_0|=0 \qquad (10.9)$$

がみたされるなら，周期解 x_0 は局所安定性をもつという．したがって，$x_j=f^j(x_0)$, $j=1,\cdots,s-1$ とおいて，$f^s(x)$ を微分したとき，

$$\left|\frac{df^s(x_0)}{dx}\right|=|f'(x_0)||f'(x_1)|\cdots|f'(x_{s-1})|<1 \qquad (10.10)$$

が成り立つなら，周期解 x_0 は局所安定的である．$x_0,\cdots,x_{s-1}$ は，すべて s 周期解であるが，少なくともその 1 つが f^s に関して局所安定的であれば，**周期軌道** $\{x_0,\cdots,x_{s-1}\}$ **が局所的安定性をもつ**という．一方，(10.10)式の不等号の向きが逆転するなら，周期解 x_0 は局所的不安定となる．周期解 x_0 が局所的不安定であっても，必ずしも x_0 に収束する解がないわけでない．例えば，図 10-1(i) の点 z_0 からの解は，f によって不安定な定常解 $\bar{x}$ に写される．

(10.10)の狭義の不等号 < を，広義の不等号 ≤ におきかえるなら，必ずしも，安定性は保証されない．しかし，以下での議論の記述を簡略化するために，

$$\left|\frac{df^s(x_0)}{dx}\right|\leq 1 \qquad (10.11)$$

が成り立つとき，周期解 x_0 は弱い意味で局所安定的であるということにする．

テント写像(10.5)については，定常解 $\bar{x}$ における傾きが -2 で，定常解は不安定である(図 10-1(i))．更に，図 10-1(ii)，(iii)からわかるように，T の任意

の反復写像 T^s の s 周期解での傾きは絶対値 2^s をもつ. したがって, テント写像ではすべての周期解が不安定となる.

次に, 滑らかな写像の例として,

$$L(x) = 4x(1-x), \quad 0 \leq x \leq 1 \tag{10.12}$$

を考える. これは**ロジスティック写像**(Logistic map)とよばれている. (10.12)式は, 上に凸な放物線を表わす. 頂点は, $x=\frac{1}{2}$ で, 定常解は $x=\frac{3}{4}$ で与えられる. この写像を反復する度に, 図 10-3(i)-(iii) のように, s 周期解が次々に現われてくる.

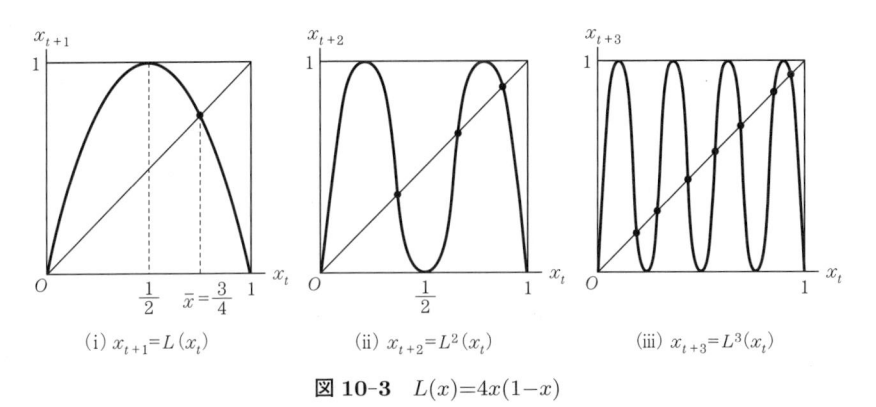

図 10-3 $L(x)=4x(1-x)$

テント写像 $T(x)$ は, ロジスティック写像 $L(y)$ を,

$$\theta(x) = \sin^2 \frac{\pi}{2}x, \quad 0 \leq x \leq 1 \tag{10.13}$$

で定義された連続関数 $y=\theta(x)$ で変換することによって得られる. これを確かめるために, $y_{n+1}=\theta(x_{n+1}), y_n=\theta(x_n)$ を $y_{n+1}=L(y_n)$ に代入する. すると,

$$\begin{aligned}\sin^2 \frac{\pi}{2}x_{n+1} &= 4\sin^2 \frac{\pi}{2}x_n \cdot \left(1-\sin^2 \frac{\pi}{2}x_n\right) \\ &= \sin^2 \pi x_n\end{aligned} \tag{10.14}$$

となる. (10.14)式から, 確かに,

$$x_{n+1} = \begin{cases} 2x_n & 0 \leq x_n < \frac{1}{2} \\ 2-2x_n & \frac{1}{2} \leq x_n \leq 1 \end{cases} \tag{10.15}$$

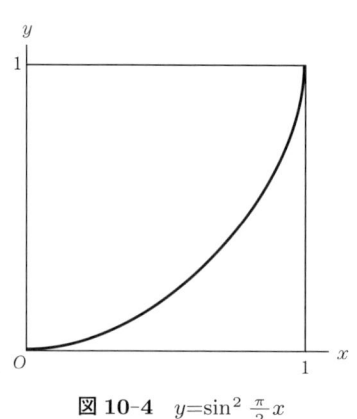

が得られる．(10.13)は，単調な変換であり，逆関数θ^{-1}も連続である(図 10-4 をみよ)．

図 10-4 $y=\sin^2 \frac{\pi}{2} x$

以上から，写像 T と L の間には，

$$T(x) = \theta^{-1} \circ L \circ \theta(x) \tag{10.16}$$

の関係が成り立つ．すると，

$$T^n(x) = \underbrace{(\theta^{-1} \circ L \circ \theta) \circ \cdots \circ (\theta^{-1} \circ L \circ \theta)}_{n\text{-times}}(x) \tag{10.17}$$
$$= \theta^{-1} \circ L^n \circ \theta(x)$$

が成り立つ．よって，$y_n=\theta(x_n)$, $y_0=\theta(x_0)$ に対して，

$$x_n = T^n(x_0) \iff y_n = L^n(y_0) \tag{10.18}$$

が成り立つ．(10.13)式において，$x=1$, $x=0$ は，$y=1$, $y=0$ と対応している．よって，x_0 が $T^n(x)$ の極大値あるいは極小値を与えるなら，$y_0=\theta(x_0)$ は $L^n(y)$ の極大値あるいは極小値を与える．

また，$\{x_0, \cdots, x_{s-1}\}$ がテント写像の s 周期軌道であるなら，$\{\theta(x_0), \cdots,$

$\theta(x_{s-1})\}$ は，ロジスティック写像の s 周期軌道となり，その逆も成り立つ．また (10.13) 式を微分すると，

$$\begin{aligned}\theta'(x) &= \pi \sin \frac{\pi}{2} x \cos \frac{\pi}{2} x \\ &= \frac{\pi}{2} \sin \pi x\end{aligned} \tag{10.19}$$

となる．$x \neq 0, 1$ では，$\theta'(x) \neq 0$ なので，$(0, 1)$ では逆関数 θ^{-1} も，微分可能である．そこで，s 周期点 $x \in (0, 1)$ について，

$$T^s(x) = \theta^{-1} \circ L^s \circ \theta(x) \tag{10.20}$$

を微分すると，$y = \theta(x)$ であること，そして，x が s 周期点であることから，

$$\begin{aligned}\frac{dT^s(x)}{dx} &= \frac{1}{\theta'(x)} \cdot \frac{dL^s(y)}{dy} \cdot \theta'(x) \\ &= \frac{dL^s(y)}{dy}\end{aligned} \tag{10.21}$$

が得られる．よって，s 周期解における $L^s(y)$ の傾きの絶対値は 2^s となる．よって，ロジスティック写像のすべての周期解は不安定である．

10.3 位相的カオス

前節では，テント写像とロジスティック写像の周期解はすべて不安定であることを述べた．この場合でも，周期解に収束する点はある．しかし，それ以外の軌道は，周期性をもたず，どこにも収束しない．カオスとは，このような解を意味してはいるが，更に特定化して定義することを試みよう．しかし，解が不規則な状況は無数に存在するので，それを一言で定義することは容易ではない．以下では，解の不規則性をいくつかの異なった側面からとらえたい．

まず，本節では，連続関数 $f: I \to I$ が与えられたとき，ある初期値からの軌道の動きの不規則性をリーとヨークに従って定義する[3]．無限個の元の集合には，**可算集合**と**非可算集合**があるが非可算集合で最も低い濃度をもつのは実数

---

[3] Li, T., and J. A. Yorke (1975), "Period Three Implies Chaos," *American mathematical Monthly* 82, pp.985-992.

の集合であり，この濃度を**連続の濃度**とよぶ．連続の濃度をもつ集合を**連続無限集合**とよぶ．

定義 10.1　$f: I \to I$ を連続関数とする．$S \subset I$ が周期点を含まない連続無限集合で，次の性質をみたすとき，S を**攪拌集合**(scrambled set)とよぶ．
(i) 任意の異なる 2 点 $x, y \in S$ に対して，

$$\text{(A)} \quad \limsup_{n \to \infty} |f^n(x) - f^n(y)| > 0$$
$$\text{(B)} \quad \liminf_{n \to \infty} |f^n(x) - f^n(y)| = 0$$

(ii) 任意の $x \in S$ と任意の周期解 y に対して，

$$\limsup_{n \to \infty} |f^n(x) - f^n(y)| > 0$$

上の定義の(i)の意味は，S の任意の異なる 2 点からの軌道は，互いに収束せず，近づいては離れる，離れては近づくことを無限に繰り返すというものである．一方，(ii)は，S の点からの軌道は，周期軌道に収束することはないというものである．

定義 10.2　連続関数 $f: I \to I$ が攪拌集合 S をもつとき，f は**位相的カオス**(topological chaos)である．

次の定理は，リーとヨーク(Li and Yorke 1975)によるものである．

定理 10.2　連続関数 $f: I \to I$ について，

$$f^3(x) \leq x < f(x) < f^2(x) \quad \text{or} \quad f^3(x) \geq x > f(x) > f^2(x) \quad (10.22)$$

をみたす点 $x \in I$ が存在するとする．このとき，
(i) すべての自然数 m に対して，m 周期解が存在する．
(ii) 攪拌集合 $S \subset I$ が存在する．
もし，3 周期解があるとすれば，一般性を失わずに，3 周期解 x は

$$f^3(x) = x < f(x) < f^2(x) \quad \text{or} \quad f^3(x) = x > f(x) > f^2(x) \quad (10.23)$$

をみたすことを確かめることができる．そのような点 x は (10.22) をみたしている．リーとヨークの論文の題名が "Period Three Implies Chaos" であるのは，この理由による．定理 10.2(i) は，3 周期解が存在すれば，すべての自然数 m を周期とする周期解が存在するというシャルコフスキーの結果 (定理 10.1) に対応する．定理 10.2(ii) が，位相的カオスを特徴づけている．

ところで，3 周期解が存在しなくとも，$2^n \cdot 3$ 周期解が存在すれば，$m = 2^n$ 期をまとめて新しい 1 期間とし，更に $g = f^m$ と定義するなら，定理 10.2 から $g: I \to I$ に対する攪拌集合が存在する．これは，f の攪拌集合でもある．したがって，次の結果が成り立つ．

系 10.1 連続関数 $f: I \to I$ がある $n = 0, 1, 2, \cdots$ に対して $2^n \cdot 3$ 周期解をもつなら，f は位相的カオスである．

リーとヨークの結果を適用するには，3 周期点あるいは，(10.22) で与えられた不等号をみたす点を見出しさえすればよい (図 10-5 参照)．その意味で，便利な結果である．一方，リーとヨークの定理は，周期解の安定性についての制約を与えない．いま，I の上に 3 周期軌道 $\{x_1, x_2, x_3\}$ を適当に定めて，3 点

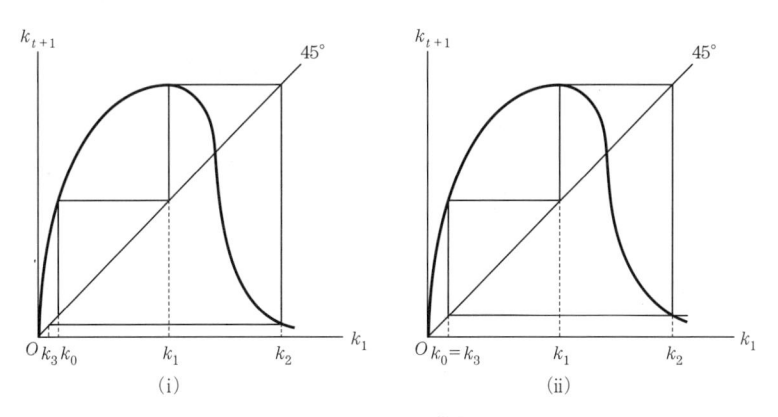

図 10-5　3 周期解

(x_1, x_2), (x_2, x_3), (x_3, x_1) を平面上にとる．この3点を通る連続関数 $f: I \to I$ を適当に選ぶなら，定常解を局所的安定にすることができる．また，別な例で，ロジスティック写像(10.12)の係数を変えて，

$$L_b(x) = bx(1-x), \quad 0 \leq x \leq 1 \qquad (10.24)$$

とする．すると，b を3.83の近くにとり，$\frac{1}{2}$ を3周期解とすることができる．この3周期解は安定となる(10.7節参照)．実は，一定の条件の下で，I 上のほぼすべての点を初期値とする軌道が，安定な周期解に引きつけられることを証明することができる(226頁の補題10.3参照)．(10.24)の写像における3周期解 $\frac{1}{2}$ は，そのような安定な周期解の一例となっている．

仮に，位相的カオスを特徴づけている撹拌集合のルベーグ測度は，0となるとしよう．この場合，撹拌集合に属する点の軌道をコンピューターによるシミュレーションで，描き出そうとしても不可能である．この状況を，撹拌集合は**観察不可能**であるという．

10.4 不変測度とエルゴード性

本章の以下の部分では測度論に関する基礎的知識を前提とした議論がなされる．読者は必要に応じて測度論の入門書を参照して欲しい．

測度空間 $(X, \mathcal{F}, \mu)$ および可測関数 $f: X \to X$ が与えられたとき，

$$A \in \mathcal{F} \text{ ならば } \mu(f^{-1}(A)) = \mu(A) \qquad (10.25)$$

が成り立つなら，f は μ を**保存する**，あるいは μ に関して**測度保存的**(measure preserving)である，一方，測度 μ は f の下で**不変である**，あるいは f の**不変測度**(invariant measure)であるという．

例 10.1 $X = I$ とおいて，I の上のルベーグ可測集合族 $\mathcal{B}$ とルベーグ測度 m を考える．このとき，テント写像 $T: I \to I$ は，ルベーグ測度を保存する．例えば，図10-6において $A = [a, b]$ を縦軸にとると，$m(A) = b - a$ である．一方，$T^{-1}(A)$ は，横軸上の区間，

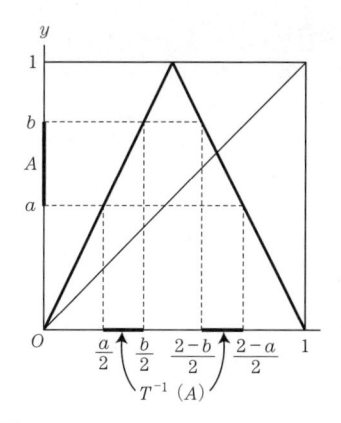

図 10-6 $m(A)=m(T^{-1}(A))=b-a$

$$\left[\frac{a}{2},\frac{b}{2}\right],\quad \left[\frac{2-b}{2},\frac{2-a}{2}\right] \tag{10.26}$$

から成る．これから，$T^{-1}(A)\in\mathcal{B}$ であり $m(T^{-1}(A))=b-a$ となることが確かめられる．

f が μ を保存するとき，**ポアンカレの再帰定理**(Poincaré's recurrence theorem)として知られる次の結果が成り立つ[4]．

定理 10.3 確率空間 $(X,\mathcal{F},\mu)$ と可測関数 $f:X\to X$ において，μ が f の下での不変測度であるとする．また，$\{f^n(x)\}_{n=0}^{\infty}$ を x からの軌道とする．このとき，正の測度をもつ任意の $A\in\mathcal{F}$ と，A に含まれるほとんどすべての点 x について，任意の自然数 n に対して，ある $k>n$ が存在して，

$$f^k(x)\in A \tag{10.27}$$

が成り立つ．

よって，$A\in\mathcal{F}$ から出発する軌道は，A に無限回数帰ってくる．このことが

---

[4] Loève, M. (1977), *Probability Theory* I, New York: Springer-Verlag 参照．

成り立たない A の点の集合は,測度 0 である.

いま,特性関数 $\chi_A:X\to\{0,1\}$ を,

$$\chi_A(x) = \begin{cases} 1 & x \in A \\ 0 & x \notin A \end{cases} \quad (10.28)$$

と定義する.すると,f が μ を保存するとき,定理 10.3 から $\mu(A)>0$ となる $A\in\mathcal{F}$ のほとんどすべての点 x について,

$$\sum_{n=0}^{k-1} \chi_A(f^n(x)) \quad (10.29)$$

が,k を大きくすると共に無限に大きくなる.(10.29)式の値を k で割ると,$x\in A$ からの軌道が A に戻って来る平均回数が定義される.この平均回数が x の値と独立で有限な一定値となる場合を考えるために,以下のエルゴード性を定義しよう.

確率空間 $(X,\mathcal{F},\mu)$ と可測関数 $f:X\to X$ において,

$$A \in \mathcal{F},\ f^{-1}(A) = A \text{ ならば } \mu(A) = 0 \text{ あるいは } \mu(A) = 1 \quad (10.30)$$

が成り立つとき,f は μ について**エルゴード的**(ergodic)という.テント写像は,ルベーグ測度に関して,エルゴード的である.図 10-6 で,$T^{-1}(A)=A$ となる正の測度をもつ部分集合は,I 自身しかないことが明らかだからである.

もし,$0<\mu(A)<1$ をみたす集合 A について $f^{-1}(A)=A$ が成り立つならば,$f^{-1}(X\setminus A)=X\setminus A$ も成り立ち,f で定まる動学系が,A の上の動きと $X\setminus A$ の上の動きに分離できることになる.$x\in A$ からの軌道は,A の中に留まり続ける.エルゴード性は,そのような分離が不可能であるというものである.

次の結果は,バーコフとフォン・ノイマンによる**エルゴード定理**である[5].

定理 10.4 $(X,\mathcal{F},\mu)$ を確率空間,f を測度保存的で,エルゴード的な可測関数とする.すると,任意の可積分関数 g について,

---

[5] Billingsley, P. (1965), *Ergodic Theory and Information*, New York: John Wiley & Sons(渡辺毅・十時東生訳(1968)『確率論とエントロピー』吉岡書店)参照.

$$\lim_{k\to\infty}\frac{1}{k}\sum_{n=0}^{k-1}g(f^n(x))=\int_X gd\mu \qquad (10.31)$$

がほとんどすべての $x \in X$ に対して成り立つ.

定理10.4の可積分関数の例として，(10.28)で定義した特性関数を用いると，任意の $A \in \mathcal{F}$ に対して，(10.31)から，

$$\lim_{k\to\infty}\frac{1}{k}\sum_{n=0}^{k-1}\chi_A(f^n(x))=\mu(A) \qquad (10.32)$$

がほとんどすべての $x \in X$ について成り立つ．これは，X のほとんどすべての点からの軌道について，それが可測集合 A に入る平均回数は一定値をとり，その一定値が A の測度と等しいという意味である．軌道が A を訪れる平均時間が，A の測度と等しいわけである．

任意の可測関数についての(10.31)式は，左辺が x からの軌道上での関数 g の値の平均値であり，右辺は，全空間 X 上での g の値の平均値である．この等式は，下のリアプノフ指数の定義でも用いられるであろう．

10.5 エルゴード・カオス

確率空間を $(I, \mathcal{B}, \mu)$，可測関数を $f{:}I \to I$ として，定理10.4が意味することを考えてみよう．定理10.4は，X 上のほとんどすべての点からの軌道が可測集合 A を訪問する平均回数についての情報を与える．測度が1となる I の部分集合のうち最小の閉集合を μ **のサポート**とよぶと，定理10.4は，ほぼすべての点からの軌道が，μ のサポートの上を埋め尽くすように動きまわることを意味する．もし，μ のサポートが1点 $\{x_0\}$ であるなら，X 上のほぼすべての点とは x_0 だけということになり得る．なぜなら，$X \backslash \{x_0\}$ の測度は0だからである．可測集合に対して，(10.32)式が成り立つことの意味は，x_0 が点 x_0 に何度も戻ってくることを意味するだけである．これは，x_0 が f の定常解であってもみたされることになる．その場合，定理10.4の結果(10.32)式が成り立つということは，必ずしも，カオスすなわち軌道がランダムに動きまわることを意味してはいないことになる．このような問題を排除するためには，測度

μ について,1点の測度は0である.すなわち,

$$x \in X \quad \text{ならば} \quad \mu(\{x\}) = 0 \tag{10.33}$$

と仮定すればよい.このような測度は,**連続**であるという.

しかし,測度が連続であっても,カオスが観測できるとは限らない.μ のサポートが連続無限集合であっても,そのルベーグ測度が正である保証はない.位相的カオスを特徴づける攪拌集合 $S \subset I$ は連続無限集合であるが,一方,ルベーグ測度が0となり,攪拌集合 S は観察不可能である場合もある.測度 μ のサポートが S であれば,ほとんどすべての x からの軌道は S の上をランダムに動き続ける.

観察可能なカオスに議論を限定するには,ルベーグ測度が0の集合 A 上では,$\mu(A)=0$ となるように,測度 μ を更に特定化する必要がある.一般に,測度空間 $(X, \mathcal{F}, \mu)$ において,$\mathcal{F}$ 上の σ−加法的測度 φ が,

$$A \in \mathcal{F}, \quad \varphi(A) = 0 \quad \text{ならば} \quad \mu(A) = 0 \tag{10.34}$$

をみたすとき,μ は φ に関して**絶対連続**であるという.μ がルベーグ測度について絶対連続なら任意の点 x について集合 $\{x\}$ のルベーグ測度は0なので (10.33),(10.34) より μ は連続である.定理10.3がルベーグ測度について絶対連続な測度 μ をもつ $(I, \mathcal{B}, \mu)$ と可測関数 $f: I \to I$ について成り立っているなら,μ のサポートは正のルベーグ測度をもち,観察可能なカオスが存在することになる.

以上の議論をふまえた上で,確率空間 $(I, \mathcal{B}, \mu)$ が与えられたとき,観察可能なカオスとしてのエルゴード・カオスを定義する.

定義 10.3 確率空間 $(I, \mathcal{B}, \mu)$ と可測関数 $f: I \to I$ が与えられ,μ がルベーグ測度に関して絶対連続であるとする.このとき,任意の可測集合 $A \in \mathcal{B}$ に対して,

$$\lim_{k \to \infty} \frac{1}{k} \sum_{n=0}^{k-1} \chi_A(f^n(x)) = \mu(A) \tag{10.35}$$

がほとんどすべての $x \in I$ に対して成り立つとき,f を**エルゴード・カオス**(ergodic chaos) とよぶ．

10.6　リアプノフ指数

カオスとよばれる写像の特徴の1つは，初期値がわずかに変化するだけで，軌道がより大きく変化するということにある．これを軌道の**初期値に関する鋭敏な依存性**とよぶ．本節では，それを表現する指標であるリアプノフ指数について説明する．

ある $\lambda > 0$ が存在し，x_0 に十分近い x に対して，

$$|f(x_0) - f(x)| = e^\lambda |x_0 - x| \tag{10.36}$$

が成り立つケースを考えよう．$\lambda > 0$ なので，$e^\lambda > 1$ である．軌道上での各点で，

$$|f^n(x_0) - f^n(x)| = e^\lambda |f^{n-1}(x_0) - f^{n-1}(x)|, \quad n = 1, \cdots, N \tag{10.37}$$

を仮定すると，

$$|f^N(x_0) - f^N(x)| = e^{N\lambda} |x_0 - x| \tag{10.38}$$

が得られる．実際は，x と x_0 からの軌道は互いに近づいたり離れたりするので，(10.37)式が $\lambda > 0$ に対して，常に成り立つわけではない．以上で与えられた λ がリアプノフ指数の背後にある直感である．すなわち，リアプノフ指数が正であれば初期値のわずかな変化が軌道に大きな変化をもたらすのである．

更に，(10.38)式で x を x_0 に近づけると，

$$e^{N\lambda} = \left| \frac{df^N(x_0)}{dx} \right| \tag{10.39}$$

が得られる．そして，対数をとって，両辺を N で割ると，

$$\lambda = \frac{1}{N} \log \left| \frac{df^N(x_0)}{dx} \right| \tag{10.40}$$

である．以上の準備の下で，**点 x_0 におけるリアプノフ指数** $\lambda(x_0)$ を，

$$\lambda(x_0) = \lim_{N \to \infty} \frac{1}{N} \log \left| \frac{df^N(x_0)}{dx} \right| \tag{10.41}$$

と定義する．$x_n = f^n(x_0)$ とおくと，

$$\frac{df^N(x_0)}{dx} = f'(x_0) \cdots \cdots f'(x_{N-1}) \tag{10.42}$$

が成り立つ．したがって，(10.41)式は，

$$\lambda(x_0) = \lim_{N \to \infty} \frac{1}{N} \sum_{n=0}^{N-1} \log |f'(x_n)| \tag{10.43}$$

と同値である．これは，x_0 からでる軌道上での $\log |f'(x_n)|$ の平均である．(10.43)式は，各点におけるリアプノフ指数の定義である．

次に，リアプノフ指数を，初期値の値から独立な値として定義し直すために，関数 $f: I \to I$ に対する不変測度 μ が存在し，それがエルゴード性をもつと仮定しよう．その上で，

$$g(y) = \log |f'(y)| \tag{10.44}$$

として関数 g を定義する．すると，(10.43)式は，

$$\lim_{N \to \infty} \frac{1}{N} \sum_{n=0}^{N-1} g(x_n) \tag{10.45}$$

と変形でき，エルゴード定理により，(10.45)の値はほぼすべての $x \in I$ に対して，

$$\lambda = \int_I g d\mu = \int_I \log |f'(y)| \, d\mu(y) \tag{10.46}$$

と等しくなる．これを**関数 f のリアプノフ指数** (Lyapunov exponent) として定義する．$\lambda > 0$ であることが軌道の初期値に関する鋭敏な依存性を表わす．

例 10.2 テント写像においては，1点 $x = \frac{1}{2}$ を除いて，$|T'(x)| = 2$ である．よって，(10.46)より，

$$\lambda = \log 2 \tag{10.47}$$

となり，リアプノフ指数が正であることが確認された．

10.7 エルゴード・カオスを生む十分条件

これまでの議論をうけて，テント写像やロジスティック写像のそれぞれを特殊ケースとする一般の写像について，それがエルゴード・カオスであることを保証する十分条件を紹介しよう．もちろん，定理10.4と定義10.3より，連続関数 $f:I \to I$ が与えられたとき，ルベーグ測度に対して絶対連続で，f に関してエルゴード的な不変測度が存在するなら，f はエルゴード・カオスである．問題なのは，f がどのような条件をみたせばそのような測度が存在するのかである．

10.7.1 拡大的写像

まず，テント写像の一般化を考えてみたい．テント写像は，$x=\frac{1}{2}$ を除くすべての点で微分可能であり，傾きの絶対値は2である．このような写像に対しては，次の定理が適用できる．

定理 10.5 $f:I \to I$ は，次の条件をみたす．
 (i) f は，1点 $c \in I$ を除いて2回連続微分可能である．
 (ii) 1点 $c \in I$ を除いて，ある $\varepsilon>0$ が存在して $|f'(x)|>1+\varepsilon$．
 このとき，ルベーグ測度に関して絶対連続で，f に関してエルゴード的な不変測度が存在し，それは一意的である．

この結果は，ラソータとヨーク(Lasota and Yorke 1973)，リーとヨーク(Li and Yorke 1975, 1978)によるものである[6]．定理の条件(ii)をみたす関数 f は，1点を除いて**拡大的**とよぶ．点 c が I の内部にあることは，(i)，(ii)から導か

---

[6] Lasota, A., and J. A. Yorke (1973), "On the Existence of Invariant Measures for Piecewise Monotonic Transformations," *Transactions of the American Mathematical Society* 186, pp.481-488; Li, T., and J. A. Yorke (1975), "Periosd Three Implies Chaos," *American Mathematical Monthly* 82, pp.985-992; Li, T., and J. A. Yorke (1978), "Ergodic Transformations from an Interval into Itself," *Transactions of the American mathematical Society* 235, pp.183-192.

図 10-7

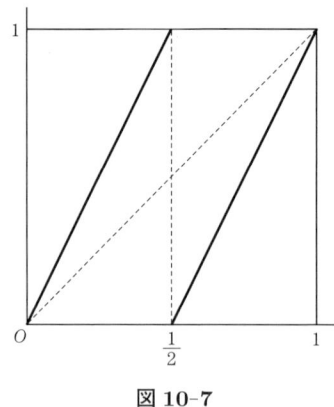

れる．なお，条件(i)については，$(0,c)$, $(c,1)$ で f が 2 回連続微分可能で，かつそれを閉区間 $[0,c]$, $[c,1]$ に拡張できることと解釈する．更に，定理の条件(i), (ii)は，f が点 c で不連続であることを許している(図 10-7 参照)．もし，f が連続関数であるなら，(i), (ii)から f は c で極大となるか，極小となる．前者の場合は，下で定義する単峰写像となる．

例 10.3 テント写像の頂点の高さを低くした写像を含め，$0<a\leq 2$ に対する写像，

$$T_a(x) = \begin{cases} ax & 0 \leq x \leq \frac{1}{2} \\ a-ax & \frac{1}{2} \leq x \leq 1 \end{cases} \quad (10.48)$$

を改めて，テント写像とよぼう．定理 10.5 により，(10.48)も，$1<a\leq 2$ に対しては，エルゴード・カオスとなる．また，エルゴード・カオスが発生するためには，頂点は必ずしも，$x=\frac{1}{2}$ で与えられる必要もなく，極小値も 0 でなくともよい．また，テント写像のグラフを逆さにしたものも，エルゴード・カオスになっている．

以下で a の値によって，(10.48)から得られる軌道の変化をみてみよう．

(i) **$0<a<1$**：この場合，図 10-8 より，すべての軌道は，安定な定常解である $x=0$ に収束する．

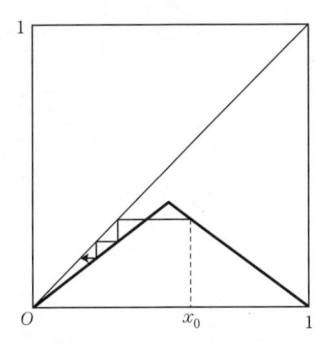

図 10-8 テント写像(i) $0<a<1$

(ii) $a=1$：$0\leq x_0\leq \frac{1}{2}$ の点はすべて定常解である．$\frac{1}{2}<x_0<1$ から出発する軌道は，$x_1=1-x_0$ に1期で到達して，その点に留まる．

(iii) $1<a<2$：定常解は，0 と $\overline{x}=\frac{a}{1+a}$ であり，共に不安定である．すべての軌道は，最終的に閉区間である，

$$\left[f^2\left(\frac{1}{2}\right), f\left(\frac{1}{2}\right)\right] = \left[\frac{a(2-a)}{2}, \frac{a}{2}\right] \quad (10.49)$$

の中に入り，一担この区間に入ると，その外に出ることはない(図 10-9)．この区間を**不変集合**(invariant set)とよぶ．

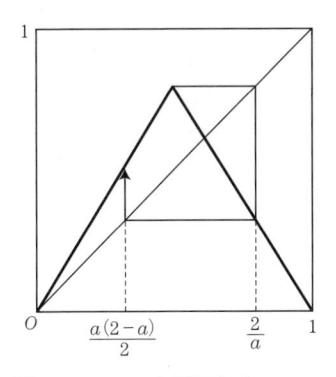

図 10-9 テント写像(iii) $1<a<2$

ここまでの議論が示すように，テント写像ではパラメーター a の値に依存して出現する軌道の性質は大幅に異なる．図 10-10 は，その関係を描いたも

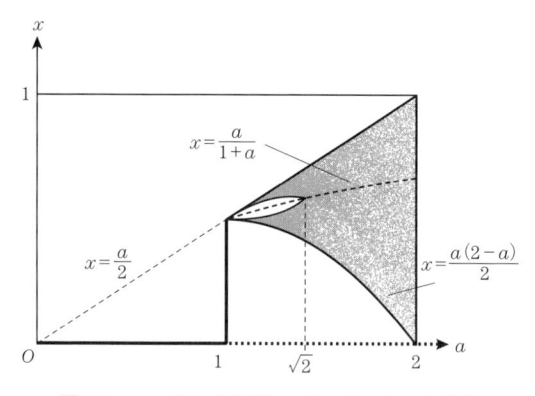

図 10-10 テント写像のパラメーターと分岐

のである．この図では，第8章で紹介した分岐図と同様に，横軸にはパラメーター a の値がとられ，縦軸には変数 x の値がとられている．その上で，パラメーターのそれぞれの値 a のもとで，任意の初期値 x_0 から生成される軌道上の各時点での値 $x_t = f^t(x_0)$ を横軸の a を通る垂直線上にプロットしたのが図10-10である．パラメーターの値が0と1の間にある場合には軌道は0に収束するため，図10-10の横軸の0と1の間では，ほとんどすべてのプロットが横軸上に集まる．他方，$a=2$ の場合，プロットはどこにも収束せず，0と1の間を動きまわる．実際に，プロットを十分な回数行えば，横軸の2を通る垂直線上で，0と1の間の線分が出現する．図10-10では，さらに，パラメーターのそれぞれの値に対応する定常解が太線で描かれている．そのうち，実線は(弱い意味で)安定な定常解，破線は不安定な定常解である．また，$a>1$ の範囲で定常解を線分と曲線が上下からはさむ領域が区間(10.49)を表わしている．

定理10.5によると，$1 < a \leq 2$ におけるテント写像はエルゴード・カオスとなる．ただし，不変測度 μ のサポートは，$1 < a < \sqrt{2}$ では，不変集合(区間(10.49))の一部に限られ，$\sqrt{2} \leq a \leq 2$ では，区間(10.49)の全体に広がる[7]．また，この区間のほとんどすべての点からの軌道は，区間を埋め尽くすように

---

7) Ito, S., S. Tanaka, and H. Nakada (1979), "On Unimodal Linear Transformations and Chaos I, II," *Tokyo Journal of Mathematics* 2, pp.221-239, 241-259.

動くので，適当な初期値を選んで，軌道のシミュレーションを行うことによって，カオス的な動きを観察することが可能である．

テント写像において，a の値によっては 3 周期解も存在し，よって，攪拌集合が図 10-10 でカオス軌道が観察される不変集合 (10.49) 内の点の集合と一致するとは限らない．攪拌集合の定義 10.1(i) の，「S の任意の 2 点からの軌道が限りなく近づいては，また離れる」という性質は，S に属する点に対する強い制約となり，リアプノフ指数が正である場合については，攪拌集合のルベーグ測度が 0 となることが馬場，久保，高橋 (Baba, Kubo and Takahashi 1996) によって証明されている[8]．

10.7.2 シュワルツ導関数が負の関係

次に，ロジスティック写像の一般化を議論するためには，始めにいくつかの概念を定義する必要がある．まず，テント写像やロジスティック写像と同様に f の極大点が一意的である写像を考える．

定義 10.4 連続関数 $f:I\to I$ に対して，$0<c<1$ が存在して，$f(c)=1$, $[0, c)$ 上で狭義の単調増加，$(c, 1]$ 上で狭義の単調減少であるなら，f は**単峰的** (unimodal) である．

与えられた写像が $f(c)>c$ をみたすなら，$f(c)=1$ をみたさなくても，閉区間を $\overline{I}=[0, f(c)]$ でおきかえることによって，連続関数 $f:\overline{I}\to\overline{I}$ に対して，以下の議論のすべてを適用することが可能である．

次に，f あるいは f' の形状を更に制約する条件を考えよう．その為に，f が 3 回連続微分可能であることを仮定して，$f'(x)\neq 0$ の点における**シュワルツ導関数** (Schwarzian derivative) とよばれる，

$$Sf(x) = \frac{f'''(x)}{f'(x)} - \frac{3}{2}\left[\frac{f''(x)}{f'(x)}\right]^2 \qquad (10.50)$$

を定義する．

---

8) Baba, Y., I. Kubo, and Y. Takahashi (1996), "Li-Yorke's Scrambled Sets have Measure 0," *Nonlinear Analysis, Theory, Methods and Applications* 26, pp.1611-1612.

例 10.4 $0<b\leq 4$ を所与として,$[0,1]$ の上での写像,

$$L_b(x) = bx(1-x) \tag{10.51}$$

を定義し,それを,改めてロジスティック写像とよぶ.この写像のシュワルツ導関数は,

$$SL_b(x) = -\frac{3}{2}\left(\frac{-2}{1-2x}\right)^2 < 0$$

であり,b と x の値に関わらず負になる.

例 10.5 関数 $f(x)=\sin \pi x$ を区間 $[0,1]$ 上に制限した写像を考える.この関数のシュワルツ導関数は,

$$Sf(x) = -\pi^2 - \frac{3}{2}\pi^2\tan^2\pi x < 0$$

であり,やはり x の値に関わらず負になる.

$f:I \to I$ について,以下のような仮定をしよう.

A1 f は 3 回連続微分可能である.
A2 (i) f は,$(c,1)$ を頂点とする単峰性をもつ.
    (ii) 任意の $x \neq c$ に対し,$f'(x) \neq 0$.
A3 $x \neq c$ に対し,$Sf(x)<0$.

ロジスティック写像(10.12)は,以上の仮定をみたす関数の特殊なケースである.そして,一般に次の結果が成立する[9].

定理 10.6 $f:I \to I$ が A1–A3 および次の (i),(ii) をみたすとする.
(i) いかなる周期解も(弱い意味の)局所的安定性をもたない.
(ii) c の適当な近傍 U とすべての $n=1,2,\cdots$ に対して,$f^n(c) \notin U$ である.
このとき,ルベーグ測度に対して絶対連続で,f に関してエルゴード的な不

---

[9] 以下の定理 10.6, 10.7 および補題 10.2, 10.3 は,注 1 の Collet and Eckmann (1980) および Grandmont (1986) による.

図の下部ラベル: $f^2(c)=0$　　c　　$1=f(c)$

図 10-11

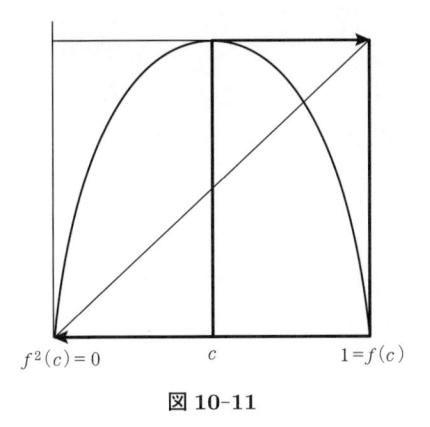

変測度が存在し，それは一意的である．

　ロジスティック写像(10.12)のすべての周期解は不安定なので，定理の条件(i)をみたす．条件(ii)は，軌道 $\{f^n(c)\}$ が一旦 c から出た後には，c から一定以上の距離を保っているというものである．もし，c が周期解であるなら，条件(ii)はみたされない．一方，軌道 $\{f^n(c)\}$ が c と異なる点から成る周期軌道に収束するなら，条件(ii)はみたされる．軌道 $\{f^n(x)\}$ が周期軌道 $\{x_0,\cdots,x_{s-1}\}$ に収束するとは，$\{f^n(x)\}$ の集積点の集合が周期軌道と一致することである[10]．このとき，**周期軌道は，点 x を引きつける**という．

　すべての周期解が不安定な場合に，周期軌道 $\{x_0,\cdots,x_{s-1}\}$ が c を引きつけるとするなら，それは，ある $j=0,1,\cdots,s-1$ と $n=1,2,\cdots$ について，$f^n(c)=x_j$ となることである．軌道 $\{f^n(c)\}$ が周期軌道に飛び込むのである．ロジスティック写像では，$c=\frac{1}{2}$ で，$f(c)=1$, $f^2(c)=0$ となり，c からの軌道が不安定な定常解 0 に飛び込んでいる(図 10-11)．結局，ロジスティック写像は，定理 10.6 の条件のすべてをみたすことになる．

　定理 10.6 の条件(i)がみたされる，すなわち，弱い意味で局所安定的な周期軌道が存在しないのはどのような場合であろうか．それを知るために，弱い意味で局所安定的な周期軌道が存在するための必要条件を求めよう．以下では次

---

[10] 数列 $\{a_n\}_{n=0}^\infty$ の適当な部分数列 $\{a_m\}_{m=0}^\infty$ が x に収束するならば，x は $\{a_n\}_{n=0}^\infty$ の**集積点**であるという．

の仮定を加える．

A4 (i) 任意の $x \in (0, c)$ に対し，$f(x) > x$ である．
(ii) もし，$f(0) = 0$ ならば，$f'(0) > 1$．

補題 10.2 $f: I \to I$ が A1-A4 をみたすなら，次の結果が成り立つ．
(i) 弱い意味で局所安定的な周期軌道は高々 1 個しか存在しない．
(ii) もし，f が弱い意味で局所安定的な周期軌道をもつなら，それは c を引きつける．

更に，追加的な仮定がみたされるなら，弱い意味で局所安定的な周期軌道は，ほぼすべての点を引きつけることになる．

A5 $f''(c) < 0$

補題 10.3 $f: I \to I$ が A1-A5 をみたし，弱い意味で局所安定的な周期軌道をもつとする．すると，I の(ルベーグ測度の意味で)ほとんどすべての点が，この周期軌道に引きつけられる．

ロジスティック写像は，もちろん，A4 と A5 をみたしている．しかも，不安定な定常解 0 が c を引きつけている．
一般に，A1-A4 をみたす写像 f について，点 c が不安定な周期解に引きつけられるとしよう．その場合，まず，定理 10.6 の条件(ii)がみたされる．また補題 10.2(ii)から弱い意味で安定な周期解は存在しないので，定理 10.6 の条件(i)もみたされる．したがって，補題 10.2 と定理 10.6 を合わせると次の結果が得られる．

定理 10.7 $f: I \to I$ が A1-A4 をみたし，かつ，c が不安定な周期軌道に引きつけられるとする．このとき，ルベーグ測度に対して絶対連続で，f に関してエルゴード的な不変測度が存在し，それは一意的である．

例 10.6 上の例で考えた一般化されたロジスティック写像を考える．この写

像では，$0<b\leq 4$ の範囲で，パラメーター b を0から大きくしてゆくと，放物線の頂点 $\left(\frac{1}{2}, \frac{b}{4}\right)$ が次第に高くなる．$b=4$ で，(10.12)式のロジスティック写像となる．

 (i) $\mathbf{0<b\leq 1}$：放物線は45°線の下に位置して，定常解は0のみである．すべての初期値からの軌道は，0に収束し，定常解は安定である(図10-12(i))．

 (ii) $\mathbf{1<b<3}$：$b=1$ を境に，放物線と45°線の交点が2つになる．定常解の分岐が $b=1$ で起こるのである．0以外の定常解は，

$$\bar{x} = 1 - \frac{1}{b} \tag{10.52}$$

である．これは，図10-13で，$b=1$ から上方に分岐する太い実線(双曲線の一部)である．$\bar{x}$ における写像の傾きは，

$$L_b'(\bar{x}) = 2-b \tag{10.53}$$

であり，$1<b<3$ の範囲では，(10.53)の絶対値が1より小さく，定常解 $\bar{x}$ は局所的に安定である．ただし，$1<b<2$ では，(10.53)の値は正で，任意の初期値からの軌道は，最初の1期を除いて単調に $\bar{x}$ に収束してゆく(図10-12(ii))．$2<b<3$ では，(10.53)の値が負となり，単調性は得られない．

 (iii) $\mathbf{3<b<b_\infty \approx 3.57}$：いま $b_1=3$ とおく．b の値が $b_1=3$ を上回ると，定

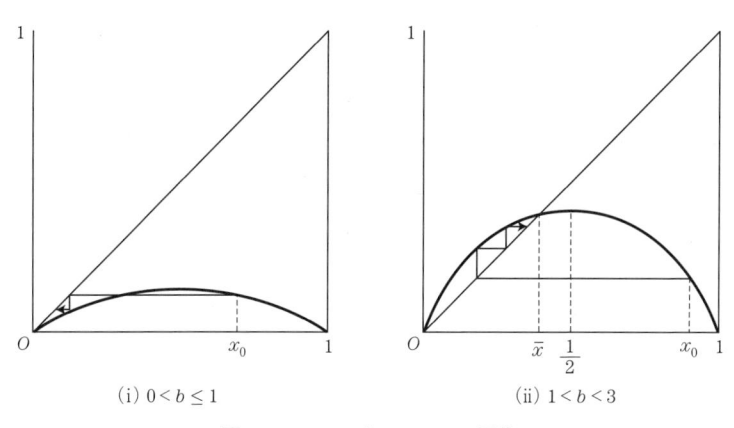

(i) $0<b\leq 1$ (ii) $1<b<3$

図 10-12 ロジスティック写像

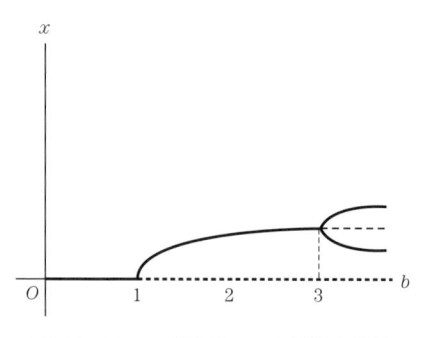

図 10-13 ロジスティック写像と分岐

常解 $\bar{x}$ は不安定になり,安定な 2 周期解が現われる.これは熊手型分岐である.b がさらに大きくなり,$b_2 \approx 3.45$ で 2 周期解が不安定化して,安定な 4 周期解が分岐する.更に,$b_3 \approx 3.45$ では 4 周期解が不安定化して,8 周期解が分岐する.この範囲での周期解の周期は,2 の巾乗の数となる.2^i 周期解が分岐する b の値を b_i とすると,b が増加して,b_i を越える際に,2^{i-1} 周期解が不安定化すると共に安定な 2^i 周期解が分岐する.これを**周期倍化**現象とよぶ.分岐点 b_i と b_{i+1} の間隔は等比級数的に小さくなってゆく.b_i の極限値は約 3.57 である.これを b_∞ で表わす.なお,

$$\lim_{i \to \infty} \frac{b_i - b_{i-1}}{b_{i+1} - b_i} \approx 4.67 \tag{10.54}$$

を**ファイゲンバウム数**(Feigenbaum number)とよぶ.

図 10-14 は,安定な周期解のみの分岐を表わす分岐図である.よって,不安定化した定常解は図に描いていない.

(iv) $b_\infty < b \leq 4$:$b_\infty \approx 3.57$ を越えるとロジスティック写像はカオス的になる.図 10-15 は,b の値と,対応するロジスティック写像の軌道の十分長い期間の後の動きをプロットしたものである.b が 3 から 3.5 のあたりでは,熊手型分岐が観察されるだけである.これは,ロジスティック写像が A1-A5 をみたし,その結果,ほとんどすべての点が安定な周期解に収束するので,それらの軌道は,十分長い期間の後には,安定な周期解の近くに留まっているからである(補題 10.3).一方,$b > 3.57$ では,軌道が全体に広がっているか,それとも白い帯が観察される.軌道が全体に広がっているときの軌道は次のいずれ

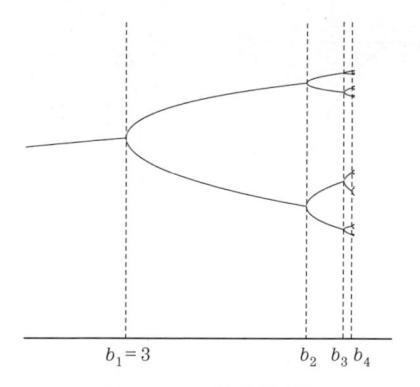

図 10-14 熊手型分岐

かの場合の動きを表わしている．第1は安定な周期解が存在しない場合，第2は安定な周期解の周期が十分に大きい場合，第3は安定な周期解は存在するがその安定性が弱い場合である．

(v) **窓**：白い帯の領域は，窓とよばれるが，この部分は安定な周期解が存在して，その周期が小さく，安定性が強い場合に現われる．周期軌道 $\{x_0, \cdots, x_{n-1}\}$ の安定性が最も強いのは，傾きが0，すなわち，

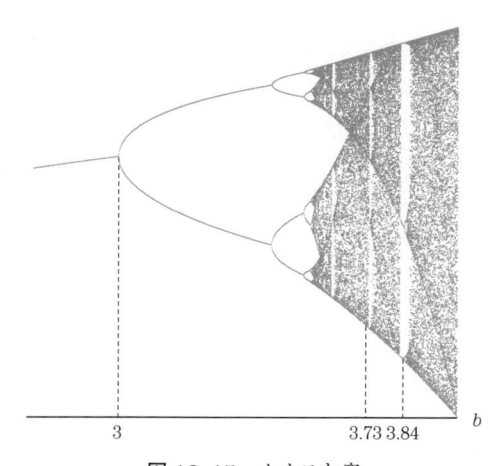

図 10-15 カオスと窓

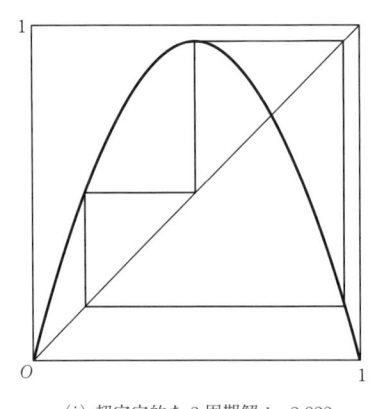

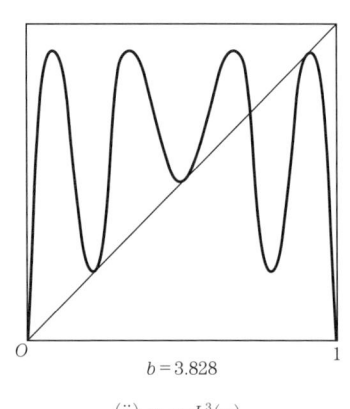

(i) 超安定的な 3 周期解 $b \approx 3.832$　　　(ii) $x_{t+3} = L_b^3(x_t)$

図 10-16 ロジスティック写像と 3 周期解

$$\frac{dL_b^n(x_0)}{dx} = L_b'(x_0)L_b'(x_1)\cdots L_b'(x_{n-1}) = 0 \qquad (10.55)$$

となる場合である．このとき，周期軌道は，**超安定的**(superstable)であるという．(10.55)が成り立つなら，ある $j=0,1,\cdots,n-1$ について，

$$L_b'(x_j) = 0 \text{ すなわち } x_j = \frac{1}{2} \qquad (10.56)$$

となっている．これは，頂点を与える $\frac{1}{2}$ が周期解となるケースである．$\frac{1}{2}$ が周期解となるような b の値は限られている．例えば，$\frac{1}{2}$ が 3 周期解となるのは，$b \approx 3.832$ のときだけである（図 10-16(i)）．図 10-16(ii)は，ロジスティック写像 L_b の 3 期後の像である．図で 45° 線と接する不動点は，3 周期解となる．図における接点は，3 個あるが，いずれも同一の周期軌道上の点である．また，$\frac{1}{2}$ が 4 周期解となる b の値は 1 つ，$\frac{1}{2}$ が 5 周期解となる b の値は 3 つある．これらの，小さい周期の超安定周期軌道を与える b の値の近傍で，窓が生じるのである．

第11章　動学的均衡としてのカオス

　本章では，動学的最適化問題の解が強い非線形性をもつ最適動学関数で記述される条件や，その結果として，カオスとなる条件を調べよう．以下で紹介する結果は，2つの異なるアプローチにもとづく．

　1つめのアプローチは動学関数にカオスを仮定し，その動学関数を解としてもつ動学的最適化問題を探す方法である．一方で，このアプローチの利点は，基本的にどのような形の動学関数であっても，動学的最適化問題をうまく設定しさえすれば，その動学関数を解としてもつようにすることができることを示しているところにある．他方で，このアプローチでは，どのような経済学的構造から最適動学関数の非線形性が生じるのかがわからないところに弱点がある．

　2つめのアプローチは経済を制約する生産可能性に上限や下限が存在するという事実を利用する方法である．期末に達成可能な資本量の上限は期初の資本量の増加と共に上昇すると考えるのが自然である．最適動学関数が定義域の内点では期初の資本量の減少関数だとすると，期初資本量が減少するにつれ，最適な期末資本量は増加し，最後には生産可能性の上限に到達するはずである．そこで，期初資本量がさらに小さくなると，生産可能性の上限にそって，最適な期末資本量は減少せざるをえない．これは最適動学関数がテント写像のような構造をもつことを意味している．ここから，カオスが発生する場合があることも証明できる．達成可能な期末資本量に下限が存在し，その下限が期初資本量の増加と共に増加する場合にも同様の結果が得られる．

11.1 最適経路の単調性と循環

ここでは，既約型効用関数を用いて，最適成長モデル，

$$\max \sum_{t=1}^{\infty} \rho^{t-1} v(k_{t-1}, k_t)$$
$$s.t. \quad (k_{t-1}, k_t) \in D, \quad t=1, 2, \cdots \quad (11.1)$$
$$k_0 \text{ given}$$

の解を分析する．集合 D と既約型効用関数 v について次の仮定をおく．

A1 D は $\mathbb{R}^2$ の非負象限における，有界閉凸集合であり，$(x,y) \in D$, $x' \geq x$, $y \geq y'$ ならば，$(x', y') \in D$ であるとする．

A2 $v:D \to \mathbb{R}_+$ は，連続な凹関数であり，$v(x,y)$ は，y についての狭義の凹関数である．

A3 $v(x,y)$ は，D の上に 2 回連続微分可能であり，$v_1 > 0, v_2 < 0$ をみたす．

A3 は，定義域の境界上でも v の偏微分係数が存在することを要求している．

問題(11.1)の最大値を $V(k_0)$ とおける．V は価値関数である．次の結果は，デッカーと西村(Dechert and Nishimura 1983)およびベンハビブと西村(Benhabib and Nishimura 1985)による[1]．

定理 11.1 D の上で，$v_{12}(=v_{21}) > 0$ であるとする．k_0, k_0' からの最適解を $\mathbf{k}$, $\mathbf{k}'$ とする．このとき，$k_0' > k_0$ ならば，$k_t' > k_t$ $(t=1, 2, \cdots)$ である．

証明 $k_1 > k_1'$ と仮定する．k_0 から k_1 へいくのが最適である．一方，k_0 から k_1' へいくのは実現可能なので，価値関数と最適性原理から，

---

[1] Dechert, W. D., and K. Nishimura (1983), "A Complete Characterization of Optimal Growth Paths in an Aggregated Model with a Non-Concave Production Function," *Journal of Economic Theory* 31, pp.332-354; Benhabib, J., and K. Nishimura (1985), "Competitive Equilibrium Cycles," *Journal of Economic Theory* 35, pp.284-306 を参照せよ．

$$V(k_0) = v(k_0, k_1) + \rho V(k_1) \\ \geq v(k_0, k_1') + \rho V(k_1') \tag{11.2}$$

同様にして，k_0' から k_1' へいく最適経路に対して，$k_0' > k_0$ なので，k_0' から k_1 へいくことも実現可能なので，

$$V(k_0') = v(k_0', k_1') + \rho V(k_1') \\ \geq v(k_0', k_1) + \rho V(k_1) \tag{11.3}$$

(11.2)に(11.3)を加えて，$\rho V(k_1) + \rho V(k_1')$ を消去して，

$$v(k_0, k_1) - v(k_0, k_1') \geq v(k_0', k_1) - v(k_0', k_1') \tag{11.4}$$

を導く．$(k_0, k_1) \in D$, $k_0' > k_0$, $k_1 > k_1'$ より，長方形状の領域，

$$[k_0, k_0'] \times [k_1', k_1] = \{(x, y) \mid x \in [k_0, k_0'],\ y \in [k_1', k_1]\}$$

は D の部分集合になるので，(11.4)式から，

$$\int_{k_1'}^{k_1} v_2(k_0, y) dy \geq \int_{k_1'}^{k_1} v_2(k_0', y) dy \tag{11.5}$$

$$\int_{k_1'}^{k_1} \int_{k_0}^{k_0'} v_{12}(x, y) dx dy \leq 0 \tag{11.6}$$

となる．これは，$v_{12} > 0$, $k_0' > k_0$ および，$k_1 > k_1'$ と矛盾する．この矛盾は，最初に $k_1 > k_1'$ と仮定したときから生じている．よって，$k_1 \leq k_1'$ でなければならない．

次に，$k_1 = k_1'$ と仮定しよう．すると，$\mathbf{k}$ と $\mathbf{k}'$ は k_1 から先は同じ値をとることができる．k_0, k_0' はどちらも，オイラー方程式，

$$v_2(x, k_1) + \rho v_1(k_1, k_2) = 0 \tag{11.7}$$

をみたすことになる．D の上で $v_{21} > 0$ なので，(11.7)式より $k_0 = k_0'$ でなければばならない．これは，定理の前提と矛盾する．よって，$k_1 < k_1'$ でなければならない．

同様にして，k_1, k_1' を初期値とする最適解を考えることによって，$k_2 < k_2'$

が得られる．数学的帰納法によって，$k_t < k_t'$ がすべての t について成り立つ．

この結果から，既約型効用関数の交叉偏微分係数が正であれば，最適経路の単調性が結論づけられる．なお，定理の証明の中で，導かれた $k_0' > k_0$, $k_1' > k_1$ に対して (11.4) 式をみたす関数 f は**超モジュール性**(supermodularity)をもつといわれる[2]．

なお，v_{12} が D の内部で負である場合は最適動学経路は振動する．この結果は，定理 11.1 と同様な方法で証明される．ただし，(k_0, k_1'), (k_0', k_1) が D に含まれることを保証する必要があるので，定理の形が少し異なったものになる．以下の結果はベンハビブと西村 (Benhabib and Nishimura 1985) による．

定理 11.2 D の内部で $v_{12} < 0$ であるとする．$(k_0, k_1) \in \text{Int } D$ であるなら，k_0 で最適動学関数 h は減少する．

証明 $k_0' > k_0$ として，k_0, k_0' からの最適解を $\mathbf{k}$, $\mathbf{k}'$ とする．$k_1' > k_1$ と仮定する．k_0' を k_0 に十分近くとると，最適解の連続性から k_1' も k_1 に十分近くなり，D は凸集合なので，$[k_0, k_0'] \times [k_1, k_1']$ が D の内部に含まれるようにできる．すると，$(k_0, k_1') \in D$ なので，

$$\begin{aligned} V(k_0) &= v(k_0, k_1) + \rho V(k_1) \\ &\geq v(k_0, k_1') + \rho V(k_1') \end{aligned} \tag{11.8}$$

同様にして，$(k_0', k_1) \in D$ なので，

$$\begin{aligned} V(k_0') &= v(k_0', k_1') + \rho V(k_1') \\ &\geq v(k_0', k_1) + \rho V(k_1) \end{aligned} \tag{11.9}$$

(11.8) に (11.9) を加えて，$\rho V(k_1) + \rho V(k_1')$ を消去して，

---

[2] 超モジュール性をもつ関数の性質は，Topkis, D. (1978), "Minimizing a Submodular Function on a Lattice," *Operations Research* 26, pp.305-321, その応用については，Amir, R., L. J. Mirman, and W. R. Perkins (1991), "One-sector Nonclassical Optimal Growth: Optimality Conditions and Comparative Dynamics," *International Economic Review* 32, pp.625-644 を参照せよ．

$$v(k_0, k_1) - v(k_0, k_1') \geq v(k_0', k_1) - v(k_0', k_1') \tag{11.10}$$

を導く．長方形 $[k_0, k_0'] \times [k_1, k_1']$ は D の部分集合になるので，(11.10)式から，

$$-\int_{k_1}^{k_1'} v_2(k_0, y) dy \geq -\int_{k_1}^{k_1'} v_2(k_0', y) dy \tag{11.11}$$

$$\int_{k_1}^{k_1'} \int_{k_0}^{k_0'} v_{12}(x, y) dx dy \geq 0 \tag{11.12}$$

となる．これは，$v_{12}<0$, $k_0'>k_0$ および，$k_1'>k_1$ と矛盾する．この矛盾は，最初に $k_1'>k_1$ と仮定したときから生じている．よって，$k_1' \leq k_1$ でなければならない．

次に，$k_1'=k_1$ と仮定しよう．すると，$\mathbf{k}$ と $\mathbf{k}'$ は k_1 から先は同じ値をとることができる．k_0, k_0' はどちらも，オイラー方程式，

$$v_2(x, k_1) + \rho v_1(k_1, k_2) = 0 \tag{11.13}$$

をみたすことになる．D の上で $v_{21}<0$ なので，(11.13)式より $k_0'=k_0$ でなければならない．これは，定理の前提と矛盾する．よって，$k_1'<k_1$ でなければならない．

これは，$h(k)$ は，$k=k_0$ で減少していることを意味する．

この結果から，定義域 D の内部で，既約型効用関数の交叉偏微分係数が負であれば，最適動学関数が単調減少であることが結論づけられる．なお，定理の証明の中で，導かれた $k_0'>k_0$, $k_1'<k_1$ に対して(11.10)式をみたす関数 f は**劣モジュール性**(submodularity)をもつといわれる[3]．

11.2 逆問題

再び動学的最適化問題，

---

[3] 劣モジュール性をもつ関数の性質は，先の Topkis (1978) を見よ．

$$\max \sum_{t=1}^{\infty} \rho^{t-1} v(k_{t-1}, k_t)$$
$$\text{s.t.} \quad (k_{t-1}, k_t) \in D, \quad t = 1, 2, \cdots \tag{11.14}$$
$$k_0 \text{ given}$$

の解を考えてみよう．ここで $D=\{(x,y)\in\mathbb{R}^2 \,|\, 0\leq x\leq \overline{x},\ 0\leq y\leq s(x)\}$ であるとする．ここで関数 s は，次の仮定をみたしている．

A1′ $s:[0,\overline{x}]\to\mathbb{R}_+$ は，連続な凹関数かつ広義の単調増加関数であり，$s(\overline{x})=\overline{x}$ である．また $0<x<\overline{x}$ に対して $s(x)>x$ をみたす．

いま，関数 $h:[0,\overline{x}]\to[0,\overline{x}]$ が与えられたとき，h を最適動学関数としてもつ動学的最適化問題を見出す問題を**逆問題**(inverse problem) という．本節ではこの逆問題を検討しよう．

例 11.1 A1′, A2, A3 をみたす効用関数の例として，デネカーとペリカン (Deneckere and Pelikan 1986) による次の関数を考えてみよう[4]．

$$v(x,y) = xy - x^2 y - \frac{1}{3}y - \frac{3}{40}y^2 + \frac{100}{3}x - 7x^2 + 4x^3 - 2x^4 \tag{11.15}$$

ただし，$D=[0,1]\times[0,1]$ とする．このとき，

$$v_1 = (1-2x)y + \frac{100}{3} - 14x + 12x^2 - 8x^3 \tag{11.16}$$

$$v_{11} = -[24x^2 - 24x + 14 + 2y]$$
$$= -\left[24\left(x-\frac{1}{2}\right)^2 + 8 + 2y\right] < 0 \tag{11.17}$$

である．$v_{11}<0$ から，任意の $y\in[0,1]$ について $v_1(x,y)\geq v_1(1,y)$ が成り立つ．(11.16)に $x=1$ を代入すると，$v_1 = \frac{70}{3} - y \geq \frac{67}{3}$ なので，任意の $(x,y)\in D$ に対して v_1 は正の値をとる．更に，

---

[4] Deneckere, R., and S. Pelikan (1986), "Competitive Chaos," *Journal of Economic Theory* 40, pp.13-25.

$$v_2 = x - x^2 - \frac{20+9y}{60} \tag{11.18}$$

$$v_{22} = -\frac{3}{20} < 0 \tag{11.19}$$

である．$v_{22}<0$ なので，任意の $x \in [0,1]$ について $v_2(x,0) \geq v_2(x,y)$ となる．(11.18)に $y=0$ を代入すると $v_2 = -\left(x-\frac{1}{2}\right)^2 - \frac{1}{12} \leq -\frac{1}{12}$ なので，任意の $(x,y) \in D$ に対して，$v_2<0$ となる．また，

$$\begin{aligned} v_{11}v_{22} - v_{12}^2 &= -\frac{2}{5}\left(x-\frac{1}{2}\right)^2 + \frac{6}{5} + \frac{3}{10}y \\ &\geq \frac{11}{10} + \frac{3}{10}y > 0 \end{aligned} \tag{11.20}$$

により，v は強い意味の凹関数である[5]．

　効用関数が(11.15)で与えられると，適当な割引因子の値に対して，問題(11.14)の最適動学関数がエルゴード・カオスとなる．いま，$\rho = \frac{1}{100}$ として，次の関数，

$$V(x) = \frac{100}{3}x - 5x^2 \tag{11.21}$$

を考えてみよう．このとき，

$$W(x,y) = v(x,y) + \rho V(y) \tag{11.22}$$

を y で偏微分すると，

$$W_2 = x - x^2 - \frac{1}{4}y \tag{11.23}$$

となる．x を所与とすると，W を最大とする $y=h(x)$ は，

$$h(x) = 4x(1-x) \tag{11.24}$$

で与えられる．(11.22)式の y に(11.24)を代入すると，

---

[5] 更に，v の交叉偏微分を評価すると，(11.18)から，$v_{12}=1-2x$ となり，その符号が，$x=\frac{1}{2}$ を境に正から負に変わる．

$$V(x) = W(x, h(x)) \tag{11.25}$$

となることが確かめられる.よって,(11.15),(11.21)で与えられた関数は,$\rho=\frac{1}{100}$ に対して,ベルマンの最適性原理,

$$V(x) = \max[v(x,y)+\rho V(y)] \tag{11.26}$$

をみたしている.以上で,ロジスティック写像(11.24)を問題(11.14)の最適動学関数とする効用関数をみつけたことになる.

任意の2回連続微分可能な関数 $h(x)$ が与えられたときに,それを最適動学関数とする効用関数を見出す逆問題の解答は,ボールドリンとモントルッキョ (Boldrin and Montrucchio 1986)によって与えられた[6].彼らの方法に従えば,まず,$a>0, b>0$ と $\overline{k} \in [0, \overline{x}]$ を用いて $D=[0,\overline{x}] \times [0,\overline{x}]$ の上で,

$$W(x,y) = -\frac{1}{2}y^2 + (y-\overline{k})h(x) - \frac{1}{2}ax^2 + bx \tag{11.27}$$

を定義する.次に,

$$V(x) = W(x, h(x)) \tag{11.28}$$

および,

$$v(x,y) = W(x,y) - \rho V(y) \tag{11.29}$$

を定義する.すると,

$$W(x,y) = v(x,y) + \rho V(y) \tag{11.30}$$

である.しかも,(11.27)式から,

$$W_2 = -y + h(x) \tag{11.31}$$

が成り立つ.そこで,2回連続微分可能な関数 $h:[0,\overline{x}] \to [0,\overline{x}]$ を与えて,

---

6) Boldrin, M., and L. Montrucchio (1986), "On the Indeterminacy of Capital Accumulation Paths," *Journal of Economic Theory* 40, pp.26-39.

(11.29)の$v(x,y)$がA2, A3をみたすように，パラメーターを定める．すると，そのようなパラメーターに対して，$y=h(x)$は，$W_2=0$の解となり，問題(11.14)の最適動学関数となる．実際に(11.27)式から作られる効用関数$v(x,y)$がA2, A3をみたすようにするためには，パラメーターが制約を受け，ρの値も限定される．

これに対し，ミトラとゾーガー(Mitra and Sorger 1999)は，hの2回連続微分可能性を弱める結果を証明した[7]．いま，適当な定数$L>0$が存在して，任意の$x,y\in[0,\overline{x}]$に対して，

$$|h(x)-h(y)| \leq L |x-y| \tag{11.32}$$

をみたすなら，$h:[0,\overline{x}]\to\mathbb{R}$は**リプシッツ連続**とよばれる．

一方，効用関数vについては，A3を弱めて，

A3′ $v(x,y)$は，Dの内部でxについて単調増加，yについて単調減少である．

を仮定する．

以下では，リプシッツ連続な関数$h:[0,\overline{x}]\to[0,\overline{x}]$が与えられたときに，効用関数$v$が上の仮定A2, A3′をみたし，問題(11.14)がhを最適解とするという逆問題を考える．これはミトラとゾーガー(Mitra and Sorger 1999)による，より一般的な定理に特殊なケースとして含まれる結果である．

所与の$\gamma>0, \alpha>0$に対して，$V:[0,\overline{x}]\to\mathbb{R}$を以下のように定義する．

$$V(x) = \gamma x - \frac{\alpha}{2}x^2 \tag{11.33}$$

Vは狭義の凹関数であり，$[0,\overline{x}]$で微分可能である．

$$V'(x) = \gamma - \alpha x \tag{11.34}$$

γを$\gamma>\alpha\overline{x}$をみたすように選ぶなら，$V$は$[0,\overline{x}]$の上で増加関数となる．い

---

[7] Mitra, T., and G. Sorger (1999), "Rationalizing Policy Functions by Dynamic Optimization," *Econometrica* 67, pp.375-392.

ま，$z \in [0, \overline{x}]$ に対して，$F_z : D \to \mathbb{R}$ を，

$$\begin{aligned}F_z(x,y) = &V(z) - \rho V(h(z))\\&+ V'(z)(x-z) - \rho V'(h(z))(y-h(z))\end{aligned} \quad (11.35)$$

と定義する．ここで，$D = [0, \overline{x}] \times [0, \overline{x}]$ である．更に，

$$\begin{aligned}v(x,y) &= \min F_z(x,y) \\ s.t. \ & z \in [0, \overline{x}]\end{aligned} \quad (11.36)$$

を定義する．$F_z(x,y)$ は，(x,y,z) について連続で，(x,y) について凹関数である．

補題 11.1 $v(x,y)$ は連続である．

証明 v が (x,y) で連続でないとしよう．$(x,y) \in D$ に収束する点列 $(x^n, y^n) \in D$ と適当な $\varepsilon > 0$ が存在して，

$$|v(x,y) - v(x^n, y^n)| > \varepsilon \quad (11.37)$$

が成り立つとする．$F_z(x,y)$ と $F_z(x^n, y^n)$ を最小化する z の値を，z, z^n とおくと，

$$|F_z(x,y) - F_{z^n}(x^n, y^n)| > \varepsilon \quad (11.38)$$

である．z^n の収束する部分数列を n_i とし，z^{n_i} の極限を $\overline{z}$ とすると，(11.38) から，

$$|F_z(x,y) - F_{\overline{z}}(x,y)| \geq \varepsilon \quad (11.39)$$

である．$F_z(x,y) > F_{\overline{z}}(x,y)$ ならば，z の定義と矛盾する．よって，

$$F_{\overline{z}}(x,y) \geq F_z(x,y) + \varepsilon \quad (11.40)$$

である．十分大きな i に対して，

$$F_{z^{n_i}}(x^{n_i}, y^{n_i}) \geq F_z(x,y) + \frac{\varepsilon}{2} \quad (11.41)$$

が成り立つ．しかし，$F_z(x,y)$ が (x,y,z) について連続なので，i を十分大きくとると，

$$F_z(x^{n_i}, y^{n_i}) - F_z(x,y) \leq \frac{\varepsilon}{2}$$

よって，

$$F_z(x,y) + \frac{\varepsilon}{2} > F_z(x^{n_i}, y^{n_i}) \tag{11.42}$$

とできる．(11.41)と(11.42)から，

$$F_{z^{n_i}}(x^{n_i}, y^{n_i}) \geq F_z(x,y) + \frac{\varepsilon}{2} > F_z(x^{n_i}, y^{n_i})$$

である．これは，z^{n_i} の定義と矛盾する．したがって，$v(x,y)$ は連続である．

補題 11.2 $v(x,y)$ は (x,y) について凹関数である．

証明 $(x,y),(x',y') \in D$ に対し，$x(\alpha) = \alpha x + (1-\alpha)x'$，$y(\alpha) = \alpha y + (1-\alpha)y'$ を定義する．

$$F_z(x(\alpha), y(\alpha)) = \alpha F_z(x,y) + (1-\alpha) F_z(x',y') \tag{11.43}$$

が成り立つ．(11.43)の左辺の最小値を与える z の値を z'' とすると，

$$F_{z''}(x(\alpha), y(\alpha)) = \alpha F_{z''}(x,y) + (1-\alpha) F_{z''}(x',y') \tag{11.44}$$

$F_z(x,y)$，$F_z(x',y')$ のそれぞれの最小値を与える z の値を，z, z' とすると，

$$F_{z''}(x(\alpha), y(\alpha)) \geq \alpha F_z(x,y) + (1-\alpha) F_{z'}(x',y') \tag{11.45}$$

(11.45)は次の式と同値である．

$$v(x(\alpha), y(\alpha)) \geq \alpha v(x,y) + (1-\alpha) v(x',y') \tag{11.46}$$

これは，v が凹関数であることを示す．

補題 11.3 $h:[0,\overline{x}] \to [0,\overline{x}]$ がリプシッツ連続で(11.32)をみたすとする．このとき，$0 < \rho < \min\left\{1, \frac{1}{L^2}\right\}$ をみたす ρ に対して，(11.33)で定義された V は次

の性質をもつ．任意の $(x,y){\in}D$ に対して，$y{\neq}h(x)$ なら，

$$V(x) > v(x,y)+\rho V(y) \tag{11.47}$$

が，$y=h(x)$ に対しては，

$$V(x) = v(x,h(x))+\rho V(h(x)) \tag{11.48}$$

が成り立つ．

証明 v の定義から，$y{\neq}h(x)$ なら，

$$\begin{aligned}v(x,y) &\leq F_x(x,y)\\ &= V(x)-\rho[V(h(x))+V'(h(x))(y-h(x))]\\ &< V(x)-\rho V(y)\end{aligned} \tag{11.49}$$

よって，(11.47)が成り立つ．

次に，$F_z(x,y)$ の定義から，任意の $x{\in}[0,\overline{x}]$ に対して，

$$\begin{aligned}F_z(x,h(x)) &= V(z)-\rho V(h(z))+V'(z)(x-z)\\ &\quad -\rho V'(h(z))(h(x)-h(z))\end{aligned} \tag{11.50}$$

一方，

$$F_x(x,h(x)) = V(x)-\rho V(h(x)) \tag{11.51}$$

(11.50)，(11.51)から

$$\begin{aligned}&F_z(x,h(x))-F_x(x,h(x))\\ &= V(z)-V(x)+V'(z)(x-z)\\ &\quad -\rho[V(h(z))-V(h(x))+V'(h(z))(h(x)-h(z))]\end{aligned} \tag{11.52}$$

V の定義から，

$$F_z(x,h(x))-F_x(x,h(x))$$
$$=\frac{\alpha}{2}[(z-x)^2-\rho(h(z)-h(x))^2] \qquad (11.53)$$
$$\geq \frac{\alpha}{2}\left[\frac{1}{L^2}-\rho\right](h(z)-h(x))^2>0$$

よって，任意の $z\in[0,\overline{x}]$ に対して，

$$F_z(x,h(x)) \geq F_x(x,h(x)) \qquad (11.54)$$

(11.54)から，

$$v(x,y)=\min F_z(x,h(x))=F_x(x,h(x))=V(x)-\rho V(h(x)) \qquad (11.55)$$

よって，(11.48)の関係が得られる．

以上の準備の下で，リプシッツ連続な関数 h から，逆問題を求めることができる．

定理 11.3 $h:[0,\overline{x}]\to[0,\overline{x}]$ がリプシッツ連続で(11.32)をみたすとする．ρ が $0<\rho<\min\left\{1,\frac{1}{L^2}\right\}$ をみたすなら，h を問題(11.14)の最適動学関数とし，A2，A3 をみたす効用関数 v が存在する．

証明 補題 11.1-11.3 によって，h を最適動学関数とする問題(11.14)が求まり，効用関数 $v(x,y)$ は連続で凹関数である．最後に，v が x について単調増加，y について単調減少となることを示す．

$\gamma>\alpha\overline{x}$ とするなら，(11.34)から $V'>0$ である．したがって，(11.35)から，$F_z(x,y)$ は x について増加関数，y について減少関数となる．よって，(11.36)で決まる $v(x,y)$ も，x について増加関数，y について減少関数となる．

11.3 位相的カオス

デネカーとペリカン(Deneckere and Pelikan 1986)，ボールドリンとモントルッキョ(Boldrin and Montrucchio 1986)の方法で，ロジスティック写像を最適

動学関数とする最適化問題が存在することがわかった．定義域を $D=[0,1]\times[0,1]$ とすると，これらの例では，効用関数の交叉偏微分の符号が $x=\frac{1}{2}$ を境に正から負に切りかわることになる．すなわち，

$$\begin{aligned} 0 \leq x < \frac{1}{2} &\quad ならば \quad v_{12}(x, h(x)) > 0 \\ \frac{1}{2} < x \leq 1 &\quad ならば \quad v_{12}(x, h(x)) < 0 \end{aligned} \tag{11.56}$$

となる[8]．

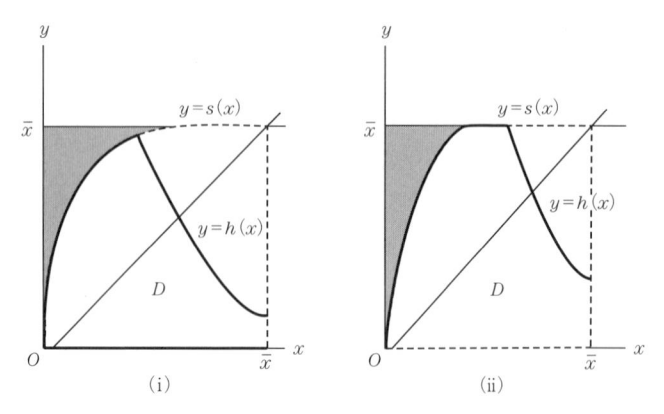

もし，交叉偏微分の符号が定義域の内部で常に負となれば，カオスは生じないのであろうか．西村と矢野 (Nishimura and Yano 1994a) は，$v_{12}(x, h(x))$ が定義域 D の内部で常に負の値をとると仮定する．その上で，位相的カオスの生じる十分条件を与えた[9]．以下では，その方法を紹介する．まず，定義域の境界を定める関数 $s(x)$ が，単調増加となる部分をもつことを仮定しよう (図 11-1 参照)．

図 11-1 定義域の境界(破線)と最適動学曲線(実線)

---

8) これは，Benhabib, J., and K. Nishimura (1985), "Competitive Equilibrium Cycles," *Journal of Economic Theory* 35, pp.284-306 による．
9) Nishimura, K., and M. Yano (1994a), "Optimal Chaos, Nonlinearity and Feasibility Conditions," *Economic Theory* 4, pp.684-704.

A1″ A1′ に加えて，$0<x<\bar{x}$ ならば，s は連続微分可能で，$s'(x)\geq 0$ となる．

また，A3 を弱めて効用関数 $v(x,y)$ の微分可能性を定義域の一部に限定する[10]．

A3″ $v(x,y)$ は，$\bar{D}=\{(x,y)\in R^2|0<x<\bar{x},\ 0<y\leq s(x)\}$ で 2 回連続微分可能であり，$v_1>0,\ v_2<0$ をみたす．

以上に加えて，$v(x,y)$ の交叉偏微分が定義域の内部で負となること，すなわち，

A4 $(x,y)\in\mathrm{Int}\,D$ ならば $v_{12}(x,y)<0$.

を仮定する．すると，定理 11.2 より，最適動学関数 h は，D の内部で単調に減少する．

A1″, A2, A3, A4 をみたすなら，最適動学関数 $y=h(x)$ は，図 11-1 の (i) あるいは (ii) のどちらかの形状にならざるを得ない．(i) では，極大点が一意的であるのに対して，(ii) では，極大点が複数個からなる．定義域の境界は，破線で表わしてある．ここでの仮定の下では，最適動学曲線の一部が境界と一致するのである．

以上の準備の下で，問題 (11.1) の解が図 11-2 のように位相的カオスとなる条件を求める．その為に，$k_0\neq s(k_0)$ であるような k_0 について，

$$k_1=s(k_0),\quad k_2=s^2(k_0),\quad k_3=k_0 \qquad (11.57)$$

が問題 (11.1) の解となる十分条件を求めよう．

まず，3 期間をまとめて，新しい効用関数を定義したい．そこで，ある k_1, k_2 に対して，

[10) D の境界全体上で，v が微分可能であるとするなら，下で証明するように ρ をある程度以上に小さくすると，最適動学関数が常に 0 の値をとる定値関数となってしまう．この結果，経済学でよく用いられるコブ・ダグラス型関数などの例を排除することになる．したがって，微分可能性を D の内部に限定することは重要な一般化である．

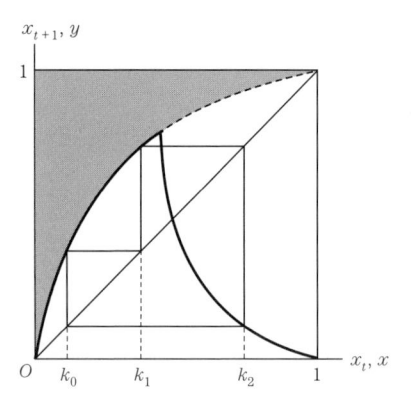

図 11-2 3周期解 $(k_0, s(k_0), s^2(k_0))$

$$(x, k_1),\ (k_1, k_2),\ (k_2, y) \in D \tag{11.58}$$

となる点 (x, y) の集合を D_3, $(x, y) \in D_3$ を所与としたとき，(11.58)をみたす (k_1, k_2) の集合を $D_3(x, y)$ とする．D が有界閉集合なので D_3 および $(x, y) \in D_3$ を所与とした上で $D_3(x, y)$ は有界閉集合である．その上で，3期をまとめた効用関数，

$$\begin{aligned} w(x, y) &= \max v(x, k_1) + \rho v(k_1, k_2) + \rho^2 v(k_2, y) \\ s.t.\quad & (k_1, k_2) \in D_3(x, y) \end{aligned} \tag{11.59}$$

を定義する．この関数 $w(x, y)$ は，凹関数である．$w(x, y)$ を用いると，問題(11.1)は，

$$\begin{aligned} \max & \sum_{t=0}^{\infty} (\rho^3)^t w(x_t, x_{t+1}) \\ s.t.\quad & (x_t, x_{t+1}) \in D_3,\ t = 0, 1, 2, \cdots \\ & x_0 = k_0\ \text{given} \end{aligned} \tag{11.60}$$

と書きかえられる．問題(11.1)の3周期解は，問題(11.60)の定常解となる．

問題(11.1)の解が，(11.57)式で与えられた3周期軌道となることは，次の2つの条件の下で保証される．

条件11.1 $(x,y)=(k_0,k_0)$ ならば，$(k_1,k_2)=(s(k_0),s^2(k_0))$ が(11.59)の解となる．

条件11.2 $x_t=k_0$ $(t=1,2,\cdots)$ で定義される定常解 $\mathbf{x}$ が，(11.60)の解となる．

条件11.1と条件11.2を確認する方法は，以下の補題11.4および補題11.5として与えられる．ここで，

$$\Gamma(k_{t-1},k_t,k_{t+1}) = v_2(k_{t-1},k_t)+\rho v_1(k_t,k_{t+1}) \tag{11.61}$$

$$\overline{\Gamma}_1(k) = \Gamma(s(k),s^2(k),k) \tag{11.62}$$

$$\overline{\Gamma}_2(k) = \Gamma(k,s(k),s^2(k))+\rho\overline{\Gamma}_1(k)s'(s(k)) \tag{11.63}$$

$$\overline{\Gamma}_3(k) = \Gamma(s^2(k),k,s(k))+\rho\overline{\Gamma}_2(k)s'(k) \tag{11.64}$$

とおく[11]．

補題11.4 $(s^2(k_0),k_0)\in\text{Int } D$ とする．もしこのとき，

$$\overline{\Gamma}_1(k_0) \geq 0, \quad \overline{\Gamma}_2(k_0) \geq 0 \tag{11.65}$$

が成り立てば，$(k_1,k_2)=(s(k_0),s^2(k_0))$ は，$(x,y)=(k_0,k_0)$ に対する問題(11.59)の解となる．

証明 ここでは有限期間の最適化問題(11.59)が考察対象なので，第3章で紹介した逆向きの帰納法を応用して証明する．

まず，k_1 と k_0 を所与として，凹関数，

$$v(k_1,k_2)+\rho v(k_2,k_0) \tag{11.66}$$

の k_2 に関する最大化問題を考えよう．これは，A3″から，v が $(k_1,s(k_1))$ で微分可能，また，内点 $(s^2(k_0),k_0)$ でも微分可能なので，クーン=タッカーの定理から(11.66)式を k_2 で微分して，$k_2=s(k_1)$ を代入した値が非負，すなわ

---
[11] (11.62)式の値は，定義域の境界上での v の偏微分係数を含んでいる．D の境界上での微分は，片側微分を意味することにする．

ち，

$$v_2(k_1, s(k_1)) + \rho v_1(s(k_1), k_0) \geq 0 \qquad (11.67)$$

のときに，$k_2=s(k_1)$ で最大化される．$k_1=s(k_0)$ のとき，(11.67)式は $\overline{\Gamma}_1(k_0) \geq 0$ と同値である．すなわち，$\overline{\Gamma}_1(k_0) \geq 0$ の下では，(11.66)式を k_2 について最大化する問題の解は境界上の解 $k_2=s(k_1)$ となる．

次に，$(x,y)=(k_0,k_0)$ を所与として，凹関数，

$$v(k_0, k_1) + \rho v(k_1, s(k_1)) + \rho^2 v(s(k_1), k_0) \qquad (11.68)$$

の k_1 に関する最大化問題を考える（仮定 $\overline{\Gamma}_1(k_0) \geq 0$ のもとでは，k_1 と k_0 を所与とした上で，第2期目以降の最大化の結果が境界上の解 $k_2=s(k_1)$ となることがわかっているので(11.68)を目的関数にしているのである）．これが $k_1=s(k_0)$ で最大化される十分条件は，A3″ から $(k_0, s(k_0))$, $(k_1, s(k_1))$ で微分可能，また，内点 $(s^2(k_0), k_0)$ で微分可能であるので，クーン＝タッカーの定理から，(11.68)を k_1 で微分して，$k_1=s(k_0)$ を代入した値が非負となる．すなわち，

$$\begin{aligned}&V_2(k_0, s(k_0)) + \rho v_1(s(k_0), s^2(k_0)) \\ &+ \rho[v_2(s(k_0), s^2(k_0)) + \rho v_1(s^2(k_0), k_0)]s'(k_1) \geq 0\end{aligned} \qquad (11.69)$$

である．$0 < s^2(k_0) < \bar{x}$ である．(11.69)は，$\overline{\Gamma}_2(k_0) \geq 0$ と同値である．

以上から，(11.65)の下で，$(x,y)=(k_0,k_0)$ に対して，$(k_1, k_2)=(s(k_0), s^2(k_0))$ が問題(11.41)の解となることがわかる．

補題 11.5 $k_0 \in (0, \bar{x})$ が $k_0 < s(k_0) < s^2(k_0) < \bar{x}$ をみたすとする．このとき，もし k_0 が，

$$\overline{\Gamma}_1(k_0) \geq 0, \quad \overline{\Gamma}_2(k_0) \geq 0, \quad \overline{\Gamma}_3(k_0) = 0 \qquad (11.70)$$

をみたすなら，問題(11.1)の最適動学関数 h は，位相的カオスである．

証明 $k_0 < s(k_0) < s^2(k_0)$ により，$(k_0, k_0) \in \mathrm{Int}\, D_3$ である．よって，

$$w(k_0, x_1) + \rho^3 w(x_1, k_0) \tag{11.71}$$

の x_1 に関する偏導関数に $x_1 = k_0$ を代入して，

$$w_2(k_0, k_0) + \rho^3 w_1(k_0, k_0) = 0 \tag{11.72}$$

が成り立つなら，(11.71)は $x_1 = k_0$ で x_1 に関して最大化される．すると k_0 は，問題(11.60)の最適定常解である．(11.72)を計算して整理することによって，$\overline{\Gamma}_3(k_0) = 0$ が得られる．補題11.4と合わせて，(11.70)の下で $(k_0, s(k_0), s^2(k_0))$ が問題(11.1)の3周期解となることが証明される．よって，リー＝ヨークの定理により，h は位相的カオスとなる．

$\overline{\Gamma}_3(k) = 0$ の解を正確に求めることは，一般には難しく，具体的な問題を解く際に，解析的に解が求まる場合を除けば，コンピューターを用いて解を求めざるを得ず，しかもその解は近似解となる．たとえ(11.70)をみたす近似解を求めたとしても，それが3周期解そのものではないし，3周期解の存在の証明になるわけではない．しかし，次の結果を用いるなら，3周期解の存在を証明することができる．

定理11.4 $k' < s(k') < s^2(k') < \overline{x}$ をみたす点 $k' \in (0, \overline{x})$ が，

$$\overline{\Gamma}_1(k') \geq 0, \quad \overline{\Gamma}_2(k') \geq 0, \quad \overline{\Gamma}_3(k') \leq 0 \tag{11.73}$$

をみたし，更に，ある点 $k'' \in (0, k')$ が存在して，

$$\overline{\Gamma}_3(k'') > 0 \tag{11.74}$$

をみたすなら，問題(11.1)の最適動学関数は位相的カオスとなる．

証明 $\overline{\Gamma}_1(k)$ を k について微分すると，

$$v_{21} \cdot s'(k) + v_{22} \cdot s'(s(k))s'(k) + \rho v_{11} s'(s(k))s'(k) + \rho v_{12} < 0 \tag{11.75}$$

である．よって，$\overline{\Gamma}_1(k)$ は k について単調減少関数である．$s(k)$ が凹関数であること，$\overline{\Gamma}_1(k') \geq 0$ を考慮した上で，同様な議論から $\overline{\Gamma}_2(k)$ が $k \leq k'$ で単調

減少であることがいえる.すなわち,$k \leq k'$ ならば,$\overline{\Gamma}'_2(k) \leq 0$ となる.

$\overline{\Gamma}_3(k') \leq 0, \overline{\Gamma}_3(k'') > 0$ から,ある $k_0 \in (k'', k']$ が存在して,$\overline{\Gamma}_3(k_0) = 0$ となる.$0 < k_0 \leq k'$ なので,$\overline{\Gamma}_1(k_0) \geq 0, \overline{\Gamma}_2(k_0) \geq 0$ はみたされる.また,$0 < s^2(k_0) < \bar{x}$ も容易に確認できる.補題 11.5 より,問題 (11.1) の最適動学関数 h は位相的カオスとなる.

例 11.2 第 9 章の例 9.2 と同じ既約型効用関数,

$$v(x, y) = x^\alpha (1-y)^\beta, \quad \alpha > 0, \quad \beta > 0, \quad 0 < \alpha + \beta \leq 1 \quad (11.76)$$

を考える.ただし,所与の $\theta > 1$ に対して定義域が,

$$D = \{(x, y) \in \mathbb{R}^2 \mid 0 \leq x \leq 1, \ 0 \leq y \leq \min\{\theta x, 1\}\} \quad (11.77)$$

で与えられているとする.交叉偏微分の符号は,

$$v_{12} = -\alpha \beta x^{\alpha-1}(1-y)^{\beta-1} < 0 \quad (11.78)$$

で与えられる.

この例で,$\alpha = 0.75$, $\beta = 0.125$, $\theta = 1.1$, $\rho = 0.01$ とすると,$k' = 0.04946$ に対して,

$$\overline{\Gamma}_1(k') = 0.00020507596 > 0 \quad (11.79)$$

$$\overline{\Gamma}_2(k') = 0.00164451767 > 0 \quad (11.80)$$

$$\overline{\Gamma}_3(k') = -0.00000027421 < 0 \quad (11.81)$$

であり,一方,$k'' = 0.04945$ に対して,

$$\overline{\Gamma}_3(k'') = 0.00000312402 > 0 \quad (11.82)$$

である.したがって,定理 11.4 より,ある k_0 が存在して,3 周期軌道 $(k_0, \theta k_0, \theta^2 k_0)$ は,効用関数を (11.76) で与えたときの問題 (11.1) の解となる.k_0 の値は,約 0.04946 である.

11.4 資本の減価償却率とカオス

これまでのモデルでは，1期後には資本が消滅する，いいかえると，資本の減価償却率が100パーセントであることが仮定されてきた．ボールドリンとデネカー(Boldrin and Deneckere 1990)は，資本が一定の率で減耗する場合について，カオスが生ずる可能性を示唆している．しかし，動学的最適化問題の解として生ずることの証明は与えなかった[12]．一方，記述的モデルにおいては，デイとリン(Day and Lin 1992)が，同様の問題を考えている[13]．動学的最適化問題で，減価償却率に依拠して位相的カオスが生ずる十分条件は，西村と矢野(Nishimura and Yano 1994b)によって与えられた[14]．その方法は，定理11.4の証明と類似している．まず，$0<\delta<1$として効用関数の定義域を，

$$D_\delta = \{(x,y) \in \mathbb{R}^2 \mid 0 \leq x \leq \overline{x},\ \delta x \leq y \leq \overline{x}\} \qquad (11.83)$$

と修正する．資本ストックxは，生産に投入した後にδxに減耗する．$(1-\delta)x$は，資本減耗分である．新しい定義域を前提とした上で，A2, A4を仮定し，問題(11.1)の解を考えるのである[15]．

新しい定義域は，直線$y=\delta x$を下方の境界としている．図11-3の破線が，下方の境界である．更に，図に描かれたような3点，

$$(k_0, k_1, k_2) = (k_0, \delta k_0, \delta^2 k_0) \qquad (11.84)$$

---

12) Boldrin, M., and R. Deneckere (1990), "Sources of Complex Dynamics in Two-Sector Growth Models," *Journal of Economic Dynamics and Control* 14, pp.627-653.
13) Day, R., and T. Y. Lin (1992), "An Adaptive, Neoclassical Model of Growth Fluctuations," in A. Vercelli and N. Dimitri eds., *Macroeconomics: A Survey of Research Strategies*, Oxford; New York: Oxford University Press.
14) Nishimura, K., and M. Yano (1994b), "Durable Capital and Chaos in Competitive Business Cycles," *Journal of Economic Behavior and Organization* 27, pp.165-181.
15) この設定の下でも，第6章6.7節で与えた，最適解の存在，最適動学関数の連続性などの理論的諸結果の証明は，微修正を加えるだけで通用する．例えば，第6章の注23における関数wの定義については，
$$w(s) = \lambda \overline{x} + (1-\lambda)\delta s \quad \text{for } s \in [0, \overline{x}]$$
とすればよい．

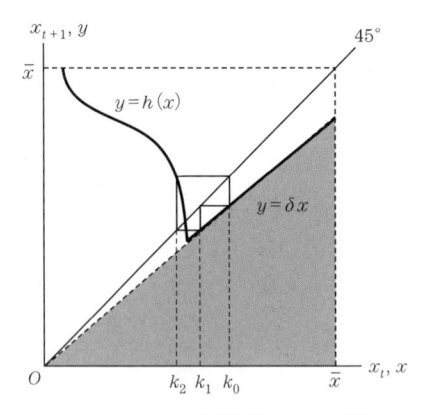

図 11-3 減価償却率と 3 周期解

を考え，この 3 点が問題 (11.1) の解となる条件を与える．そこで，(11.61) 式で定義されたものと同じ関数 Γ を用いて，

$$\Gamma_1(k) = \Gamma(\delta k, \delta^2 k, k) \tag{11.85}$$

$$\Gamma_2(k) = \Gamma(k, \delta k, \delta^2 k) + \rho \Gamma_1(k) \delta \tag{11.86}$$

$$\Gamma_3(k) = \Gamma(\delta^2 k, k, \delta k) + \rho \Gamma_2(k) \delta \tag{11.87}$$

を定義する．すると，前節の結果と対応する次の結果が得られる．

定理 11.5 $k' \in (0, \overline{x})$ が，

$$\Gamma_1(k') \leq 0, \quad \Gamma_2(k') \leq 0, \quad \Gamma_3(k') \geq 0 \tag{11.88}$$

をみたし，更にある点 $k'' \in (k', \overline{x})$ が存在して，

$$\Gamma_3(k'') < 0 \tag{11.89}$$

をみたすなら，問題 (11.1) の最適動学関数は，位相的カオスとなる．

例 11.3 前節の例 11.2 の (11.76) で与えられた既約型効用関数を，新しい定義域 (11.83) の上で考える．このモデルで，パラメーターを，

$$\alpha = 0.75, \quad \beta = 0.25, \quad \delta = 0.8, \quad \rho = 0.05 \tag{11.90}$$

に定めると,$k'=0.17318$, $k''=0.1732$ に対して,

$$\Gamma_1(k') = -0.0000256232 < 0 \tag{11.91}$$

$$\Gamma_2(k') = -0.00283838 < 0 \tag{11.92}$$

$$\Gamma_3(k') = 0.0116832 > 0 \tag{11.93}$$

$$\Gamma_3(k'') = -0.00000413278 < 0 \tag{11.94}$$

が成り立つ.3周期解の近似値は $k_0=0.17319$ である.

11.5 割引因子の役割

これまでの例では,割引因子 ρ の値が,0.01 から 0.05 の間でカオスが生じていた.割引因子 ρ は,時間選好率に1を加えた値の逆数であり,一方,時間選好率は,現実経済における利子率と対応すると考えられる.すなわち,$\rho=\frac{1}{1+r}$ である.すると,$\rho=0.01$ および $\rho=0.05$ は,利子率が $r=99$ および $r=19$ であることを意味している.利子率の適当な値が年率で10パーセント=0.1 であったとしても,$r=99$ は990年,$r=19$ は190年を1期間として計算した利子率となる.したがって,より低い利子率,すなわち,より高い割引因子でカオスが生じるのでなければカオスが存在するとしても,それがもつ現実的な意味は極めて希薄になる.更に1に近い割引因子に対してもカオスが生ずることの証明は,次章で与えることとして,ここでは効用関数とその定義域を所与とする限り,問題の解としてカオスが生ずる割引因子の範囲は限られていることを明らかにする.もちろん,割引率が十分に1に近ければ,大域的な安定性が得られるので,カオスが生じる割引因子の値の上限は1よりも小さくなる.一歩進んで,関数形を特定化すると,割引因子の値の範囲もある程度特定化できることを証明しよう.

まず,既約型効用関数が定義域の全体で微分可能な場合に,割引因子は正の下限をもつことをデネカーとペリカン(Deneckere and Pelikan 1986)に従って証明する.

補題 11.6 A1-A4 を仮定する．すると，$\rho_0>0$ が存在して，$0\leq\rho\leq\rho_0$ に対する問題(11.1)の最適動学関数は，恒等的に 0 となる．

証明 まず，ρ_0 を，

$$\rho_0 = \min_{0\leq y\leq s(x)} -\frac{v_2(x,y)}{v_1(y,0)} \tag{11.95}$$

と定義する．すると，$0\leq\rho\leq\rho_0$ に対しては，

$$V(x) = v(x,0)+\frac{\rho}{1-\rho}v(0,0) \tag{11.96}$$

が問題(11.1)の評価関数となることを証明する．そこで，(11.96)で定義した $V(x)$ に対して，

$$W(x,y) = v(x,y)+\rho V(y) \tag{11.97}$$

を考えると，$0\leq\rho\leq\rho_0$ に対しては，$v_2<0, v_1>0$ から，

$$\begin{aligned}W_2(x,y) &= v_2(x,y)+\rho v_1(y,0)\\ &\leq v_1(y,0)\left[\rho_0+\frac{v_2(x,y)}{v_1(y,0)}\right]\leq 0\end{aligned} \tag{11.98}$$

が成り立つ．よって，$(x,y)\in D$ に対して，

$$W(x,y) \leq W(x,0) = V(x) \tag{11.99}$$

である[16]．(11.97)と(11.99)より，(11.96)式は，

---

16) これは(11.97)より，
$$W(x,0) = v(x,0)+\rho V(0)$$
ここで(11.98)を用いると，
$$V(0) = v(0,0)+\frac{\rho}{1-\rho}v(0,0) = \frac{1}{1-\rho}v(0,0)$$
よって，
$$W(x,0) = v(x,0)+\frac{\rho}{1-\rho}v(0,0) = V(x)$$
として証明できる．

$$V(x) = \max v(x,y) + \rho V(y) \qquad (11.100)$$
$$s.t. \ (x,y) \in D$$

をみたす．よって，$0 \leq \rho \leq \rho_0$ に対して，最適動学関数 $h(x)$ の値は 0 となる．

補題 11.6 で，効用関数が D 全体で微分可能でなければ必ずしも $\rho_0 > 0$ とならないことに注意してほしい．例 11.2 の場合，最適定常解は，

$$k = \frac{\rho\alpha}{\rho\alpha+\beta} > 0 \qquad (11.101)$$

である．したがって，$\rho > 0$ である限り，$h(x) = 0$ となることはない．この例では効用関数は，D 全体では微分可能性をもたない．

第12章　2部門モデルとカオス

　本章では，生産可能性集合の内点で減少的な最適動学関数をもつ経済モデルの例として，2部門モデルをとりあげる．本章のモデルでは，資本生産と消費財生産に携わる独立な2つの部門の存在が仮定される．どちらの部門も労働と資本を生産要素として利用する．そのようなモデルでは，消費財部門が資本集約である場合，生産可能性集合の内点では，最適動学関数が期初資本量の減少関数となる．この結論の直観的な理由は，消費財部門が資本財部門よりもより有効に資本を利用できることにある．

　そのようなモデルも生産可能性の上限に制約されているので，大域的にみると，最適動学関数は最初は増加して，その後，減少に転じるという非線形性をもつ．以下では，はじめに，それぞれの部門がコブ・ダグラス型生産関数をもつケースにおいて，周期解の存在を示す．さらに，レオンチェフ型生産関数をもつケースについて，カオスが生ずる例を造る方法を考える．

　動学的最適化モデルでは，割引因子 ρ の値は1期間（基準期間）の長さによって決定されていると考えられる．割引因子の逆数が長期利子率を決定するので，$\rho=0.5$ のケースでは，基準期間における長期利子率がほぼ100パーセントになる．その場合の基準期間は相当な長さをもつと考えられ，たとえカオスが存在したとしても，実際に観察するのは難しい．レオンチェフ型の生産関数をもつ2部門モデルでは，ρ が十分に1に近いモデルにおいても，やはりカオスが生ずることを証明できる．

12.1 社会的生産関数

消費財と資本財が別個の産業で生産され,それぞれの産業は,連続かつ 1 次同次で強い意味での準凹性をもつ生産関数に従って生産するとしよう.このとき,第 1 章 1.5 節の最後の議論により,各生産関数は凹関数となる.投入要素は,資本と労働であるとする.

$$c = F^1(K_1, L_1), \quad y = F^2(K_2, L_2) \tag{12.1}$$

投入量の合計は,現存する総資本量 x と総労働量 ℓ を越えることはない.

$$K_1 + K_2 \leq x, \quad L_1 + L_2 \leq \ell \tag{12.2}$$

$K_i, L_i > 0$ なる領域では,資本および労働の限界生産物は正であるとする.すると,社会全体で効率的な生産を行うことによる総投入量と生産物の関係は,

$$\begin{aligned} &\max F^1(K_1, L_1) \\ &s.t. \quad F^2(K_2, L_2) \geq y \\ &\qquad K_1 + K_2 \leq x \\ &\qquad L_1 + L_2 \leq \ell \end{aligned} \tag{12.3}$$

を解いて得られる解,

$$K_1(y, x, \ell), \quad L_1(y, x, \ell)$$

を消費財産業の生産関数に代入して,得られる関数関係,

$$c = F^1(K_1(y, x, \ell), L_1(y, x, \ell)) \tag{12.4}$$

で表わされる.(12.4)は y, x, ℓ の関数である.これを,$T^*(y, x, \ell)$ と書くことにする.

簡単化のために,生産関数 F^i が $K_i, L_i > 0$ の範囲で無限回連続微分可能であり,縁付きヘッセ行列式の条件が狭義の準凹関数を保証しているとする.問題(12.3)のラグランジュ関数を,

とおくと，1階の条件として，

$$L = p_1 F^1(K_1, L_1) + p_2(F^2(K_2, L_2) - y) \\ + w_1(x - K_1 - K_2) + w_2(\ell - L_1 - L_2) \tag{12.5}$$

$$\frac{\partial L}{\partial K_i} = p_i F_1^i - w_1 = 0, \quad i = 1, 2 \tag{12.6}$$

$$\frac{\partial L}{\partial L_i} = p_i F_2^i - w_2 = 0, \quad i = 1, 2 \tag{12.7}$$

$$\frac{\partial L}{\partial p_2} = F^2(K_2, L_2) - y = 0 \tag{12.8}$$

$$\frac{\partial L}{\partial w_1} = x - K_1 - K_2 = 0 \tag{12.9}$$

$$\frac{\partial L}{\partial w_2} = \ell - L_1 - L_2 = 0 \tag{12.10}$$

が得られる．更に，記号の簡略化のために，$p_1=1$ として，すべての1階条件を連立させると，

$$p_2, \ K_i, \ L_i, \ w_i, \ i = 1, 2$$

が解として得られる．$p_1=1$ を消費財の価格とすると，p_2 は資本財生産物の価格，w_1 は資本投入財の価格，w_2 は労働の価格である．これらの変数はそのすべてが正である限り，先の条件の下で (y, x, ℓ) のスムーズな関数となる．そのとき，$T^*(y, x, \ell)$ は $c, y, x, \ell>0$ の範囲でスムーズな関数となる[1]．また，(12.5)に包絡線の定理を適用すると，

$$T_1^* = -p_2, \quad T_2^* = w_1, \quad T_3^* = w_2 \tag{12.11}$$

が得られる[2]．改めて，

---

1) この証明については，Benhabib, J., and K. Nishimura (1979b), "The Hopf Bifurcation and the Existence and the Stability of Closed Orbits in MultiSector Models of Optimal Economic Growth," *Journal of Economic Theory* 21, pp.421-444, Appendix (A-II) を参照せよ．
2) 包絡線の定理や下で使われるオイラーの定理については，Varian, H. R. (1984), *Microeconomic Analysis*, seconod edition, New York: W. W. Norton(佐藤隆三・三野和雄訳 (1986)『ミクロ経済分析』勁草書房），あるいは西村和雄(1990)『ミクロ経済学』東洋経済新報社，

$$p_2(y,x,\ell), \quad w_i(y,x,\ell), \quad i=1,2 \tag{12.12}$$

はスムーズな関数となることを述べておく.

ここで,これまでのように,総労働量を$\ell=1$と正規化して,

$$T(y,x) = T^*(y,x,1) \tag{12.13}$$

とおく.T^*が凹関数なので,

$$T_{11} \le 0, \quad T_{22} \le 0, \quad T_{11}T_{22} - T_{12}^2 \ge 0 \tag{12.14}$$

が成り立つ.

また,Tの重要な性質の1つは,Tのヘッセ行列が退化行列であることである.(12.3)で,$(y,x,1)$に対する解を(K_j, L_j),$j=1,2$,$(y'',x',1)$に対する解を(K_j', L_j'),$j=1,2$とする.

$(y,x,1)$,$(y',x',1)$のそれぞれに対応する消費財の量をc, c'とおく.λとλ'を$\lambda' = \lambda \frac{L_1}{L_2}$をみたすようにして,

$$y' = (1+\lambda')y, \quad x' = x + \lambda \frac{L_1 K_2 - K_1 L_2}{L_2}$$

と定義する.すると,

$$K_1' = (1-\lambda)K_1, \quad L_1' = (1-\lambda)L_1$$
$$K_2' = (1+\lambda')K_2, \quad L_2' = (1+\lambda')L_2$$

で定義したK_1', L_1', K_2', L_2'は,

$$L_1' + L_2' = 1, \quad K_1' + K_2' = x', \quad y' = F^2(K_2', L_2')$$

をみたし,(12.6)-(12.10)をすべてみたしていることになる.このとき,

$$c' = (1-\lambda)c$$

である.いま,

を参照せよ.

$$c' = T(y', x')$$

の c', y', x' を c, y, x と λ で表わして, λ で微分すると,

$$-c = \frac{L_1 y}{L_2} T_1 + \frac{L_1 K_2 - K_1 L_2}{L_2} T_2$$

となる. これを再度, λ で微分すると,

$$\mathbf{x} = \left(\frac{L_1 y}{L_2}, \frac{L_1 K_2 - K_1 L_2}{L_2} \right)$$

に対して,

$$0 = T_{11} \left(\frac{L_1}{L_2} y \right)^2 + T_{12} \left(\frac{L_1}{L_2} y \right) \left(\frac{L_1 K_2 - K_1 L_2}{L_2} \right)$$
$$+ T_{21} \left(\frac{L_1 K_2 - K_1 L_2}{L_2} \right) \left(\frac{L_1}{L_2} y \right) + T_{22} \left(\frac{L_1 K_2 - K_1 L_2}{L_2} \right)^2$$

よって, ヘッセ行列 $J=[T_{ij}]$ について,

$$\mathbf{x}' \begin{bmatrix} T_{11} & T_{12} \\ T_{21} & T_{22} \end{bmatrix} \mathbf{x} = 0 \tag{12.15}$$

が成り立つ. J は退化行列となり[3],

$$T_{11} T_{22} - T_{12}^2 = 0 \tag{12.16}$$

---

3) ある直交行列 P を用いて, J を,

$$P'JP = \begin{bmatrix} \lambda_1 & 0 \\ 0 & \lambda_2 \end{bmatrix}$$

と, J の固有値 λ_1, λ_2 を要素とする対角行列に変換できる. (12.14)から J は非正定符号行列なので $\lambda_1, \lambda_2 \leq 0$, よって,

$$\Lambda = \begin{bmatrix} \sqrt{|\lambda_1|} & 0 \\ 0 & \sqrt{|\lambda_2|} \end{bmatrix}$$

とおくと, $J = -(\Lambda P^{-1})'(\Lambda P^{-1})$. (12.15)から,
$$\mathbf{x}' J \mathbf{x} = -(\Lambda P^{-1} \mathbf{x})'(\Lambda P^{-1} \mathbf{x}) = 0$$
となる. よって, $\Lambda P^{-1} \mathbf{x} = 0$ であり,
$$-(\Lambda P^{-1})' \Lambda P^{-1} \mathbf{x} = J \mathbf{x} = 0$$
これは, J が退化行列ということである.

が成り立つ．ここで，

$$\begin{vmatrix} K_1 & L_1 \\ K_2 & L_2 \end{vmatrix} \neq 0 \tag{12.17}$$

を仮定する．要素投入行列は，**要素集約度行列**ともよばれる．すると，1階の条件(12.6)-(12.10)において，$p_1=1$ および (p_2,x,ℓ) を与件，その他を変数として解くことによりスムーズな関数，

$$y(p_2,x,\ell) \tag{12.18}$$

が，また $p_1=1$ および (w_1,y,ℓ) を与件，その他を変数として解くことによりスムーズな関数，

$$x(w_1,y,\ell) \tag{12.19}$$

が求まる[4]．すると，(12.12)と(12.18)，あるいは(12.12)と(12.19)に，

$$\frac{\partial p_2}{\partial y}\cdot\frac{\partial y}{\partial p_2}=1, \quad \frac{\partial w_1}{\partial x}\cdot\frac{\partial x}{\partial w_1}=1 \tag{12.20}$$

を合わせて考えると $\frac{\partial p_2}{\partial y}\neq 0$, $\frac{\partial w_1}{\partial x}\neq 0$ でなければならないことになる．よって，(12.11), (12.14)と(12.20)から，

$$T_{11} < 0, \quad T_{22} < 0 \tag{12.21}$$

となる．

次に，p_i, w_1, w_2 を固定して，第 i 産業の利潤，

$$p_i F^i(K_i,L_i) - w_1 K_i - w_2 L_i \tag{12.22}$$

を最大化させると1階の条件，

$$p_i F^i_j = w_j, \quad j=1,2 \tag{12.23}$$

が得られる．$(z_1,z_2)=(c,y)$ とおくと，F^i が1次同次なので，オイラーの定

---

[4]　この証明については，既出の Benhabib and Nishimura (1979b), Appendix (A-III) を参照せよ．

理から，
$$z_i = F_1^i K_i + F_2^i L_i \tag{12.24}$$
が成り立つ．(12.23)と(12.24)から，
$$p_i z_i = w_1 K_i + w_2 L_i \tag{12.25}$$
が得られる．これは，第i産業の最大利潤が0となることを意味する．

いま，生産物z_iの量を1として，それに伴う投入量(K_i, L_i)を(a_{1i}, a_{2i})と書く．すると，
$$F^i(a_{1i}, a_{2i}) = 1 \tag{12.26}$$
である．(12.26)式を全微分して，(12.23)を考慮すると，
$$w_1 da_{1i} + w_2 da_{2i} = 0 \tag{12.27}$$
となる．また，(12.23)式から得られる，
$$\frac{F_1^i(a_{1i}, a_{2i})}{F_2^i(a_{1i}, a_{2i})} = \frac{w_1}{w_2}$$
を(12.26)と連立させると，(a_{1i}, a_{2i})が求まる．a_{ji}, $j=1,2$は，$\frac{w_1}{w_2}$の関数である．(12.25)式に$z_i=1$を代入すると，
$$p_i = a_{1i} w_1 + a_{2i} w_2 \tag{12.28}$$
である．

更に，$p_1=1$を(12.28)式に代入し，全微分して，(12.27)を用いると，
$$\frac{dp_2}{dw_1} = -a_{22} \cdot \left(\frac{a_{11}}{a_{21}} - \frac{a_{12}}{a_{22}} \right) \tag{12.29}$$
が得られる．ここで，$\frac{a_{11}}{a_{21}}$は消費財部門の，$\frac{a_{12}}{a_{22}}$は資本財部門の資本・労働比率である．いま，$b=\frac{dp_2}{dw_1}$とおこう．すると，$T_{22}=\frac{\partial w_1}{\partial x}<0$かつ，
$$T_{12} = -\frac{\partial p_2}{\partial x} = -\frac{dp_2}{dw_1} \cdot \frac{\partial w_1}{\partial x} = -bT_{22} \tag{12.30}$$

$$T_{11} = -\frac{\partial p_2}{\partial y} = -\frac{dp_2}{dw_1} \cdot \frac{\partial w_1}{\partial y}$$
$$= -b \cdot T_{21} \qquad (12.31)$$
$$= b^2 \cdot T_{22}$$

となる. (12.31)の最後の等号は$T_{12}=T_{21}$を用いた結果である. (12.30)と(12.31)からも, (12.16)が常に成り立っていることに注意せよ.

(12.21), (12.29)と(12.30)から, 次の結果を得る.

$$\frac{a_{11}}{a_{21}} \gtreqless \frac{a_{12}}{a_{22}} \iff T_{12} \lesseqgtr 0 \qquad (12.32)$$

よって, 消費財産業がより労働集約的であればT_{12}が正, より資本集約的であればT_{12}が負となる[5].

12.2　2部門最適モデル

2部門モデルにおける問題(12.3)で$\ell=1$とおいて, 社会的生産関数$c=T(y,x)$を定義すると, 最適化問題を以下のように記述することができる. まず, 各期の効用が消費財の量cに依存するとする. すると, 各期の効用関数を$u(T(y,x))$と書くことができる. 総効用の最大化問題を,

$$\max \sum_{t=0}^{\infty} \rho^t u(T(k_{t+1}, k_t))$$
$$s.t. \quad k_0 \text{ given} \qquad (12.33)$$

とすることができる. 問題(12.33)の動学的均衡は, 各期の効用を既約型効用関数,

$$v(k_t, k_{t+1}) = u(T(k_{t+1}, k_t)) \qquad (12.34)$$

で表わすと, vの交叉偏微分,

$$v_{12} = u'' T_1 T_2 + u' T_{21} \qquad (12.35)$$

---

[5] 減価償却率$1-\delta$が, 0と1の間のケースのT_{12}の符号と要素集約度の関係については, Benhabib and Nishimura (1985)をみよ.

の正負によって，単調か振動かが決まる[6]．(12.11)より $T_1<0$, $T_2>0$ なので，(12.35)の右辺の第1項は，$u''<0$ ならば，正となる．一方，第2項は T_{21} の符号に依存する．

以下では，簡単化の為に，$u(c)$ が線形関数，特に $u(c)=c$ であるとする．すると，

$$v(k_t, k_{t+1}) = T(k_{t+1}, k_t) \tag{12.36}$$

であり，(12.33)の動学的均衡の動きは，T_{12} の符号，すなわち要素集約度によって決定される．

そして，2部門の生産関数がコブ・ダグラス型で与えられているとして，動学的均衡の分析を行うことにしよう[7]．2部門の生産関数を，

$$c = K_1^{\alpha_1} L_1^{\alpha_2}, \quad \alpha_1, \alpha_2 > 0, \quad \alpha_1+\alpha_2 = 1 \tag{12.37}$$

$$y = K_2^{\beta_1} L_2^{\beta_2}, \quad \beta_1, \beta_2 > 0, \quad \beta_1+\beta_2 = 1 \tag{12.38}$$

とする．すると，(12.6)と(12.7)から，

$$\frac{\alpha_1}{\alpha_2} \cdot \frac{L_1}{K_1} = \frac{\beta_1}{\beta_2} \cdot \frac{L_2}{K_2} \tag{12.39}$$

となる．よって，

$$\left(\frac{K_1}{L_1}\right) \bigg/ \left(\frac{K_2}{L_2}\right) = \left(\frac{\alpha_1}{\alpha_2}\right) \bigg/ \left(\frac{\beta_1}{\beta_2}\right) \tag{12.40}$$

となり，

---

[6] 第9章および第11章(11.1)，(11.2)式を参照せよ．なお，減価償却率 $1-\delta$ が1より小さいときには，(12.34)は，
$$v(k_t, k_{t+1}) = u(T(k_{t+1}-\delta k_t, k_t))$$
となる．

[7] 以下の議論は次の論文に従っている．Nishimura, K., and M. Yano (1995b), "Non-linearity and Business Cycles in a Two-sector Equilibrium Model: An Example with Cobb-Douglas Production Functions," in Toru Maruyama and Wataru Takahashi eds., *Nonlinear and Convex Analysis in Economic Theory* (Lecture Notes in Economics and Mathematical Systems, 149), Berlin; New York: Springer-Verlag; Baierl, G., K. Nishimura, and M. Yano (1998), "The Role of Capital Depreciation in Multi-sectoral Models," *Journal of Economic Behavior and Organization* 33, pp.467-479.

$$\left(\frac{K_1}{L_1}\right) \gtreqless \left(\frac{K_2}{L_2}\right) \iff \alpha_1 \gtreqless \beta_1 \qquad (12.41)$$

が成り立つ．α_1 と β_1 は定数であるので，$\alpha_1>(<)\beta_1$ ならば消費財部門が，常により資本(労働)集約的となり，$T_{12}<(>)0$ となる．よって，資本投入量の総量が変化しても，要素集約度の逆転は生じないことになる．

すると，線形効用関数の仮定の下で，問題(12.33)の D の内部における最適動学関数は，第 11 章(11.1)，(11.2)式より，$\alpha_1>\beta_1$ なら単調減少，$\alpha_1<\beta_1$ なら単調増加になる．

$$L_1 = \frac{\alpha_2\beta_1}{\alpha_1\beta_2}\cdot\frac{L_2}{K_2}\cdot K_1 \qquad (12.42)$$

これを $L_1+L_2=1$ に代入して，$K_1=x-K_2$ を用いると，

$$L_2 = \frac{\alpha_1\beta_2 K_2}{\alpha_2\beta_1 x+(\alpha_1\beta_2-\alpha_2\beta_1)K_2} \qquad (12.43)$$

が得られる．これを(12.38)に代入して，

$$(\alpha_1\beta_2)^{\beta_2} K_2 = y[\alpha_2\beta_1 x+(\alpha_1\beta_2-\alpha_2\beta_1)K_2]^{\beta_2} \qquad (12.44)$$

を得て，この式を K_2 について解くと，x と y の関数となる．それを，

$$K_2 = g(x,y) \qquad (12.45)$$

とおいて，更に，

$$\Delta(x,y) = \alpha_2\beta_1 x+(\alpha_1\beta_2-\alpha_2\beta_1)g(x,y) \qquad (12.46)$$

とおく．すると，$L_1=1-L_2$，$K_1=x-K_2$ より (12.37)は，

$$c = \left(\frac{\alpha_2\beta_1}{\Delta(x,y)}\right)^{\alpha_2}(x-g(x,y)) \qquad (12.47)$$

となる．これが社会的生産関数 $T(y,x)$ である．

補題 12.1 定常解は，

$$k = \frac{(\rho\beta_1)^{\frac{1}{\beta_2}}\alpha_1\beta_2}{\beta_1[\alpha_2+(\alpha_1\beta_2-\alpha_2\beta_1)\rho]} \qquad (12.48)$$

である[8].

証明 社会的生産関数を x について偏微分した $v_1=T_2$ は (11.11) により w_1 に等しい[9]. これに (12.6) を合わせて,

$$v_1 = \alpha_1 \frac{c}{K_1}$$
$$= \alpha_1 \left(\frac{\alpha_2 \beta_1}{\Delta}\right)^{\alpha_2} \quad (12.49)$$

を得る. また $v_2=T_1$ は, (12.13) より $-p_2$ に等しいが, これは, (12.6) により $-\frac{w_1}{F_1^2}$ に等しい. よって,

$$v_2 = -v_1 \frac{K_2}{\beta_1 y}$$
$$= -\frac{v_1}{\beta_1} \left(\frac{\Delta}{\alpha_1 \beta_2}\right)^{\beta_2} \quad (12.50)$$

である. よって, オイラー方程式 $v_2+\rho v_1=0$ から,

$$\Delta = (\rho \beta_1)^{\frac{1}{\beta_2}} \alpha_1 \beta_2 \quad (12.51)$$

を得る[10]. ここで, (12.44) すなわち $g=\left(\frac{\Delta}{\alpha_1 \beta_2}\right)^{\beta_2} y$ と, (12.51) 式から,

$$g = \rho \beta_1 y \quad (12.52)$$

が得られる. 定常解では, $x=y=k$ なので, $g=\rho\beta_1 k$ を Δ の定義に代入して, (12.51) を用いると (12.48) を得る[11].

v の 2 階偏微分は, (12.49) から v_{11} と v_{12} を, (12.50) から v_{22} を求めた上で,

$$v_{12} = -M\Delta_2, \quad v_{11} = v_{12}\frac{\Delta_1}{\Delta_2}, \quad v_{22} = -v_{12}\frac{\alpha_2-\beta_2}{\alpha_2}\rho \quad (12.53)$$

---

[8] $0<\delta<1$ なら, (12.48) の分子の ρ を $\rho^* = \frac{\rho}{1-\rho\delta}$ でおきかえ, 分母の ρ を $\rho^*(1-\delta)$ でおきかえた値が定常解となる.
[9] $0<\delta<1$ なら, $v_1=T_2-\delta T_1$ となる.
[10] $0<\delta<1$ の場合, (12.51) の ρ を ρ^* でおきかえる.
[11] $0<\delta<1$ の場合, (12.52) の ρ を ρ^* でおきかえ, $x=k$, $y=(1-\delta)k$ とする.

とする[12]. 但し,

$$M = \frac{\alpha_1}{\beta_1}\left(\frac{\Delta}{\alpha_2\beta_1}\right)^{-\alpha_2-1} \tag{12.54}$$

である.

定常解における特性方程式は,

$$\rho v_{12}\lambda^2 + (v_{22}+\rho v_{11})\lambda + v_{21} = 0 \tag{12.55}$$

である.

補題 12.2 特性方程式の解は,

$$\lambda_1 = -\frac{\alpha_2}{\rho(\beta_2-\alpha_2)}, \quad \lambda_2 = -\frac{\beta_2-\alpha_2}{\alpha_2} \tag{12.56}$$

である[13].

証明 (12.55)に(12.53)を代入すると,

$$\rho\lambda^2 + \left[\left(\frac{\beta_2-\alpha_2}{\alpha_2}\right) + \frac{\Delta_1}{\Delta_2}\right]\rho\lambda + 1 = 0 \tag{12.57}$$

である. ここで, Δ_1 と Δ_2 は $\Delta(x,y)$ の偏微分である. 更に, (12.44)を偏微分して,

$$(\alpha_1\beta_2)^{\beta_2} g_1 = y\beta_2\Delta^{\beta_2-1}\Delta_1 \tag{12.58}$$

$$(\alpha_1\beta_2)^{\beta_2} g_2 = \Delta^{\beta_2} + y\beta_2\Delta^{\beta_2-1}\Delta_2 \tag{12.59}$$

が得られる. これと,

---

[12] $0<\delta<1$ の場合は, (12.53)の v_{22} の ρ を ρ^* におきかえて, v_{12} と v_{11} を,
$$v_{12} = -M\Delta_2 - \delta v_{22}, \quad v_{11} = \frac{\Delta_1}{\Delta_2-\delta}v_{12}$$
とする.

[13] $0<\delta<1$ の場合は,
$$\lambda_1 = \frac{\alpha_2(1-\rho\delta) + \rho\delta(\alpha_2-\beta_2)}{\rho(\alpha_2-\beta_2)}$$
$$\lambda_2 = -\frac{\alpha_2-\beta_2}{\alpha_2(1-\rho\delta) + \rho\delta(\alpha_2-\beta_2)}$$
である.

$$\Delta_1 = \alpha_2\beta_1 + (\alpha_1\beta_2 - \alpha_2\beta_1)g_1, \quad \Delta_2 = (\alpha_1\beta_2 - \alpha_2\beta_1)g_2 \quad (12.60)$$

から，g_1 と g_2 を消去して，(12.51)を用いると，

$$\frac{\Delta_1}{\Delta_2} = \frac{\alpha_2}{\rho(\beta_2 - \alpha_2)} \quad (12.61)$$

となる．(12.61)式を(12.57)式に代入すると，

$$\rho\lambda^2 + \left[\frac{(\beta_2 - \alpha_2)}{\alpha_2}\rho + \frac{\alpha_2}{(\beta_2 - \alpha_2)}\right]\lambda + 1 = 0 \quad (12.62)$$

すなわち，特性解(12.56)を得る．

$\beta_2 > \alpha_2$ ならば，λ_1 と λ_2 は共に負である．$\beta_2 > 2\alpha_2$ とすると，(12.56)から，

$$0 < \rho < \rho_0 = \frac{\alpha_2}{\beta_2 - \alpha_2} \quad (12.63)$$

である限り，$\lambda_1 = -\rho_0\rho^{-1}$ と $\lambda_2 = \frac{-(\beta_2 - \alpha_2)}{\alpha_2}$ が共に -1 より小さくなり，定常解は不安定となる．

$\beta_2 > \alpha_2$ であれば，最適動学関数が定義域の内部で単調減少である．一方，定義域 D は，

$$D = \{(x, y) \in \mathbb{R}^2 \mid 0 \leq x \leq 1, \ 0 \leq y \leq s(x)\} \quad (12.64)$$

となる(図12-1)．y の上限は，資本財部門にすべての資源を投入して得られる生産量である．よって，

$$s(x) = x^{\beta_1} \quad (12.65)$$

となる．したがって，$\beta_2 > \alpha_2$ ならば，最適動学曲線は，図12-2のような単峰性をもつ．したがって，定常解 k が不安定であれば，補題10.1により，2周期解が存在することになる．

定理12.1 生産関数が，(12.37)，(12.38)で与えられた最適化問題(12.33)を考える．効用関数が線形で，$1 > \beta_2 > 2\alpha_2$ であるとする．すると，$0 < \rho < \rho_0 = \frac{\alpha_2}{\beta_2 - \alpha_2}$ である限り，定常解は不安定で，最適な2周期解が存在する．

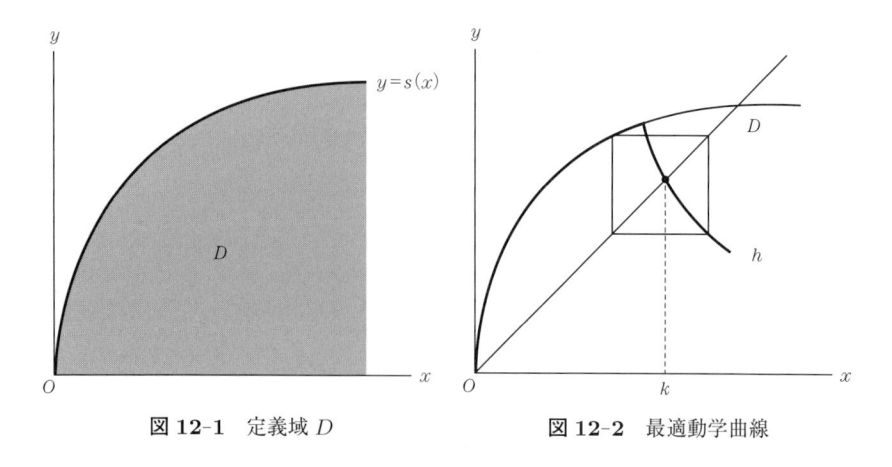

図 12-1　定義域 D　　　図 12-2　最適動学曲線

上の結果において，β_2 を $2\alpha_2$ に近づけると，ρ_0 は 1 に収束する．よって，任意の $\rho<1$ を与えたとき，それよりも ρ_0 が大きくなるように β_2 を選ぶことが必ずできるのである．

先の資本財部門の生産関数(12.38)に戻って，これを $\beta_1=0$ と特定化すると，資本財が労働のみで生産されることになり，

$$y = L_2, \quad L_1 = 1-y, \quad K_1 = x \tag{12.66}$$

となる．これを(12.37)に代入すると，消費財部門の生産関数は，

$$c = x^{\alpha_1}(1-y)^{\alpha_2} \tag{12.67}$$

となり，第 8 章例 8.2 と 8.3 で扱ったワイツマン＝サミュエルソン型の既約型関数が得られる．彼らのモデルを，資本財が労働のみで生産される場合の 2 部門モデルとして解釈することができるのである．

12.3　その他の 2 部門モデル

前節では，コブ・ダグラス型生産関数を用いて，2 部門モデルでの 2 周期解の存在を証明した．このモデルでカオスが生じるかどうかは知られていない．しかし，一般の 2 部門モデルで，カオスが生じることは，ボールドリン

とモントルッキョ(Boldrin and Montrucchio 1986)による次の方法から明らかである[14]．例えば，カオスを生じさせることがわかっている既約型効用関数 $v(x,y)$ を所与として，2部門の生産関数を次のように定義する．まず，資本財部門の生産関数をレオンチェフ型として，

$$y = F^2(K_2, L_2) = \min\left\{\frac{K_2}{a}, L_2\right\} \qquad (12.68)$$

とする．すると，

$$K_2 = ay, \quad L_2 = y \qquad (12.69)$$

である．次に，既約型効用関数を変形して，

$$\begin{aligned}v(x,y) &= v(K_1+K_2, y) \\ &= v(K_1+aL_2, L_2) \\ &= v(K_1+a(1-L_1), 1-L_1)\end{aligned} \qquad (12.70)$$

とする．これを消費財産業の生産関数 $F^1(K_1, L_1)$ と定義するのである．もちろん，$F^1_i > 0$, $i=1,2$ とするためには，元々の関数 $v(x,y)$ と定数 a の値に制約がかかるであろう．しかも，$F^1(K_1, L_1)$ が1次同次となる保証はない．

そこで，逆に生産関数を所与として，最適動学均衡を分析するとどうなるのであろうか．資本財部門の生産関数が(12.68)で与えられているとして，消費財部門の生産関数を，

$$c = K_1^{\alpha_1} L_1^{\alpha_2}, \quad (\alpha_1, \alpha_2 > 0, \ \alpha_1+\alpha_2 = 1) \qquad (12.71)$$

とする．すると，

$$c = (x-ay)^{\alpha_1}(1-y)^{\alpha_2} \qquad (12.72)$$

が社会的生産関数として得られる[15]．効用関数を線形と仮定し，これを既約

---

14) Boldrin, M., and L. Montrucchio (1986), "On the Indeterminacy of Capital Accumulation Paths," *Journal of Economic Theory* 40, pp.26-39.
15) レオンチェフ型とコブ・ダグラス型またはCESを組み合わせた分析はBoldrin, M., and R. Deneckere (1990), "Sources of Complex Dynamics in Two-Sector Growth Models," *Journal of Economic Dynamics and Control* 14, pp.627-653 の中でなされている．

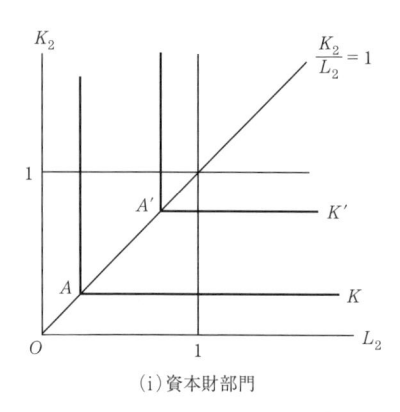

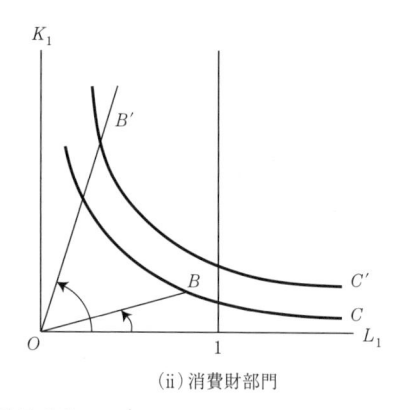

図 12-3　等量曲線

　型効用関数とみなす．コブ・ダグラス型に限らず，スムーズな等量曲線をもつ関数を消費財の生産関数とし，レオンチェフ型関数を資本財部門の生産関数とするなら，消費財部門は，x が小さい値では労働集約的に変わる．要素集約度の逆転が生じるのである．$a=1$ として，図 12-3 でこのことを考えてみよう．図 12-3(i)は，資本財部門の L 字型の等量曲線で，$\frac{K_2}{L_2}$ は常に 1 である．一方，図 12-3(ii)は消費財部門のスムーズな等量曲線である．総資本量 x が小さければ，資本財部門での資本投入量および労働投入量が小さくなる．これは，図 12-3(i)の点 A で示されている．一方，労働の総量は常に 1 なので，消費財部門が残りの労働を投入することになる．これは，図 12-3(ii)の点 B で示されている．その結果，消費財部門は労働集約的となる．逆に，総資本量 x が大きくなると，図 12-3(i)，(ii)の点 A'，B' で示されるように，消費財部門は資本集約的となる．

　資本財部門のレオンチェフ型生産関数は，微分可能ではないが，消費財部門の生産関数が微分可能であれば，社会的生産関数は微分可能となり，要素集約度と v_{12} の符号の間には前節と同様の関係が成り立ち，最適動学曲線は図 12-4 のような単峰性をもつ．ボールドリンとデネカー(Boldrin and Deneckere 1990)はこのモデルについて，2 周期解と 4 周期解の存在を証明し，更に複雑な解の可能性をシミュレーションによって議論している．

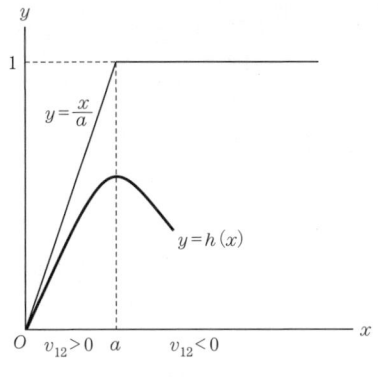

図 12-4　単峰性

12.4　エルゴード・カオス

2部門の生産関数が，共にレオンチェフ型関数である場合について考えてみよう．このとき，2つの生産関数およびそれから導かれる社会的生産関数も，微分可能性をもたない．しかし，モデルの性格上，定義域の内部における要素集約度と最適動学関数の単調性の関係は，これまでと同様なものになることが示される．これは以下の議論の中で明らかになるであろう．

まず，レオンチェフ型生産関数が，

$$c = \min\left\{\frac{K_1}{a_{11}}, \frac{L_1}{a_{21}}\right\}, \quad y = \min\left\{\frac{K_2}{a_{12}}, \frac{L_2}{a_{22}}\right\} \quad (12.73)$$

で与えられているとする．(a_{1i}, a_{2i}) は，消費財または資本財を1単位生産するために必要な資本財と労働の量である．$c \geq 0$, $y \geq 0$ が生産されるためには，資源制約条件(12.2)から，

$$a_{11}c + a_{12}y \leq x, \quad a_{21}c + a_{22}y \leq 1 \quad (12.74)$$

が得られることに注意しておきたい．効用関数を線形と仮定すると，動学的最適化問題は，k_0 が所与のとき，$(c, x, y) = (c_{t+1}, k_t, k_{t+1})$ が(12.73)と資源の制約条件(12.2)，もしくは(12.74)をすべての $t \geq 0$ に対してみたしつつ，目的関数 $\sum_{t=1}^{\infty} \rho^{t-1} c_t$ を最大化する問題になる．

簡単化の為に，$a_{21}=a_{11}$ と仮定し，

$$\mu = \frac{1}{a_{12}}, \quad \gamma = \frac{a_{22}}{a_{12}} - 1 \tag{12.75}$$

とおく．すべての資源を資本財の生産に投入したときの，最大生産量 y は，

$$\min\left\{\frac{x}{a_{12}}, \frac{1}{a_{22}}\right\} = \min\left\{\mu x, \frac{\mu}{\gamma+1}\right\} \tag{12.76}$$

で与えられる．これが，(x,y) の定義域 D の上方の境界を与えている．したがって，

$$y = \mu x, \quad y = \frac{\mu}{\gamma+1} \tag{12.77}$$

のそれぞれが図 12-5 の線分 OP, PR に対応している．OP は，労働が充分にあり，資本要素がボトル・ネックとなる場合，PR は，資本は十分にあるが労働量($=1$)がボトル・ネックとなるケースである．資本財の量を生産によって増加させることが可能であること，すなわち $\mu>1$ を仮定する．

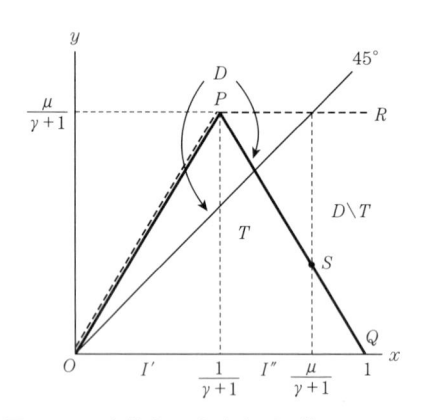

図 12-5 定義域 D と完全雇用線 $PQ(\gamma>0)$

ここで，労働と資本が完全利用されている場合を考えよう．すると，$a_{21}=a_{11}$ から消費財部門の労働・資本比率が 1，$\frac{a_{22}}{a_{12}}=1+\gamma$ から資本財部門の労働・資本比率が $1+\gamma$ であることに注意すると，$\gamma>0$ であれば，消費財部門がより資本集約的，$\gamma<0$ であれば消費財部門がより労働集約的となる．$1+\gamma$ は定義から常に正である．我々は，カオスに関心があるので，消費財部門が資本集約

的であるケースを想定して，$\gamma>0$ を仮定する．

次に，(12.74)の2式を共に等号で成立させ，$a_{21}=a_{11}$ を用いると，

$$y = -\frac{\mu}{\gamma}(x-1) \tag{12.78}$$

が得られる．これは，図 12-5 の右下がりの直線 PQ である．ここに，PQ と直線 $x=\frac{\mu}{\gamma+1}$ の交点 S が正象限に存在するように，$\mu\leq\gamma+1$ を仮定しておく[16]．

いま，$I=\left[0, \frac{\mu}{\gamma+1}\right]$ として関数 $h:I\to I$ を次のように定義する．

$$h(x) = \begin{cases} \mu x & 0 \leq x \leq \frac{1}{\gamma+1} \\ -\frac{\mu}{\gamma}(x-1) & \frac{1}{\gamma+1} \leq x \leq \frac{\mu}{\gamma+1} \end{cases} \tag{12.79}$$

このとき，h は I から I への上への写像となる．

(12.79)で与えられた関数が，$a_{21}=a_{11}$ の下で次の問題，

$$\begin{aligned} & \max \sum_{t=1}^{\infty} \rho^{t-1} c_t \\ s.t.\ & a_{11}c_t + a_{12}k_t \leq k_{t-1} \\ & a_{21}c_t + a_{22}k_t \leq 1 \\ & c_t \geq 0,\ k_t \geq 0 \\ & k_0\ \text{given} \end{aligned} \tag{12.80}$$

の最適動学関数となるためには，与件 $\mu, \rho, \gamma>0$ の値が制約をうける．その制約から割引因子の上限も決まってくる．次の定理は，西村と矢野（Nishimura and Yano 1996b）による[17]．

定理 12.2 パラメーター $\mu, \gamma, \rho>0$ が $0<\rho<1, \rho\mu>1, \mu\leq\gamma+1$ をみたすとする．次の条件 A か B のどちらかが成り立つとき，(12.79)で定義された $h:I\to I$ は，問題(12.80)の最適動学関数となる．

---

16) $\mu>\gamma+1$ であれば，$I=\left[0, \frac{\mu}{\gamma+1}\right]$ の上で定義された写像 $h:I\to I$ が拡大的写像とならない．すなわち，$\frac{1}{\gamma+1}\leq x\leq \frac{\mu}{\gamma+1}$ に対して，$h'(x)=0$ となる．このケースを排除するために $\mu\leq\gamma+1$ を仮定するのである．

17) Nishimura, K., and M. Yano (1996b), "Chaotic Solutions in Dynamic Linear Programming," *Chaos, Solitons and Fractals* 7, pp.1941-1953.

$$A : \mu \leq \gamma$$
$$B : 1 < \frac{\mu}{\gamma} \leq \min\left\{\frac{\gamma+(\gamma^2+4\gamma)^{\frac{1}{2}}}{2\gamma}, \frac{-1+(1+4\gamma)^{\frac{1}{2}}}{2\rho\gamma}\right\}$$

ケース A は，線分 PQ の傾きの絶対値が 1 より小さく，長期均衡が安定となる場合である．この場合には，割引因子は $\mu^{-1} < \rho < 1$ である限り任意である．一方，ケース B は，線分 PQ の傾きの絶対値が 1 より大きく，長期均衡が不安定となる場合である．しかも，PQ の傾きの絶対値が ρ と γ を含む式より小さくなければならず，その結果，ρ の値の上限は 1 より小さい値となる．このケースでは，h が拡大的な写像となり，第 10 章の定理 10.5 よりエルゴード・カオスであることは明らかであろう．

条件 B をみたす μ, γ, ρ が存在する場合の ρ の上限を求めよう．μ は，

$$\mu > \rho^{-1} > 1, \quad \gamma + 1 \geq \mu > \gamma \tag{12.81}$$

をみたす．これを，(γ, μ) 平面上に描くと，図 12-6(i) の範囲となる．これに加えて，条件 B から，

$$\mu \leq G(\gamma) = \frac{\gamma + (\gamma^2 + 4\gamma)^{\frac{1}{2}}}{2} \tag{12.82}$$

$$\mu \leq g(\gamma, \rho) = \frac{-1 + (1+4\gamma)^{\frac{1}{2}}}{2\rho} \tag{12.83}$$

がみたされる．

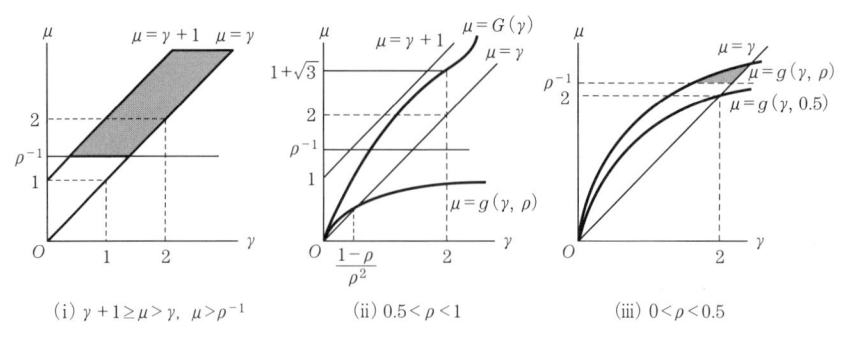

(i) $\gamma + 1 \geq \mu > \gamma, \ \mu > \rho^{-1}$ (ii) $0.5 < \rho < 1$ (iii) $0 < \rho < 0.5$

図 12-6 パラメーターの範囲

(12.82)の条件から，

$$\gamma > 0 \text{ なら } G(\gamma) > \gamma \tag{12.84}$$

に注意すると，曲線 $\mu \leq G(\gamma)$ の位置が図 12-6(ii)のように決まり，(μ, γ) は，その下方でかつ $\mu > \gamma$ をみたす範囲に存在する．$G(\gamma)$ は ρ の値に制約を加えない．

一方，(12.83)の条件と $\mu > \gamma$ については，まず $g(\gamma, \rho) > \gamma$ が成り立つのは，

$$0 < \gamma < \frac{1-\rho}{\rho^2} \tag{12.85}$$

の範囲だけである．よって，(12.85)をみたす γ に対して，μ を，

$$\gamma < \mu < \frac{1-\rho}{\rho^2} \tag{12.86}$$

をみたすように選ぶなら，(12.83)もみたされる．(12.86)と $\mu > \frac{1}{\rho}$ が両立するのは，

$$\frac{1}{\rho} < \frac{1-\rho}{\rho^2} \text{ すなわち } 0 < \rho < 0.5 \tag{12.87}$$

の場合である．図 12-6(ii)はこれが成り立たない場合，図 12-6(iii)はこれが成り立つ場合である．$0 < \rho < 0.5$ なら，$g(\gamma, \rho) + 1 > \gamma$ かつ $\gamma > g(\gamma, \rho) > \rho^{-1}$ なる γ が存在する．$G(\gamma) > \gamma$ は常に成立するので，μ が(12.81)-(12.83)をみたすように選ぶことができる．結局，定理 12.2 の条件 B をみたす ρ の上限は，0.5 となる．一方，ρ の下限は 0 である．$0 < \rho < 0.5$ である限り，ρ がいかに小さくとも，条件 B が成り立つような μ と γ が存在するからである[18]．

証明 定理 12.2 の証明：定理を証明することは，$0 < \rho < 1$，$\rho\mu > 1$ かつ $\mu \leq \gamma + 1$ と条件 A あるいは B の下で，問題(12.80)の最適動学関数が，(12.79)で定義された $h: I \to I$ になることである．

まず，図 12-5 の折線 OPR と横軸のはさむ領域が (k_{t-1}, k_t) の定義域 D であり，その部分集合で線分 OP, PQ, QO とその内部がつくる三角形の領域を T とする．次に，$I = \left[0, \frac{\mu}{\gamma+1}\right]$ の部分集合，

---

[18] もちろん，μ と γ を固定すれば，条件 B をみたす ρ の値に上限と下限が共に存在し，下限は正の値をとることは明らかである．

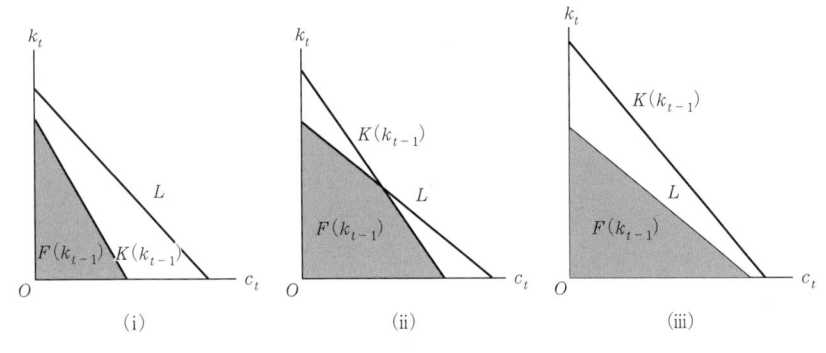

図 12-7　$K(k_{t-1})$: $a_{11}c_t+(k_t/\mu)=k_{t-1}$
　　　　　L: $a_{21}c_t+((\gamma+1)k_t/\mu)=1$

$$I' = \left[0, \frac{1}{\gamma+1}\right], \quad I'' = \left[\frac{1}{\gamma+1}, \frac{\mu}{\gamma+1}\right] \tag{12.88}$$

を定義する．更に，(c,k) 平面に，問題(12.80)の制約をみたす (c_t,k_t) の領域をとり，それを，$F(k_{t-1})$ とする．また，(12.74)の線分，すなわち，

$$a_{11}c_t+\frac{k_t}{\mu}=k_{t-1}, \quad a_{21}c_t+\frac{(\gamma+1)k_t}{\mu}=1 \tag{12.89}$$

のそれぞれを，$K(k_{t-1})$, L とする．$a_{11}=a_{21}$ および $\gamma>0$ の仮定から，L の傾きは，$K(k_{t-1})$ の傾きより緩やかである．その関係は，図 12-7 の(i)-(iii)の場合に分かれる．ここで，

$$c(k_{t-1},k_t) = \begin{cases} \frac{k_{t-1}-(k_t/\mu)}{a_{11}} & \text{if} \quad k_t \leq -\frac{\mu}{\gamma}(k_{t-1}-1) \\ \frac{1-(\gamma+1)(k_t/\mu)}{a_{21}} & \text{if} \quad k_t \geq -\frac{\mu}{\gamma}(k_{t-1}-1) \end{cases} \tag{12.90}$$

とする．$c(k_{t-1},k_t)$ は，(k_{t-1},k_t) を所与とするときに，問題(12.80)の制約条件をみたす c の最大値である．$k_t<-\frac{\mu}{\gamma}(k_{t-1}-1)$ ならば $(c(k_{t-1},k_t),k_t)$ は $K(k_{t-1})$ の上に位置するが，L の上にはない．$k_t>-\frac{\mu}{\gamma}(k_{t-1}-1)$ ならば $(c(k_{t-1},k_t),k_t)$ は L の上に位置するが，$K(k_{t-1})$ の上にはない．$k_t=-\frac{\mu}{\gamma}(k_{t-1}-1)$ ならば $(c(k_{t-1},k_t),k_t)$ は L と $K(k_{t-1})$ の交点上に位置する．
　また，

$$[OP) = \left\{ (x,y) \in T \;\middle|\; 0 \le x < \frac{1}{\gamma+1},\; y = \mu x \right\} \quad (12.91)$$

$$\mathring{T} = \left\{ (x,y) \in T \;\middle|\; y < \mu x,\; y < -\frac{\mu}{\gamma}(x-1) \right\} \quad (12.92)$$

と定義する．このとき，以下の補題が成り立つ．

命題 12.1 $c_t = c(k_{t-1}, k_t)$ かつ $c_t + \Delta c_t = c(k_{t-1}, k_t + \Delta k_t)$ とする．このとき，
 (i) $\Delta k_t < 0 \Leftrightarrow \Delta c_t > 0$
 (ii) $c(k_{t-1}, k_t) = 0 \Leftrightarrow (k_{t-1}, k_t)$ は D の境界 OPR 上の点である．
が成り立つ．

証明 命題 12.1 の (i) は，自明である．$c(k_{t-1}, k_t) = 0$ ならば，(12.90) の定義から (k_{t-1}, k_t) は，D の上方の境界上にあり，また，逆も成り立つので (ii) が導かれる．

次に，

$$[PQ] = \left\{ (x,y) \;\middle|\; \frac{1}{\gamma+1} \le x \le 1,\; y = -\frac{\gamma}{\mu}(x-1) \right\}$$

と定義し，次の命題を述べる．

命題 12.2 $c_t = c(k_{t-1}, k_t)$ とする．このとき，
 (i) $(k_{t-1}, k_t) \in [OP) \cup \mathring{T} \Longleftrightarrow (c_t, k_t) \in K(k_{t-1})$ かつ $(c_t, k_t) \notin L$
 (ii) $(k_{t-1}, k_t) \in D \setminus T \Longleftrightarrow (c_t, k_t) \in L$ かつ $(c_t, k_t) \notin K(k_{t-1})$
 (iii) $(k_{t-1}, k_t) \in [PQ] \Longleftrightarrow (c_t, k_t) \in L$ かつ $(c_t, k_t) \in K(k_{t-1})$
が成り立つ．

証明 $[OP), [PQ], \mathring{T}, T, D$ の定義から，明らかに，

$$\text{(i) は } k_t < -\frac{\mu}{\gamma}(k_{t-1} - 1)$$

$$\text{(ii) は } k_t > -\frac{\mu}{\gamma}(k_{t-1} - 1)$$

$$\text{(iii) は } k_t = -\frac{\mu}{\gamma}(k_{t-1} - 1)$$

のケースとなる．(12.90)の下の議論から，命題の成立は明らかである．

以下では，問題(12.80)の最適解を $\{c_1^*, k_1^*, c_2^*, k_2^*, \cdots\}$ とする．すると，$c_t^* = c(k_{t-1}^*, k_t^*)$ が成り立つ．

補題 12.3 $t=2,3,\cdots$ に対して，$(k_{t-1}^*, k_t^*) \notin D \backslash T$ である．

証明 $(k_{t-1}^*, k_t^*) \in D \backslash T$ と仮定しよう．すると，命題12.2から，$(c_t^*, k_t^*) = L \backslash K(k_{t-1}^*)$ である．$(c_t^*, k_t^*) \in F(k_{t-1}^*)$ なので，適当な $k_{t-1} < k_{t-1}^*$ に対して，

$$(c_t^*, k_t^*) \in L \cap K(k_{t-1}) \tag{12.93}$$

となる．$c_{t-1} = c(k_{t-2}^*, k_{t-1})$ とおいて，

$$c_{t-1}^* = c(k_{t-2}^*, k_{t-1}^*) \tag{12.94}$$

と比較すると，命題12.1(i)と $k_{t-1} < k_{t-1}^*$ から，$c_{t-1} > c_{t-1}^*$ である．このとき，

$$\{c_1^*, k_1^*, \cdots, k_{t-2}^*, c_{t-1}, k_{t-1}, c_t^*, \cdots\} \tag{12.95}$$

は，問題(12.80)の制約式をみたし，かつ目的関数の値を最適解よりも高くする．これは，矛盾である．

次に，(12.88)で定義した I' を用いて，

$$[OP] = \{(x,y) \mid x \in I', y = \mu x\}$$

とする．また，k_0 を初期値とする問題(12.80)の解において，k_0 に対し，次期の最適資本ストックの集合を対応させる関係を H とおく．すると，$k_1^* \in H(k_0)$, $k_t^* \in H(k_{t-1}^*)$ $(t=2,3,\cdots)$ が成り立つ．

系 12.1 任意の $x \in I'$ と $x_1^* \in H(x)$ に対して，常に $(x, x_1^*) \in [OP]$ がいえるなら，任意の $k \in I''$ と $k_1^* \in H(k)$ に対して，$(k, k_1^*) \notin D \backslash T$ である．

証明 $k \in I''$ とする．すると，$k_0 = \frac{k}{\mu}$ は I' に属する．また，$k = \mu k_0$ なので $(k_0, k) \in [OP]$ となる．系12.1の仮説から，$(k_0, k) \in [OP]$ ならば $k \in H(k_0)$ も

明らかである．$k \in H(k_0)$ なので，$c_0 = c(k_0, k)$ とすると，

$$\{c_0, k, c_1^*, k_1^*, \cdots\} \tag{12.96}$$

は，問題(12.80)の最適解となる．よって，補題 12.3 より，$(k, k_1^*) \notin D \backslash T$ である．

定理 12.2 を証明するためには，$(k_0, k_1^*) \notin \mathring{T}$ をいえばよい．何故なら，$(k_0, k_1^*) \notin \mathring{T}$ ならば，$k_0 \in I'$ に対しては $H(k_0) \subset [OP]$ となる．一方，$k \in I''$ に対しては，系 12.1 から $(k_0, k_1^*) \notin D \backslash T$ であるので，(k_0, k_1^*) は線 PQ の上にあることになる．よって，H のグラフは，OPQ の上にあり，定理 12.2 が証明されるからである．

以下では，$(k_0, k_1^*) \in \mathring{T}$ の仮定の下で補題 12.4-12.6 を証明する．その上で，最後に矛盾を導き，$(k_0, k_1^*) \notin \mathring{T}$ を証明することにする．

補題 12.4 $\rho \mu > 1$ かつ $k_1^* \in H(k_0)$ とする．このとき，もし $(k_0, k_1^*) \in \mathring{T}$ ならば，$(c_2^*, k_2^*) \in L$ である．

証明 $(k_0, k_1^*) \in \mathring{T}$ なので，命題 12.2(ii) より，$c_1^* > 0$ である．また，命題 12.2 によって，$(c_1^*, k_1^*) \notin L$ かつ $(c_1^*, k_1^*) \in K(k_0)$ である．$\Delta c_1 < 0$ に対して，

$$\Delta k_1 = -\frac{a_{11}}{a_{12}} \Delta c_1 > 0 \tag{12.97}$$

を定義する．すると，

$$a_{11}(c_1^* + \Delta c_1) + a_{12}(k_1^* + \Delta k_1) = k_0 \tag{12.98}$$

が成り立つ．Δc_1 を十分 0 に近くとると，

$$(c_1^* + \Delta c_1, k_1^* + \Delta k_1) \in F(k_0) \tag{12.99}$$

が成り立つ．

次に，$(c_2^*, k_2^*) \notin L$ と仮定する．すると $(c_2^*, k_2^*) \in K(k_1^*)$ である．$\Delta c_2 = \frac{\Delta k_1}{a_{11}}$ とおくと，

$$a_{11}(c_2^*+\Delta c_2)+a_{12}k_2^* = k_1^*+\Delta k_1 \qquad (12.100)$$

が成り立つ．$\Delta c_2>0$ なので，$(c_2^*+\Delta c_2, k_2^*)\in F(k_1^*+\Delta k_1)$ である．よって，

$$(c_1^*+\Delta c_1, k_1^*+\Delta k_1, c_2^*+\Delta c_2, k_2^*, c_3^*) \qquad (12.101)$$

は，問題(12.80)の制約条件をみたす．この経路に対する効用の値は，

$$\Delta c_1+\rho\Delta c_2+\sum_{t=1}^{\infty}\rho^{t-1}c_t^* \qquad (12.102)$$

である．$\Delta c_2=-\frac{\Delta c_1}{a_{12}}=-\mu\Delta c_1>0$ なので，

$$\Delta c_1+\rho\Delta c_2 = (1-\rho\mu)\Delta c_1 > 0 \qquad (12.103)$$

となる．これは，元々の経路の最適性に矛盾する．これは $(c_2^*, k_2^*)\notin L$ を仮定したことから生じた．よって $(c_2^*, k_2^*)\in L$ である．

補題 12.5 $1<\rho\mu<\gamma$ かつ $k_1^*\in H(k_0)$ であるとする．このとき，もし $(k_0, k_1^*)\in \mathring{T}$ かつ $k_2^*>0$ であれば，$c_3^*=0$ となる．

証明 $(k_0, k_1^*)\in\mathring{T}$ なので，補題 12.4 の証明と同様，

$$c_1^* > 0, \quad (c_1^*, k_1^*) \notin L, \quad (c_1^*, k_1^*) \in K(k_0) \qquad (12.104)$$

がみたされる．Δc_1 と Δk_1 を(12.97)をみたすように定義する．そして，$k_1'\geq 0$ を $(c_2^*, k_2^*)\in K(k_1')$ となるように選ぶ．$(c_2^*, k_2^*)\in F(k_1^*)$ なので，$k_1'\leq k_1^*$ である．$(k_0, k_1^*)\in\mathring{T}$ および $k_1^*\in H(k_0)$ と補題 12.4 から，$(c_2^*, k_2^*)\in L$ である．よって，$(c_2^*, k_2^*)\in L\cap K(k_1')$ である．

ここで，$(\Delta c_2, \Delta k_2)$ を

$$\Delta c_2 = \frac{a_{22}\Delta k_1}{a_{11}(a_{22}-a_{12})}, \quad \Delta k_2 = \frac{-\Delta k_1}{a_{22}-a_{12}} \qquad (12.105)$$

と定義すると，$a_{11}=a_{21}$ から，

$$a_{11}\Delta c_2+a_{12}\Delta k_2 = \Delta k_1, \quad a_{21}\Delta c_2+a_{22}\Delta k_2 = 0 \qquad (12.106)$$

である．よって，$(c_2^*+\Delta c_2, k_2^*+\Delta k_2)\in L\cap K(k_1'+\Delta k_1)$ が成り立つ．$k_1'\leq k_1^*$ よ

り，

$$(c_2^*+\Delta c_2, k_2^*+\Delta k_2) \in F(k_1^*+\Delta k_1) \qquad (12.107)$$

がいえる．

γ と μ の定義と (12.97) から，(12.105) を，

$$\Delta c_2 = \frac{(\gamma+1)\mu}{\gamma}\Delta c_1, \quad \Delta k_2 = a_{11}\frac{\mu^2}{\gamma}\Delta c_1 \qquad (12.108)$$

と変形できる．$\gamma>0$ および $\Delta c_1<0$ から，$\Delta k_2<0$ かつ $\Delta c_2>0$ となる．

以上は，補題の仮説に従った議論である．次に，$c_3^*=0$ となることを証明する為に，$c_3^*>0$ と仮定して，矛盾に導く．まず，$c_3^*>0$ を仮定して，

$$\Delta c_3 = \frac{\mu^2}{\gamma}\Delta c_1 \left(= \frac{\Delta k_2}{a_{11}}\right) < 0 \qquad (12.109)$$

を定義する．次に，k_2' を $0<k_2'\leq k_2^*$ かつ $(c_3^*, k_3^*)\in K(k_2')$ をみたすように選ぶ．$(c_3^*, k_3^*)\in F(k_2')$ である．(12.109) から，

$$a_{11}(c_3^*+\Delta c_3)+a_{12}k_3^* = k_2'+\Delta k_2 \qquad (12.110)$$

であること，また $\Delta c_3<0$ であることから，Δc_1 を十分 0 に近くとると，

$$(c_3^*+\Delta c_3, k_3^*) \in F(k_2'+\Delta k_2) \subset F(k_2^*+\Delta k_2) \qquad (12.111)$$

が成り立つ．よって，

$$\begin{array}{ll} c_1^*+\Delta c_1, & k_1^*+\Delta k_1 \\ c_2^*+\Delta c_2, & k_2^*+\Delta k_2 \\ c_3^*+\Delta c_3, & k_3^* \end{array} \qquad (12.112)$$

は，問題 (12.80) の制約式をみたす．このとき，目的関数の値は，

$$\sum_{t=1}^{\infty}\rho^{t-1}c_t^* + \sum_{t=1}^{3}\rho^{t-1}\Delta c_t \qquad (12.113)$$

となる．ところが，$\Delta c_1<0$ と補題の仮説から，

$$\sum_{t=1}^{3} \rho^{t-1} \Delta c_t = \frac{1}{\gamma} \left[\rho^2 \mu^2 - (\gamma+1)\rho\mu + \gamma \right] \Delta c_1 \qquad (12.114)$$
$$= \frac{1}{\gamma}(\rho\mu-1)(\rho\mu-\gamma)\Delta c_1 > 0$$

となる．これは，元の数列 $\{c_1^*, k_1^*, \cdots\}$ が最適解であることに矛盾する．よって $c_3^* = 0$ でなければならない．

補題 12.6 $1 < \rho\mu < \frac{-1+\sqrt{1+4\gamma}}{2}$ かつ $k_1^* \in H(k_0)$ とする．このとき，もし $(k_0, k_1^*) \in \hat{T}$, $k_2^* > 0$ および $k_3^* > 0$ ならば，$c_3^* = c_4^* = 0$ となる．

証明 $\Delta c_1 < 0$ とし，Δk_1 を (12.97) で，Δc_2 と Δk_2 を (12.107) で定義する．

$$\frac{-1+\sqrt{1+4\gamma}}{2} < \gamma \qquad (12.115)$$

が成り立つので $1 < \rho\mu < \gamma$ となり，補題 12.3 の仮定がみたされる．よって $c_3^* = 0$ となる．$\Delta k_3 = \frac{\Delta k_2}{a_{12}} < 0$ と定義すると，$k_3^* > 0$ なので，Δc_1 を十分 0 に近くとると，$0 < k_3^* + \Delta k_3 < k_3^*$ とすることができ，

$$(c_3^*, k_3^* + \Delta k_3) \in F(k_2^* + \Delta k_2) \qquad (12.116)$$

となる．

$c_4^* > 0$ と仮定する．$k_3' > 0$ を，

$$k_3' \leq k_3^* \text{ かつ } (c_4^*, k_4^*) \in K(k_3') \qquad (12.117)$$

をみたすように選ぶ．$\Delta c_4 = \frac{\Delta k_3}{a_{11}} < 0$ を定義する．Δc_1 を十分 0 に近くとると，$c_4^* + \Delta c_4 > 0$ とできる．よって，

$$(c_4^* + \Delta c_4, k_4^*) \in F(k_3' + \Delta k_3) \subset F(k_3^* + \Delta k_3) \qquad (12.118)$$

となる．すると，

$$(c_1^* + \Delta c_1, k_1^* + \Delta k_1, \cdots, c_3^*, k_3^* + \Delta k_3, c_4^* + \Delta c_4, k_4^*) \qquad (12.119)$$

は，問題 (12.80) の制約式をみたす．$\Delta c_3 = 0$ とおくと，目的関数の値を，

$$\sum_{t=1}^{\infty} \rho^{t-1} c_t^* + \sum_{t=1}^{4} \rho^{t-1} \Delta c_t \qquad (12.120)$$

と書ける．ところが，補題の仮定の下では，

$$\begin{aligned}\sum_{t=1}^{4} \rho^{t-1} \Delta c_t &= \frac{1}{\gamma}[\rho^3\mu^3-(\gamma+1)\mu+\gamma]\Delta c_1 \\ &= \frac{1}{\gamma}(\rho\mu-1)(\rho^2\mu^2+\rho\mu-\gamma)\Delta c_1 > 0\end{aligned} \qquad (12.121)$$

となる．これは，元の数列が最適解となることと矛盾する．

定理 12.2 の証明を完結するためには，$k_1^* \in H(k_0)$ に対して，$(k_0, k_1^*) \notin \mathring{T}$ を証明すればよい．そこで，$(k_0, k_1^*) \in \mathring{T}$ と仮定する．すると，補題 12.4 から，$(c_2^*, k_2^*) \in L$ である．命題 12.2(ii)，(iii) から，$(k_1^*, k_2^*) \in (D \backslash T) \cup [PQ]$ でなければならない．よって，$\frac{1}{\gamma+1} \leq k_1^*$ である．更に $(k_0, k_1^*) \in \mathring{T}$ なら，$k_1^* < \frac{\mu}{\gamma+1}$ である．補題 12.3 の結果と合わせると，

$$(k_1^*, k_2^*) \in [PS) \qquad (12.122)$$

となる．ここで，$[PS)$ は線分 PS の端点 P を含み，S を除く集合である．

まず，定理 12.2 の条件 A の下で，矛盾を導こう．$\mu \leq \gamma$ なので，線分 PS の傾きは高々 -1 である．よって，点 S の高さは，少なくとも $\frac{1}{\gamma+1}$ である．(12.122) から，$k_2^* > \frac{1}{\gamma+1}$ となる．よって，補題 12.5 から，$c_3^* = 0$ となる．命題 12.1(ii) に $c(k_2^*, k_3^*) = c_3^* = 0$ を適用し，$k_2^* > \frac{1}{\gamma+1}$ を考慮すると，(k_2^*, k_3^*) は直線 PR 上の P を除く部分に位置することになる．これは，補題 12.3，すなわち $(k_2^*, k_3^*) \notin D \backslash T$ に矛盾する．

次に，条件 B を仮定する．(12.122) から，$k_2^* > 0$ なので，補題 12.5 の仮定がみたされ $c_3^* = 0$ となる．命題 12.1 から，(k_2^*, k_3^*) は，折線 OPR の上にある．補題 12.3 から $(k_2^*, k_3^*) \in [OP]$ でなければならない．

条件 B の中で，

$$\frac{\mu}{\gamma} \leq \frac{\gamma + \sqrt{\gamma^2 + 4\gamma}}{2\gamma} \qquad (12.123)$$

の意味を考えよう．左辺は線分 PS の傾きの絶対値である．(12.123) が等号

で成立するときには，点 P が3周期解となる．このとき，点 S の高さは，$\frac{1}{\mu(\gamma+1)}$ である．線分 PS の傾きがより緩やかになると，(12.123)は狭義の不等号で成立し，S の高さは，$\frac{1}{\mu(\gamma+1)}$ より高くなる．$(k_1^*, k_2^*) \in [PS]$, $(k_2^*, k_3^*) \in [OP]$ なので，$k_3^* > \frac{1}{\gamma+1}$ である．条件 B も合わせると，補題 12.6 の仮定がみたされ，$c_4^* = 0$ となる．$k_3^* > \frac{1}{\gamma+1}$ かつ，$c(k_3^*, k_4^*) = 0$ となるのは，(k_3^*, k_4^*) が PR 上で P より右に位置する場合である．これは補題 12.3 に矛盾する．

定理 12.2 の証明終わり

終わりに：ρ が 0.5 より小さいときには，2 部門最適動学モデル (12.79) の最適動学関数がエルゴード・カオスとなることがわかる．更に，条件 B を用いて ρ が $\frac{\sqrt{3}-1}{2} = 0.366$ より小さい値に対しては，3 周期解が生じることも証明できる．西村と矢野 (Nishimura and Yano 1995a) は，上と同じモデルで 1 以下の任意の値をとる割引因子 ρ に対して，エルゴード・カオスが生じることを証明している．しかし，その方法はかなり複雑なので，ここでは紹介しない．また西村，ゾーガーと矢野 (Nishimura, Sorger and Yano 1994) は，既約型効用関数を用いたモデルで，同様の結果を証明している[19]．更に，周期 3 の最適解が存在する割引因子 ρ の上限は $\frac{3-\sqrt{5}}{2}$ であることが，西村と矢野 (Nishimura and Yano 1996a) とミトラ (Mitra 1996) によって証明されている[20]．

---

19) Nishimura, K., and M. Yano (1995a), "Nonlinear Dynamics and Chaos in Optimal Growth: An Example," *Econometrica* 63, pp.981-1001, および Nishimura, K., G. Sorger, and M. Yano (1994), "Ergodic Chaos in Optimal Growth Models with Low Discount Rates," *Economic Theory* 4, pp.705-717.

20) Nishimura, K., and M. Yano (1996a), "On the Least Upper Bound of Discount Factors That Are Compatible with Optimal Period-Three Cycles," *Journal of Economic Theory* 69, pp.306-333, および Mitra, T. (1996), "An Exact Discount Factor Restriction for Period-Three Cycles in Dynamic Optimization Models," *Journal of Economic Theory* 69, pp.281-305.

第13章　その他の均衡動学モデル

　本書では，マクロ経済分析の基礎として，均衡において最適な動学経路が達成される場合のマクロ経済動学を解説してきた．特に本書の後半では，たとえ最適性が保証されていても，均衡経路が非常に複雑な動きをする可能性があることを示した．しかし，現代のマクロ経済動学では，均衡経路と最適経路が一致しない場合の動学経路の分析も盛んである．以下では，その代表例として外部性や規模の経済性をとりあげる．

　本章の前半で示すように，外部性や規模の経済性の存在は市場における均衡経路の複雑性を大幅に高める．外部性とは，経済主体が市場を通さないで，直接影響し合う現象であり，知識の共有や集積の効果がその例である．ここでは話を簡単にするために，代表的経済主体のモデルを用い，経済の平均の活動水準が個人の活動に影響するモデルを考えて，均衡経路にどのような複雑性が発生するかを解説する．

　外部性の存在が均衡経路の複雑性を高めるのは，均衡経路を最適経路から乖離させるためである．規模の経済性の存在も市場均衡を最適経路から乖離させる．そのため，市場均衡の動きが非常に複雑になりうることは外部性が存在する場合とあまり違わない．そこで，本書の後半では均衡経路の分析から離れ，S字型生産関数を仮定し，規模の経済が存在する場合について最適動学経路の性質を説明する．

13.1 外部効果をもつ2部門モデル

動学的均衡モデルに多数の消費者や企業を導入して,動学的一般均衡モデルとすることは第5章で扱った.これは経済主体が市場を通じて相互に依存する場合である.経済主体が市場を通じないで,直接影響し合うのは外部効果(外部性)とよばれ,知識の共有や集積の効果がその例である.経済主体の相互依存を分析するために,異なる多数の経済主体をモデルに明示的に導入してもよいが,分析は複雑になる.

そこで,多数の経済主体を導入する代わりに,代表的な経済主体のモデルで,経済の平均の活動水準が個々の活動に影響するモデルを考えよう.それでも多数主体の相互依存モデルで生じる動学の本質を知ることは可能である[1].問題の設定は,第12章12.2節のコブ・ダグラス型生産関数のケースを基に,

$$c = e_1 K_1^{\alpha_1} L_1^{\alpha_2}, \quad (\alpha_1, \alpha_2 > 0) \tag{13.1}$$

$$y = e_2 K_2^{\beta_1} L_2^{\beta_2}, \quad (\beta_1, \beta_2 > 0) \tag{13.2}$$

を用いる.第12章では指数の和が1であったのが,この節では必ずしも1と等しくない.また,それぞれの生産関数に掛けられている係数 e_1, e_2 は外部効果によって,毎期変化する.(13.1),(13.2)は各産業の代表的企業の生産関数で,それを**私的見地からの生産関数**とよぶ.係数 e_i は各産業での要素の平均投入水準 $\overline{K}_i, \overline{L}_i$ に依存し,

$$e_1 = \overline{K}_1^{a_1} \overline{L}_1^{a_2}, \quad e_2 = \overline{K}_2^{b_1} \overline{L}_2^{b_2} \tag{13.3}$$

の形をしているものとする.企業が投入水準を決定する際には,$\overline{K}_i$ と $\overline{L}_i$,すなわち e_i を一定とみなしている.企業は,各期間の要素の平均投入量 $\overline{K}_i, \overline{L}_i$ についての予想をもち,一定の予想の下で自己の生産量の決定をする.しかし,代表的企業の選ぶ K_i と L_i は,事後的には産業での要素の平均的投入水

---

[1] 以下の結果は,Benhabib, J., K. Nishimura, and A. Venditti (2002), "Indeterminacy and Cycles in Two-Sector Discrete-Time Models," *Economic Theory* 20, pp.217-235 によっている.

準レベル $\overline{K}_i, \overline{L}_i$ と一致する．

もし，企業が $\overline{K}_i=K_i, \overline{L}_i=L_i$ であることを知って，生産要素を変数としてみるなら，

$$c = K_1^{\alpha_1+a_1} L_1^{\alpha_2+a_2}, \quad y = K_2^{\beta_1+b_1} L_2^{\beta_2+b_2} \tag{13.4}$$

を生産関数と認識する．(13.4)を**社会的見地からの生産関数**とよぶ．以下では，社会的見地からの生産関数は1次同次性をもつ，すなわち，

$$\alpha_1+\alpha_2+a_1+a_2 = 1, \quad \beta_1+\beta_2+b_1+b_2 = 1$$

であると仮定する．

第1産業では代表的企業が，利潤，

$$\pi_1 = p_1 e_1 K_1^{\alpha_1} L_1^{\alpha_2} - w_1 K_1 - w_2 L_1 \tag{13.5}$$

を最大化する．最大化の1階の条件から，

$$\frac{\alpha_1 L_1}{\alpha_2 K_1} = \frac{w_1}{w_2} \tag{13.6}$$

が得られ，第2産業の企業の利潤最大化条件も合わせると，

$$\left(\frac{K_1}{L_1}\right) \bigg/ \left(\frac{K_2}{L_2}\right) = \left(\frac{\alpha_1}{\alpha_2}\right) \bigg/ \left(\frac{\beta_1}{\beta_2}\right) \tag{13.7}$$

となり，

$$\left(\frac{K_1}{L_1}\right) \gtreqless \left(\frac{K_2}{L_2}\right) \Longleftrightarrow \left(\frac{\alpha_1}{\alpha_2}\right) \gtreqless \left(\frac{\beta_1}{\beta_2}\right) \tag{13.8}$$

が成り立つ．α_1 と β_1 は定数であるので，$\frac{\alpha_1}{\alpha_2}>(<)\frac{\beta_1}{\beta_2}$ ならば，消費財部門が，常により資本(労働)集約的となる．これを**私的見地から消費財部門が資本集約的である**という．

$$L_1 = \frac{\alpha_2 \beta_1}{\alpha_1 \beta_2} \cdot \frac{L_2}{K_2} \cdot K_1 \tag{13.9}$$

を $L_1+L_2=1$ に代入して，$K_1=x-K_2$ を用いると，

$$L_2 = \frac{\alpha_1 \beta_2 K_2}{\alpha_2 \beta_1 x + (\alpha_1 \beta_2 - \alpha_2 \beta_1) K_2} \tag{13.10}$$

が得られる．これを (13.2) に代入して，

$$e_2(\alpha_1\beta_2)^{\beta_2}K_2^{\beta_1+\beta_2} = y[\alpha_2\beta_1 x+(\alpha_1\beta_2-\alpha_2\beta_1)K_2]^{\beta_2} \quad (13.11)$$

を得て，この式を K_2 について解くと，x, y, e_2 の関数となる．それを

$$K_2 = \widehat{K}_2(x,y;e_2) \quad (13.12)$$

とおく．すると，(13.10)と $L_1=1-L_2$, $K_1=x-K_2$ から，L_2, L_1, K_1 も x, y, e_2 の関数となる．よって，

$$K_1 = \widehat{K}_i(x,y;e_2), \quad L_i = \widehat{L}_i(x,y;e_2), \quad i=1,2 \quad (13.13)$$

更に，

$$\Delta^*(x,y;e_2) = \alpha_2\beta_1 x+(\alpha_1\beta_2-\alpha_2\beta_1)\widehat{K}_2(x,y;e_2) \quad (13.14)$$

とおく．すると，$L_1=1-L_2$, $K_1=x-K_2$ より (13.1) 式は，

$$c = e_1\left(\frac{\alpha_2\beta_1}{\Delta^*(x,y;e_2)}\right)^{\alpha_2}\left(x-\widehat{K}_2(x,y;e_2)\right)^{\alpha_1+\alpha_2} \quad (13.15)$$

となる．これが社会的生産関数 $T^*(y,x;e_1,e_2)$ である．

ここで，e_1 と e_2 の流列 $\{e_{1t},e_{2t}\}_{t=0}^{\infty}$ を所与とし，線形の効用関数を仮定し，その効用の現在価値の和を最大化する問題，

$$\max \sum_{t=0}^{\infty} \rho^t T^*(k_{t+1},k_t;e_{1t},e_{2t})$$
$$s.t.\ k_0,\ \{e_{1t},e_{2t}\}_{t=0}^{\infty} \text{ given} \quad (13.16)$$

を考える．すると，(13.16)のオイラー方程式は

$$T_1^*(k_t,k_{t-1};e_{1t-1},e_{2t-1})+\rho T_2^*(k_{t+1},k_t;e_{1t},e_{2t}) = 0 \quad (13.17)$$

である．(13.16)の解は更に横断性条件，

$$\lim_{t\to\infty} \rho^t k_{t+1} T_1^*(k_{t+1},k_t;e_{1t},e_{2t}) = 0 \quad (13.18)$$

をみたしている．逆に，第6章定理6.2により，(13.17)と(13.18)をみたす $\{k_t\}_{k=0}^{\infty}$ は(13.16)の解である．(13.16)の解は $\{e_{1t},e_{2t}\}_{t=0}^{\infty}$ に依存している．

解に対応して得られる K_i, L_i が,

$$e_{1t} = \left(\widehat{K}_1(k_t, k_{t+1}; e_{2t})\right)^{a_1} \left(\widehat{L}_1(k_t, k_{t+1}; e_{2t})\right)^{a_2} \quad (13.19)$$

$$e_{2t} = \left(\widehat{K}_2(k_t, k_{t+1}; e_{2t})\right)^{b_1} \left(\widehat{L}_2(k_t, k_{t+1}; e_{2t})\right)^{b_2} \quad (13.20)$$

をすべての t についてみたすなら, 解 $\{k_t\}_{t=0}^{\infty}$ を**均衡経路**とよぶ. これは均衡経路上では代表的企業が産業の要素平均投入量についてもつ予想が, 実現した値と一致するからである. (13.19), (13.20) を e_{1t}, e_{2t} について解くと, e_{it} は k_t と k_{t+1} の関数 $e_{it}(k_t, k_{t+1})$ となる. これを T^* に代入して,

$$T(k_{t+1}, k_t) = T^*(k_{t+1}, k_t; e_{1t}(k_t, k_{t+1}), e_{2t}(k_t, k_{t+1}))$$

とおく.

(13.1), (13.2) の右辺を $e_1 F^1(K_1, L_1)$, $e_2 F^2(K_2, L_2)$ とおくと, 社会的生産関数 T^* は, パレート最適解を求める問題のラグランジュ関数で $p_1=1$ とした,

$$\begin{aligned}L = {} & p_1 e_1 F^1(K_1, L_1) + p_2(e_2 F^2(K_2, L_2) - y) \\ & + w_1(x - K_1 - K_2) + w_2(1 - L_1 - L_2)\end{aligned} \quad (13.21)$$

を使って求めたものと同じになる. 1 階の条件として,

$$\frac{\partial L}{\partial K_i} = p_i e_i F_1^i - w_1 = 0, \quad i = 1, 2 \quad (13.22)$$

$$\frac{\partial L}{\partial L_i} = p_i e_i F_2^i - w_2 = 0, \quad i = 1, 2 \quad (13.23)$$

$$\frac{\partial L}{\partial p_2} = e_2 F^2(K_2, L_2) - y = 0 \quad (13.24)$$

$$\frac{\partial L}{\partial w_1} = x - K_1 - K_2 = 0 \quad (13.25)$$

$$\frac{\partial L}{\partial w_2} = 1 - L_1 - L_2 = 0 \quad (13.26)$$

が得られる. すべての 1 階条件を連立させると,

$$p_2, \ K_i, \ L_i, \ w_i, \quad i = 1, 2$$

が解として得られる. (13.21) に包絡線の定理を適用すると,

$$T_1^* = -p_2, \quad T_2^* = w_1 \tag{13.27}$$

更に，時間を明示することで，

$$\begin{aligned} p_{2t} &= -T_1^*(k_t, k_{t-1}; e_{1t-1}, e_{2t-1}) \\ w_{1t} &= T_2^*(k_{t+1}, k_t; e_{1t}, e_{2t}) \end{aligned} \tag{13.28}$$

とおく．均衡経路のみを考慮して，(13.28)を $e_{it}(k_t, k_{t+1})$, $i=1,2$ で評価したときの価格を，

$$p_{2t} = p_2(k_{t-1}, k_t), \quad w_{1t} = w_1(k_t, k_{t+1})$$

とおく．すると，オイラー方程式(13.17)は，

$$p_2(k_{t-1}, k_t) - \rho w_1(k_t, k_{t+1}) = 0 \tag{13.29}$$

となる．もし，定常解が(13.29)式をみたすなら，それは横断性条件(13.18)もみたしているので，定常均衡解となる．その値を次の補題で求めよう．

補題 13.1 定常解は，

$$k = \frac{(\rho \beta_1)^{\frac{1}{\beta_2 + b_2}} \alpha_1 \beta_2}{\beta_1 [\alpha_2 + (\alpha_1 \beta_2 - \alpha_2 \beta_1) \rho]} \tag{13.30}$$

である．

証明 (13.22)式と(13.2)式から

$$\frac{p_2 \beta_1 y}{\widehat{K}_2} = w_1 \tag{13.31}$$

これに(13.29)式を合わせると，

$$\widehat{K}_2(k, y) = \rho \beta_1 y \tag{13.32}$$

(13.10)式を e_2 に代入して，更にそれを(13.11)式に代入すると，

$$(\alpha_1 \beta_2)^{\beta_2 + b_2} \widehat{K}_2 = y [\alpha_2 \beta_1 k + (\alpha_1 \beta_2 - \alpha_2 \beta_1) \widehat{K}_2]^{\beta_2 + b_2} \tag{13.33}$$

を得る．ここで(13.32)式を代入し，$k=y$ とおくと(13.30)を得る．

社会的生産関数の2階偏微分を求めるために，関連する項を均衡経路で評価する．そのために，まず，

$$g(x,y) = \widehat{K}_2(x,y;e_2(x,y)) \tag{13.34}$$

と定義する．更に，$\Delta(x,y)=\Delta^*(x,y;e_2(x,y))$ すなわち，

$$\Delta(x,y) = \alpha_2\beta_1 x + (\alpha_1\beta_2-\alpha_2\beta_1)g(x,y) \tag{13.35}$$

とする．すると，$T(y,x)=T^*(y,x;e_1(x,y),e_2(x,y))$ は，(13.15)から，

$$T(y,x) = \left[\frac{\alpha_2\beta_1}{\Delta(x,y)}\right]^{\alpha_2+a_2}(x-g(x,y)) \tag{13.36}$$

となる．

すると，1階偏微分 $w_1=T_2^*$ は，(13.1), (13.22)と $p_1=1$ から，

$$\begin{aligned}w_1 &= \frac{\alpha_1 c}{\widehat{K}_1} \\ &= \alpha_1\left[\frac{\alpha_2\beta_1}{\Delta(x,y)}\right]^{\alpha_2+a_2}\end{aligned} \tag{13.37}$$

また，(13.2), (13.22)と(13.33)から $p_2=-T_1^*$ は，

$$\begin{aligned}p_2 &= \frac{w_1 g(x,y)}{\beta_1 y} \\ &= \frac{w_1}{\beta_1}\left(\frac{\Delta(x,y)}{\alpha_1\beta_2}\right)^{\beta_2+\hat{b_2}}\end{aligned} \tag{13.38}$$

オイラー方程式(13.17)を更に展開して，定常均衡解での特性根を求めることで，局所的な安定・不安定性を調べたい．そこで，

$$v_1(k_t, k_{t+1}) = T_2^*(k_{t+1}, k_t; e_1(k_t, k_{t+1}), e_2(k_t, k_{t+1})) \tag{13.39}$$

$$v_2(k_t, k_{t+1}) = T_1^*(k_{t+1}, k_t; e_1(k_t, k_{t+1}), e_2(k_t, k_{t+1})) \tag{13.40}$$

とおく．すると特性方程式は，

$$\rho\lambda^2 + \frac{v_{22}+\rho v_{11}}{v_{12}}\lambda + \frac{v_{21}}{v_{12}} = 0 \tag{13.41}$$

となる．v_{ij} は v_i を $v(x,y)$ の j 番目の要素で偏微分したものである．ここで，

定常均衡解(13.30)における $\Delta(k,k)$ の値を Δ とおくと, $\Delta = (\rho\beta_1)^{\frac{1}{\beta_2+b_2}} \alpha_1\beta_2$ が成り立つ. これを用い, また,

$$M = \frac{\alpha_1(\alpha_2+a_2)}{\alpha_2\beta_1} \left(\frac{\alpha_2\beta_1}{\Delta}\right)^{\alpha_2+a_2+1} \tag{13.42}$$

とおくなら, (13.37), (13.38)から, $v_1 = \frac{M\Delta}{\alpha_2+a_2}$ かつ,

$$v_{11} = -M\Delta_1, \quad v_{12} = -M\Delta_2, \quad v_{21} = v_{22}\frac{\Delta_1}{\Delta_2} \tag{13.43}$$

$$v_{22} = \rho M[(\alpha_2+a_2)-(\beta_2+b_2)]\frac{\Delta_2}{\alpha_2+a_2} \tag{13.44}$$

である. ここで, Δ_1 と Δ_2 は $\Delta(x,y)$ の偏微分である. 以上の準備の下で, 以下の補題が得られる.

補題 13.2 特性方程式(13.41)の解は,

$$\lambda_1 = \frac{\alpha_2}{\rho(\alpha_2\beta_1-\alpha_1\beta_2)}, \quad \lambda_2 = \frac{(\alpha_2+a_2)-(\beta_2+b_2)}{\alpha_2+a_2} \tag{13.45}$$

である.

証明 (13.43)と(13.44)を(13.41)に代入すると,

$$\lambda^2 + \left[\frac{(\beta_2+b_2)-(\alpha_2+a_2)}{\alpha_2+a_2} + \frac{\Delta_1}{\Delta_2}\right]\lambda + \left[\frac{(\beta_2+b_2)-(\alpha_2+a_2)}{\alpha_2+a_2}\right] \cdot \frac{\Delta_1}{\Delta_2} = 0 \tag{13.46}$$

である. よって,

$$\lambda = \frac{(\alpha_2+a_2)-(\beta_2+b_2)}{\alpha_2+a_2}, \quad -\frac{\Delta_1}{\Delta_2} \tag{13.47}$$

となる.

$\frac{\Delta_1}{\Delta_2}$ を求めるために, (13.33)式から,

$$(\alpha_1\beta_2)^{\beta_2+b_2} g_1 = y(\beta_2+b_2)\Delta^{\beta_2+b_2-1}\Delta_1 \tag{13.48}$$

$$(\alpha_1\beta_2)^{\beta_2+b_2} g_2 = \Delta^{\beta_2+b_2} + y(\beta_2+b_2)\Delta^{\beta_2+b_2-1}\Delta_2 \tag{13.49}$$

が得られる. また, (13.14), (13.35)式より,

$$\Delta_1 = \alpha_2\beta_1 + (\alpha_1\beta_2 - \alpha_2\beta_1)g_1$$
$$\Delta_2 = (\alpha_1\beta_2 - \alpha_2\beta_1)g_2 \tag{13.50}$$

が得られる．(13.48)-(13.50)から g_1 と g_2 を消去して，定常状態での Δ の値を代入すると，

$$\frac{\Delta_1}{\Delta_2} = \frac{\alpha_2}{\rho(\alpha_1\beta_2 - \alpha_2\beta_1)} \tag{13.51}$$

となり，特性解(13.45)を得る．

　均衡経路は最大化問題(13.16)の解であって，しかも外部効果に対する予想が実現値と一致するものである．外部効果を含む最大化問題では，通常の最適化問題で生じない現象が起こりうる．状態変数の初期値 k_0 を与えたとき，これまでの最適化問題では最適解 $\{k_t\}_{t=0}^{\infty}$ が一意的に決まった．ところが，外部性のある最大化問題では，同じ初期値 k_0 をもつ均衡解が複数，場合によっては無限個数存在する場合がある．ある初期値 k_0 をもつ均衡解が複数個あるとき，それを**均衡の不決定性**とよぶ．

　均衡経路は，オイラー方程式，

$$T_1^*(k_1, k_0; e_1(k_0, k_1), e_2(k_0, k_1)) + \rho T_2^*(k_2, k_1; e_1(k_1, k_2), e_2(k_1, k_2)) = 0 \tag{13.52}$$

をみたす．k_0 が所与のとき，(13.52)をみたす (k_1, k_2) の組は無数にある．外部性の存在しない最適化問題においては，k_0 が所与のとき，最適解上の k_1 の値は一意的に決まった．(13.17)をみたす他の k_1 は最適経路上にない．一方，外部性がある問題での均衡経路の不決定性とは，k_0 に対して(13.52)をみたす複数の (k_1, k_2) の組が，場合によってはすべての (k_1, k_2) の組が均衡経路となるということである．

　均衡の不決定性の十分条件を求めるために，消費財部門は私的見地から資本集約的である，すなわち，$\frac{\alpha_1}{\alpha_2} - \frac{\beta_1}{\beta_2} > 0$ をみたす場合のみを考えよう．更に，その条件を強め，次の関係が成り立つとする．

仮定 13.1 $\frac{\alpha_1}{\alpha_2} - \frac{\beta_1}{\beta_2} > \frac{1}{\beta_2}$

次に外部効果を含む条件を次のように表現しよう．もし，

$$\frac{\alpha_1+a_1}{\alpha_2+a_2} > \frac{\beta_1+b_1}{\beta_2+b_2}$$

がみたされるなら，消費財産業は**社会的見地**から**資本集約的**であるという．もし各産業の代表的企業が，社会的見地からの生産関数(13.4)に従って生産をするなら，(13.8)の α_i と β_i が α_i+a_i と β_i+b_i でおきかえられるからである．

仮定 13.2 $\alpha_2+a_2 > \frac{\beta_2+b_2}{2}$

この仮定は，消費財産業が社会的見地から労働集約的であれば，必ずみたされる．たとえ，資本集約的であっても，仮定 13.2 をみたすケースがある．

今，定常解において均衡が局所不決定的であるとは，定常均衡解 k^* の近傍の任意の点 k_0 を初期値とする均衡経路が複数個あることであるとする．そして，$\rho_1 = \frac{\alpha_2}{\alpha_1\beta_2 - \alpha_2\beta_1}$ とおくと，仮定 13.1 の下で $0<\rho_1<1$ であり，次の定理が成り立つ．

定理 13.1 仮定 13.1 と仮定 13.2 の下で以下のことが成立する．

(i) 任意の $\rho \in (\rho_1, 1)$ に対して，定常解は全安定となり，定常解において均衡は局所不決定的である．

(ii) ρ が ρ_1 を下回ると定常解は鞍点となり，十分小さな $\varepsilon>0$ に対して，$(\rho_1, \rho_1+\varepsilon)$ か $(\rho_1-\varepsilon, \rho_1)$ に属する任意の ρ に対して周期 2 の均衡経路が存在する．

証明 (i) 仮定 13.1 から $\rho_1<\rho<1$ に対しては，補題 13.2 の根のうち，λ_1 が $-1<\lambda_1<1$ をみたしている．また，仮定 13.2 の下で $-1<\lambda_2<1$ がいえる．よって，定常解 k^* は全安定であり，定常解 k^* の近傍の任意の点 k_0 に対して，オイラー方程式(13.52)をみたすすべての解は，定常解に収束する．したがって，それらの解は横断性条件をみたし，均衡解となる．

(ii) 仮定 13.2 の下で $-1<\lambda_2<1$ はみたされているが，ρ が ρ_1 より下回るとき，λ_1 は -1 を上からよぎることになる．このとき，第 8 章 8.2.1 節のフリップ分岐により，周期 2 の解が $(\rho_1, \rho_1+\varepsilon)$ か，$(\rho_1-\varepsilon, \rho_1)$ に属する ρ の値に対

して存在するように適当な正数 ε を選べる.

13.2　S字型生産関数をもつ最適成長モデル

ここで与えられる問題は，形式的にはこれまでと同様に

$$\max \sum_{t=1}^{\infty} \rho^{t-1} u(c_t)$$
$$s.t. \quad c_t + k_t \leq f(k_{t-1}), \quad t = 1, 2, \cdots \qquad (13.53)$$
$$k_0 \text{ given}$$

と書かれる．そして，(13.53)の最大値を $V(k_0)$ とおける．ここで V は価値関数である．

効用関数は，これまで通り，微分可能で，狭義の単調増加な強い意味での凹関数とする．そして,

$$u(0) = 0, \quad \lim_{c \to 0} u'(c) = \infty \qquad (13.54)$$

を仮定する．一方，生産関数については，凹関数という仮定を弱めて，資本ストック量 k が一定量 k_I 以下では収穫逓増，すなわち，k の増加と共に限界生産力が増加する，そして，k_I 以上で収穫逓減，すなわち，限界生産力が減少することを仮定する．生産関数は，k_I を変曲点とするS字型を成す(図 13-1)．よって,

$$0 < k < k_I \text{ に対して,} \quad f''(k) > 0$$
$$k_I < k \text{ に対して,} \quad f''(k) < 0 \qquad (13.55)$$

である．更に,

$$k > 0 \text{ に対して,} \quad f'(k) > 0$$
$$f(0) = 0 \qquad (13.56)$$
$$\lim_{k \to 0} f'(k) > 1, \quad \lim_{k \to \infty} f'(k) < 1$$

を仮定する．

以上の改訂されたモデルは，これまでのモデルと比較し易いように，同じ

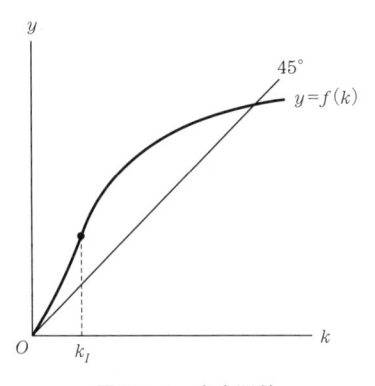

図 13-1 生産関数

変数を用いて表わされている．しかし，その解釈は，全く異なるものとなり得る．もはや，変数 k や c を，1 人当たりに正規化されたものと解釈する必要はない．例えば，k_{t-1} を魚，樹木などの特定の生物資源の生息数と考えてみよう．すると，生産関数は，生物の成長曲線と解釈される．生産量は，1 期後の生物の存在量である．そのうち，c_t が収穫されると，k_t が自然界に残される生息数となる．効用関数は，収穫から得られる企業の利益と解釈することも，それを消費して得られる社会的厚生と解釈することも可能である．このとき，問題(13.53)は，**再生可能資源モデル**とよばれる[2]．

第 1 章 1.5 節の議論にもとづいて，生産関数 $F(K,L)$ を考えると，この関数が 1 次同次かつ準凹関数であれば，実は凹関数となる．したがって，問題(13.53)の変数が 1 人当たりに正規化されたものであるとするなら，F が 1 次同次ではあるが，準凹性をみたさないと仮定する必要がある．さもなくば，f は収穫逓増部分をもたないであろう．また，問題(13.53)の変数を 1 人当たりの変数ではなく，単なる集計化された変数とするなら，F の 1 次同次性も準凹性も仮定せずに，労働量 L を一定とした $F(k,L)$ を再定義したものが，

---

[2] 実際，効用関数が線形である場合について，この種のモデルを分析した Clark, C. W. (1971), "Economically Optimal Policies for the Utilization of Biologically Renewable Resources," *Mathematical Biosciences* 17, pp.245-268 では，再生可能資源モデルを用いている．更に，線形効用関数のケースについて，Majumdar, M., and T. Mitra (1983), "Dynamic Optimization with a Nonconvex Technology: The Case of a Linear Objective Function," *Review of Economic Studies* 50, pp.143-152 がある．

$f(k)$ であると解釈することもできる．以下では，いずれの立場をとるかに関わらず，問題(13.53)の最適解の分析を行うこととする．

生産関数が凹関数ではないので，一定の初期値に対する最適解の一意性，価値関数 $V(k)$ が凹関数となることは保証されない．しかし，次の結果については，第 4 章の補題 4.1 と 4.3 をそのまま現在のモデルにも適用することができる．

補題 13.3 任意の $k_0 \geq 0$ を初期値とする，問題(13.53)の最適解 $(\mathbf{c}, \mathbf{k})$ が存在する．

補題 13.4 $k_0 > 0$ を初期値とする問題(13.53)の最適解 $(\mathbf{c}, \mathbf{k})$ に対して，$c_t > 0$, $k_t > 0$ がすべての t について成り立つ．

補題 13.4 により $k_0 > 0$ を初期値とする最適経路上では，消費財，資本ストックが，共に正の値をとる．よって，$0 \leq y \leq f(x)$ をみたす点 (x, y) の組の集合を D と定義すると，最適経路上では，(k_{t-1}, k_t) が D の内点となる．したがって，最適解は，オイラー方程式，

$$u'(c_t) = \rho u'(c_{t+1}) f'(k_t) \tag{13.57}$$

をみたす．そして，長期均衡は，

$$f'(k) = \rho^{-1} \tag{13.58}$$

の解として求まる．注意すべきは，(13.58)式の解は，2 個存在する可能性があることである．それを，$k_* < k^*$ とする．k_* を**下方定常解**，k^* を**上方定常解**とよぼう(図 13-2)．オイラー方程式を 2 階の差分方程式とみなし，定常解で線形近似をすると，上方定常解では，特性根が共に正で，1 つは 1 より小さく，他が 1 より大きい．しかし，このことだけで，上方定常解の安定性を判断することはできない．生産関数が凹関数ではないので，オイラー方程式と横断性条件をみたす実行可能な経路が最適解であるという結果は，必ずしも成立しないからである．下方定常解 k_* に留まる定常解は，オイラー方程式をみた

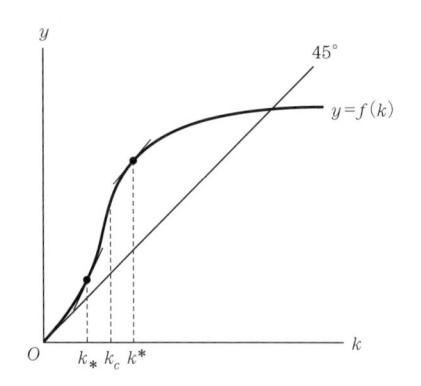

図 13-2 下方定常解と上方定常解

しているが，これが最適であるか否かもわからない．

最適解の性質を調べる為に，以下の定理が重要である[3]．

定理 13.2 $k_0 < k_0'$ を初期値とする最適解を $\mathbf{k}, \mathbf{k}'$ とすると，$k_t < k_t'$ ($t=1, 2, \cdots$) が成り立つ．

証明 $v(k_0, k_1) = u(f(k_0) - k_1)$ とおくと，v の交叉偏微分が，$v_{12} = -u''f' > 0$ である．よって，定理 11.1 を適用して，最適解が単調であることがわかる．

系 13.1 k_0 を初期値とする最適解 $\mathbf{k}$ について，次が成り立つ．

(i) $k_0 < k_1$ ならば $k_t < k_{t+1}$ ($t=1, 2, \cdots$)

(ii) $k_0 > k_1$ ならば $k_t > k_{t+1}$ ($t=1, 2, \cdots$)

(iii) $k_0 = k_1$ ならば $k_t = k_{t+1}$ ($t=1, 2, \cdots$)

証明 (i) $k_0' = k_1$ として，定理 13.2 を適用すると，$k_0 < k_0' = k_1$ なら，$k_t < k_t'$

---

[3] 以下の議論は，Dechert, W. D., and K. Nishimura (1983), "A Complete Characterization of Optimal Growth Paths in an Aggregated Model with a Non-Concave Production Function," *Journal of Economic Theory* 31, pp.332-354 による．その後，この議論，特に定理 13.2 は，Majumdar, M., and M. Nermuth (1982), "Dynamic Optimization in Non-convex Models with Irreversible Investment: Monotonicity and Turnpike Results," *Zeitschrift für Nationalökonomie* 42, No.4, pp.339-362 や Mitra, T., and D. Ray (1984), "Dynamic Optimization on a Non-Convex Feasible Set: Some General Results for Non-Smooth Technologies," *Zeitschrift für Nationalökonomie* 44, pp.151-175 によって，非凹性をもつ生産関数の最適問題に，更に応用されている．

$=k_{t+1}$ が得られる．(ii) も同様である．(iii) は $(k_0,k_1)=(k_0,k_0)$ なら，k_1 $(=k_0)$ からの最適経路上でも $(k_1,k_2)=(k_0,k_0)$ となる．同様にして，$k_t=k_{t+1}$ である．

系 13.1 の (iii) は k_0 が最適定常解であることを意味している．最適定常解の候補としては，$0, k_*, k^*$ のみが考えられることは明らかであろう．実際，次の定理が成り立つことは，明らかである．

定理 13.3 すべての最適解は，$0, k_*, k^*$ のいずれかに収束する．

証明 $f(x)=x$ の解で $f'(x)<1$ をみたすものを $\bar{K}$ とする．$\bar{K}$ は必ず存在する．十分大きな t に対して，最適経路上の k_t は，必ず区間 $[0,\bar{K}]$ に入る．$\{k_t\}$ は単調な数列なので $[0,\bar{K}]$ の中に極限をもつ．

k が $0, \bar{K}$ のいずれかの値をとると，$f(k)-k$ は 0 となる．いま，$k_0=\bar{K}$ とする．$\bar{K}$ に留まるなら，総効用は $\frac{u(0)}{1-\rho}=0$ である．しかし，$k_1=\frac{1}{2}f(\bar{K})$ とするなら，正の消費で正の効用を得るので，$\bar{K}$ は最適定常解ではない．

いま，最適経路 $\{k_t\}$ が $\bar{k}>0$ に収束するとする．$\bar{k}\leq\bar{K}$ は明らかである．最適解の上半連続性から，初期値の数列 $\{k_0^n\}_{n=0}^{\infty}$ をとり，k_0^n を $\bar{k}$ に収束させると，k_0^n からの最適経路上の k_t^n も $\bar{k}$ に収束する．第 6 章定理 6.6 の最適解の上半連続性から，$\bar{k}$ は最適定常解である．したがって，$\bar{k}\neq\bar{K}$．よって $0<\bar{k}<\bar{K}$ であり，オイラー方程式から，

$$u'(f(\bar{k})-\bar{k}) = \lim_{t\to\infty} u'(f(k_{t-1})-k_t)$$
$$= \lim_{t\to\infty} \rho u'(f(k_t)-k_{t+1})f'(k_t)$$
$$= \rho u'(f(\bar{k})-\bar{k})f'(\bar{k})$$

が成り立つ．$f(\bar{k})-\bar{k}>0$ なので，

$$\rho f'(\bar{k}) = 1$$

よって，極限 $\bar{k}$ は k_* か k^* のどちらかである．以上から最適解が，定常解 $0, k_*, k^*$ のいずれかに収束することがわかる．

定理 13.2 により，ある $k_0>0$ を初期値とする解が 0 に収束するなら，それより小さい値を初期値とする解はすべて 0 に収束する．逆に，ある $k_0>0$ を初期値とする解が上方定常解に収束するなら，より大きい値を初期値とする解は，すべて上方定常解に収束することがわかる．0 に収束する解，上方定常解に収束する解が存在する範囲を調べてみよう．そのために補題 13.5 を証明しておく．

強い意味の凹関数 u については，互いに異なる c_1, c_2 を $\alpha_1+\alpha_2=1$ をみたす $\alpha_1>0, \alpha_2>0$ で内分する点 E について，$\alpha_1 u(c_1)+\alpha_2 u(c_2)<u(\bar{c})$ が成り立つ．帰納法を用いるなら，$c_1,\cdots,c_n$ と $\sum_{j=1}^{n}\alpha_j=1$ をみたす $\alpha_1,\cdots,\alpha_n$ に対して，少なくとも 1 つの c_j が $\bar{c}=\sum_{j=1}^{n}\alpha_j c_j$ と異なるなら，$\sum_{j=1}^{n}\alpha_j u(c_j)<u(\bar{c})$ をみたす．同様の関係は n が無限であっても成り立ち，以上の結果は **Jensen の不等式** とよばれている．

補題 13.5 k_0 を初期値とする最適解上で，$k_t \neq k_0$ なる t があるなら，

$$f(k_0)-k_0 \leq (1-\rho)\sum_{t=0}^{\infty}\rho^t c_{t+1} \tag{13.59}$$

である．

証明 最適解に対応する消費経路 $\{c_t\}$ に対して，$\bar{c}=(1-\rho)\sum_{t=0}^{\infty}\rho^t c_{t+1}$ とおくならば，$\sum_{t=0}^{\infty}\rho^t c_{t+1}=\sum_{t=0}^{\infty}\rho^t \bar{c}$ が成立する．もし，少なくとも 1 つの t に対して，$c_t \neq \bar{c}$ であれば，Jensen の不等式によって，

$$(1-\rho)\sum_{t=0}^{\infty}\rho^t u(c_{t+1}) < u(\bar{c}) \tag{13.60}$$

がみたされる．もし，(13.59) が成り立たなければ，

$$\sum_{t=0}^{\infty}\rho^t u(c_{t+1}) < \sum_{t=0}^{\infty}\rho^t u(\bar{c}) < \sum_{t=0}^{\infty}\rho^t u(f(k_0)-k_0) \tag{13.61}$$

となり，$f(k_0)-k_0$ の一定値を消費することによって，最適経路より高い効用を得ることができるので矛盾が生じる．よって，(13.59)式が成り立たなければならない．

以下では，ρ^{-1} の値によって図 13-3 の 4 つのケースに場合分けをして，議

図 13-3

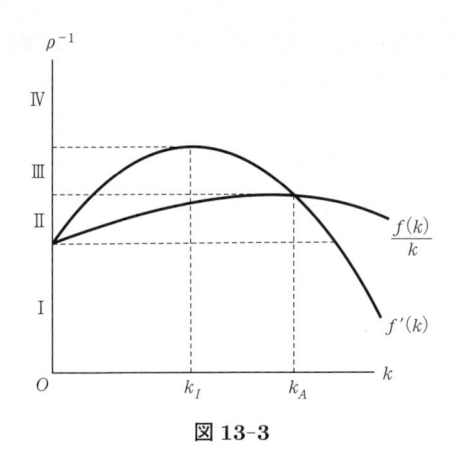

論をする．

13.2.1 $f'(0) > \rho^{-1}$ の場合

これは ρ^{-1} の値が図 13-3 の I の領域にあるケースである．この場合は，下方定常解は存在しないのですべての正の解は，上方定常解に収束する．

定理 13.4 $\rho f'(0) > 1$ ならば，$k_0 > 0$ を初期値とするすべての最適解は k^* に収束する．

証明 0 を初期値とする解は 0 に留まるので，$k_0 > 0$ を初期値とする解 $\{k_t\}$ は，$k_t > 0$ をすべての $t > 1$ についてみたし，オイラー方程式，

$$u'(c_{t-1}) = \rho f'(k_{t-1}) u'(c_t) \tag{13.62}$$

もみたす．k_t が 0 に収束すると仮定すると，十分大きな t について，$\rho f'(k_t) > \rho f'(0) > 1$ なので，(13.62) から $u'(c_{t-1}) > u'(c_t)$ である．よって，十分大きな t について，$c_t > c_{t-1}$ となる．これは k_t が 0 に収束することと矛盾する．よって，k^* に収束することになる．

13.2.2 $f'(0) < \rho^{-1} < \max[f(k)/k]$ の場合

これは ρ^{-1} の値が図 13-3 の II の領域にあるケースである．この場合は，上

方定常解 k^* と下方定常解 k_* の両方が存在する．まず，解が上方定常解に収束する初期値が存在する範囲を求める．

補題 13.6 $\tilde{k}$ を $\rho f(k)=k$ の解で，$\rho f'(k)>1$ をみたすものとする．すると，$\tilde{k} \leq k_0$ ならば，k_0 を初期値とする最適経路は k^* に収束する．

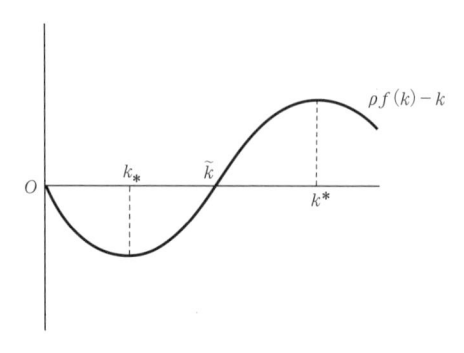

図 13-4

証明 $k_0=k^*$ からの $k_t=k^*$ 以外の任意の経路を $\{k_t\}$ とすると，任意の t に対して，

$$\rho f(k_t)-k_t < \rho f(k^*)-k^* \tag{13.63}$$

が成り立ち，かつ厳密な不等号が少なくとも 1 つの t で成り立つ(図 13-4 を参照)．よって，

$$\begin{aligned} \sum_{t=0}^{\infty} \rho^t [\rho f(k_t)-k_t] &< \frac{\rho f(k^*)-k^*}{1-\rho} \\ \sum_{t=0}^{\infty} \rho^{t+1} [f(k_t)-k_{t+1}]-k_0 &< \frac{\rho(f(k^*)-k^*)}{1-\rho}-k^* \end{aligned} \tag{13.64}$$

$k_0=k^*$ であることを用い，ρ で両辺を割ると，

$$(1-\rho)\sum_{t=0}^{\infty} \rho^t c_{t+1} < f(k^*)-k^* \tag{13.65}$$

補題 13.5 から，k^* を初期値とする唯一の最適解は，$k_t=k^*$ をみたすものである．

次に $k^*<k_0$ で，$\{k_t\}$ が k_0 を初期値とする最適解であるとする．すると，定理 13.2 から $k^*<k_t$ である．定理 13.3 より，k_t は k^* に収束する．

次に，$\tilde{k}\leq k_0<k^*$ に対し，k_0 からの最適解が，0 か k_* に収束するなら，

$$\rho f(k_t)-k_t < \rho f(k_0)-k_0 \tag{13.66}$$

となり，やはり，補題 13.5 と矛盾する．

上の補題の証明から次のことが言える．

系 13.2 $k_0 \neq k_*$ を初期値とする最適解は，k_* に収束することはない．

証明 補題 13.6 から，$\tilde{k}\leq k_0$ なら，最適解は，k^* に収束するので，k_* に収束することはない．$k_0<\tilde{k}$ からの最適解 $\{k_t\}$ が k_* に収束すると，

$$\rho f(k_t)-k_t < \rho f(k_0)-k_0$$

が成り立つ．よって，補題 13.6 の証明と同様に矛盾が得られる．

ちなみに，0 は常に最適な定常解の 1 つである．$\rho f'(0)<1$ がみたされるなら，十分小さな k_0 について，最適解は 0 に収束する．すなわち 0 は，局所的に安定な定常解となる．

補題 13.7 ある $k_0 \in (0, k_*)$ に対して，k_0 からのすべての最適解は 0 に収束する．

証明 すべての $k_0 \in (0, k_*)$ について少なくとも 1 つの最適解が k^* に収束するとしよう．

いま，k^* に達する解を逆向きにとってゆく．k_0 からの解が T 期で k_* に達し，$k_{T-1}<k_*$，$k_*<k_T$ であるとする．0 から $T-1$ までの間で，$\rho f'(k_t)<1$ なので，(13.62) から，$1<t<T$ に対して $c_t<c_{t-1}$ となる．しかし，これは，T を十分大きくとり，k_0 を十分 0 に近づけたときには，成り立ち得ない．よって，少なくとも，1 つの $k_0>0$ に対しては，すべての最適解が 0 に収束する．

以上の準備の下で，資本ストックの臨界点 k_c の存在を証明できる．

定理 13.5 ある $k_c \in (0, \tilde{k})$ が存在して，$k_0 > k_c$ からの最適解はすべて k^* に収束し，$k_0 < k_c$ からの最適解はすべて 0 に収束する．

証明 すべての最適解が 0 に収束する初期値の集合の上限を $\underline{k}_c$ として，すべての最適解が k^* に収束する初期値の集合の下限を $\bar{k}_c$ とする．明らかに，$0 < \underline{k}_c \leq \bar{k}_c < k^*$ である．いま $\underline{k}_c < \bar{k}_c$ とすると，$\underline{k}_c < k_0 < k'_0 < \bar{k}_c$ なる k_0 と k'_0 に対しては，0 に収束する最適解と k^* に収束する最適解の両方が存在する．k_0 から k^* に収束する最適解を $\{k_t\}$，k'_0 から 0 に収束する最適解を $\{k'_t\}$ とすると，定理 13.2 から，すべての t について，$k_t < k'_t$ である．k'_t が 0 に収束するので，k_t は k^* に収束できない．これは矛盾である．よって，$\underline{k}_c = \bar{k}_c$ が成り立たなければならない．

次に，資本ストックの臨界点 k_c からの最適経路が k^* に収束するものと，0 に収束するものの 2 つになる可能性について述べる (図 13-5)．

系 13.3 もし，$k_c \neq k_*$ ならば，k_c を初期値とする最適解に，0 に収束するものと，k^* に収束するものの両方が存在する．

証明 減少する数列 $k_0^n \in (k_c, k^*)$ を k_c に収束するようにとる．k_0^n からの最適解 $\{k_t^n\}$ は k^* に収束するので，$k_c < k_0^n < k_t^n$ である．しかも，任意の t につ

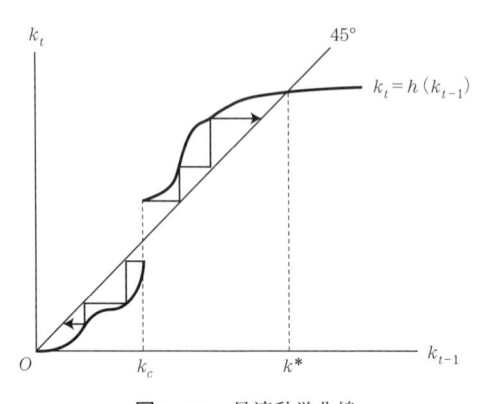

図 13-5 最適動学曲線

いて，$\{k_t^n\}$ は減少する数列である．k_t^n の極限を k_t とする．定理 6.6 より，最適解は上半連続なので，$\{k_t\}$ は k_c からの最適解になる．すべての n と t について，$k_t^n \geq k_c$ が成り立つので，$\{k_t\}$ が 0 に収束することはあり得ない．よって，定理 13.3，系 13.1 から $\{k_t\}$ は k^* に収束する．次に，増加する数列 $k_0^n < k_c$ で k_c に収束するものを考えることによって，その極限が k_c を初期値として，0 に収束する最適解であることがわかる．

13.2.3　$\max[f(k)/k] < \rho^{-1}$ の場合

これは，ρ^{-1} の値が図 13-3 の III，IV の領域にあるケースである．$\rho^{-1} < f'(k_I)$ であれば，上方定常解と下方定常解が存在する．$f'(k_I) \leq \rho^{-1}$ であれば，定常解が存在しなくなり，すべての最適解が 0 に収束する．以下では，$\rho^{-1} < f'(k_I)$ の場合のみを考えよう．それでも，k^* が最適か否かは，効用関数や生産関数に依存することになる．

定理 13.6　$\rho^{-1} < f'(k_I)$ とする．
　(i)　k^* が最適な定常解でなければ，すべての最適解が 0 に収束する．
　(ii)　k^* が最適な定常解なら，$k_c \in (0, k^*)$ が存在して，$k_0 < k_c$ からの最適解はすべて 0 に収束し，$k_0 > k_c$ からの最適解はすべて k^* に収束する．

証明　(i) k_0 からの最適解 $\{k_t\}$ が k^* に収束するなら，最適解の上半連続（定理 6.6）により，k^* は最適定常解となる．したがって，k^* が最適な定常解でなければ，最適解 $\{k_t\}$ は 0 に収束しなければならない．(ii) $k_0 > k^*$ からの最

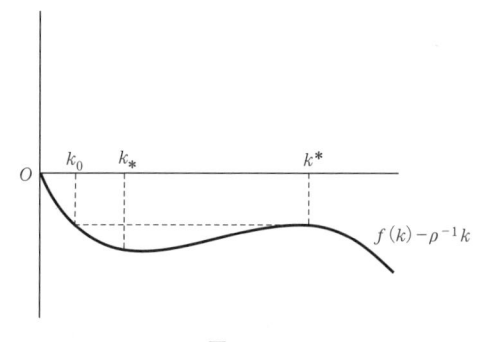

図 13-6

適解は，$k_t > k^*$ をみたすので，k^* に収束する．$k_0 > 0$ が十分小さければ，k^* に収束する $\{k_t\}$ に対して，

$$\rho f(k_t) - k_t < \rho f(k_0) - k_0$$

をみたし(図 13-6)，補題 13.5 から $\{k_t\}$ は最適とならない．よって，十分小さな k_0 からの最適経路は 0 に収束する．k_c の存在と一意性は，定理 13.5 と同様に証明できる．

関連図書

[1] Allen, R. G. D. (1967), *Macro-economic Theory: A Mathematical Treatment*, Macmillan & Co., Ltd.(新開陽一・渡部経彦訳(1968)『現代経済学 マクロ分析の理論』上・下, 東洋経済新報社).
[2] Amir, R., L. J. Mirman, and W. R. Perkins (1991), "One-sector Nonclassical Optimal Growth: Optimality Conditions and Comparative Dynamics," *International Economic Review* 32, 625-644.
[3] Arrow, K. J., H. B. Chenery, B. S. Minhas, and R. M. Solow (1961), "Capital-Labor Substitution and Economic Efficiency," *The Review of Economics and Statistics*, Vol.43, 225-250.
[4] Atsumi, H. (1965), "Neoclassical Growth and the Efficient Program of Capital Accumulation," *Review of Economic Studies* 32, 127-136.
[5] Baba, Y., I. Kubo, and Y. Takahashi (1996), "Li-Yorke's Scrambled Sets have Measure 0," *Nonlinear Analysis, Theory, Methods and Applications* 26, 1611-1612.
[6] Baierl, G., K. Nishimura, and M. Yano (1998), "The Role of Capital Depreciation in Multi-sectoral Models," *Journal of Economic Behavior and Organization* 33, 467-479.
[7] Barro, R. (1974), "Are Government Bonds Net Wealth?," *Journal of Political Economy* 82, 1095-1117.
[8] Becker, R. (1980), "On the Long-Run Steady State in a Simple Dynamic Model of Equilibrium with Heterogeneous Households," *Quarterly Journal of Economics* 95, 375-382.
[9] Benhabib, J., and K. Nishimura (1979a), "On the Uniqueness of Steady States in an Economy with Heterogeneous Capital Goods," *Internation Economic Review* 20, 59-82.
[10] Benhabib, J., and K. Nishimura (1979b), "The Hopf Bifurcation and the Exsitence and the Stability of Closed Orbits in Multisector Models of Optimal Economic Growth," *Journal of Economic Theory* 21, 421-444.
[11] Benhabib, J., and K. Nishimura (1985), "Competitive Equilibrium Cycles," *Journal of Economic Theory* 35, 284-306.
[12] Benhabib, J., K. Nishimura, and A. Venditti (2002), "Indeterminacy and Cycles in Two-Sector Discrete-Time Models," *Economic Theory* 20, 217-235.
[13] Benveniste, L., and J. Scheinkman (1979), "On the Differentiability of the Value Function in Dynamic Models of Economics," *Econometrica* 47, 727-732.
[14] Bewley, T. (1982), "An Integration of Equilibrium Theory and Turnpike Theory," *Journal of Mathematical Economics* 10, 233-267.
[15] Billingsley, P. (1965), *Ergodic Theory and Information*, New York: John

Wiley & Sons (渡辺毅・十時東生訳(1968)『確率論とエントロピー』吉岡書店).
[16] Boldrin, M., and R. Deneckere (1990), "Sources of Complex Dynamics in Two-Sector Growth Models," *Journal of Economic Dynamics and Control* 14, 627-653.
[17] Boldrin, M., and L. Montrucchio (1986), "On the Indeterminacy of Capital Accumulation Paths," *Journal of Economic Theory* 40, 26-39.
[18] Brock, W. A. (1973), "Some Results on the Uniqueness of Steady States in Multisector Models of Optimum Growth when Future Utilities are Discounted," *International Economic Review* 14, 535-559.
[19] Brock, W. A., and A. G. Malliaris (1989), *Differential Equations, Stability and Chaos in Dynamic Economics*, Amsterdam: North-Holland.
[20] Brock, W. A., and J. Scheinkman (1976), "Global Asymptotic Stability of Optimal Control Systems with Applications to the Theory of Economic Growth," *Journal of Economic Theory* 12, 164-190.
[21] Burmeister, E., and A. R. Dobell (1970), *Mathematical Theories of Economic Growth*, London: Macmillan & Co., Ltd.(佐藤隆三・大住栄治訳(1976)『現代経済成長理論』勁草書房).
[22] Cass, D. (1965), "Optimum Growth in an Aggregate Model of Capital Accumulation," *Review of Ecnomic Studies* 32, 233-240.
[23] Cass, D., and K. Shell (1976), "The Structure and Stability of Competitive Dynamic Systems," *Journal of Economic Theory* 12, 31-70.
[24] Clark, C. W. (1971), "Economically Optimal Policies for the Utilization of Biologically Renewable Resources," *Mathematical Biosciences* 17, 245-268.
[25] Collet, P., and J. -P. Eckmann (1980), *Interated Maps on the Interval as Dynamical Systems*, Boston: Birkhäuser.
[26] Day, R., and T. Y. Lin (1992), "An Adaptive, Neoclassical Model of Growth Fluctuations," in A. Vercelli and N. Dimitri eds., *Macroeconomics: A Survey of Research Strategies*, Oxford; New York: Oxford University Press.
[27] Day, R., and G. Pianigiani (1991), "Statistical Dynamics and Economics," *Journal of Economic Behavior and Organization* 16, 37-83.
[28] Dechert, W. D., and K. Nishimura (1980), "A Note on Optimal Growth with a Convex-Concave Producion Function," Working Paper, University of Southern California.
[29] Dechert, W. D., and K. Nishimura (1983), "A Complete Characterization of Optimal Growth Paths in an Aggregated Model with a Non-Concave Production Function," *Journal of Economic Theory* 31, 332-354.
[30] Deneckere, R., and S. Pelikan (1986), "Competitive Chaos," *Journal of Economic Theory* 40, 13-25.
[31] Gale, D. (1967), "On Optimal Development in a Multi-Sector Economy," *Review of Economic Studies* 34, 1-18.
[32] Grandmont, J. -M. (1986), "Periodic and Aperiodic Behavior in Discrete One-Dimensional Dynamical systems," in W. Hildenbrand and A. Mas Collel eds., *Contributions to Mathematical Economics*, New York: Elsevier Science

関連図書——311

Publishers (North-Holland).
[33] Guckenheimer, J., and P. Holmes (1983), *Nonlinear Oscillations, Dynamical Systems, and Bifurcations of Vector Fields*, New York: Springer-Verlag.
[34] Halmos, P. (1950), *Measure Theory*, New York: Springer-Verlag.
[35] Ito, S., S. Tanaka, and H. Nakada (1979), "On Unimodal Linear Transformations and Chaos I, II," *Tokyo Journal of Mathematics* 2, 221-239, 241-259.
[36] Khang, C., and Y. Uekawa (1973), "The Production Possiblity Set in a Model Allowing Interindustry Flows," *Journal of International Economics*, vol.3, 283-290.
[37] Koopmans, T. (1965), "On the Concept of Optimal Economic Growth," in *Pontificiae Academiae Scientiarum Scripta Varia*, No.28, Amsterdam: North-Holland.
[38] Lasota, A., and M. Mackey (1985), *Probabilistic Properties of Deterministic Systems*, Cambridge (UK): Cambridge University Press.
[39] Lasota, A., and J. A. Yorke (1973), "On the Existence of Invariant Measures for Piecewise Monotonic Transformations," *Transactions of the American Mathematical Society* 186, 481-488.
[40] Li, T., and J. A. Yorke (1975), "Period Three Implies Chaos," *American Mathematical Monthly* 82, 985-992.
[41] Li, T., and J. A. Yorke (1978), "Ergodic Transformations from an Interval into Itself," *Transactions of the American Mathematical Society* 235, 183-192.
[42] Loève, M. (1977), *Probability Theory* I, New York: Springer-Verlag.
[43] Long, N. V., K. Nishimura, and K. Shimomura (1997), "Endogenous Growth, Trade and Specialization under Variable Returns to Scale: The Case of a Small Open Economy," in B. Jensen and K. Wong eds., *Dynamics, Economic Growth and International Trade*, Ann Arbor: University of Michigan Press.
[44] Majumdar, M., and T. Mitra (1983), "Dynamic Optimization with a Nonconvex Technology: The Case of a Linear Objective Function," *Review of Economic Studies* 50, 143-152.
[45] Majumdar, M., and M. Nermuth (1982), "Dynamic Optimization in Nonconvex Models with Irreversible Investment: Monotonicity and Turnpike Results," *Zeitschrift für Nationalökonomie* 42, No.4, 339-362.
[46] McKenzie, L. (1976), "Turnpike Theory," *Econometrica* 44, 841-865.
[47] McKenzie, L. (1982), "A Primal Route to the Turnpike and Lyapunov Stability," *Journal of Economic Theory* 27, 194-209.
[48] McKenzie, L. (1983), "Turnpike Theory, Discounted Utility, and the von Neumann Facet," *Journal of Economic Theory* 30, 330-352.
[49] McKenzie, L. (1986), "Optimal Economic Growth, Turnpike Theorems and Comparative Dynamics," in K. Arrow and M. Intriligator, eds., *Handbook of Mathematical Economics*, Vol III, Amsterdam: North-Holland, 1281-1355.
[50] Milnor, J. (1965), *Topology from the Differentiable Viewpoint*, Charlottesville: The University Press of Virginia.

[51] Mitra, T. (1996), "An Exact Discount Factor Restriction for Period-Three Cycles in Dynamic Optimization Models," *Journal of Economic Theory* 69, 281-305.
[52] Mitra, T., and K. Nishimura (2001), "Discounting and Long-Run Behavior: Global Bifurcation Analysis of a Family of Dynamical Systems," *Journal of Economic Theory* 96, 256-293.
[53] Mitra, T., and D. Ray (1984), "Dynamic Optimization on a Non-Convex Feasible Set: Some General Results for Non-Smooth Technologies," *Zeitschrift für Nationalökonomie* 44, 151-175.
[54] Mitra, T., and G. Sorger (1999), "Rationalizing Policy Functions by Dynamic Optimization," *Econometrica* 67, 375-392.
[55] Negishi, T. (1960), "Welfare Economics and Existence of an Equilibrium for Competitive Economy," *Metroeconomica* 12, 92-97.
[56] Nikaido, F. (1975), "Factor Substitution and Harrod's Knife-Edge," *Zeitschrift für Nationalökonomie* 35, 149-154.
[57] Nishimura, K. (1978), "A Further Remark on the Number of the Equilibria of an Economy," *International Economic Review* 19, 679-685.
[58] Nishimura, K., G. Sorger, and M. Yano (1994), "Ergodic Chaos in Optimal Growth Models with Low Discount Rates," *Economic Theory* 4, 705-717.
[59] Nishimura, K., and M. Yano (1994a), "Optimal Chaos, Nonlinearity and Feasibility Conditions," *Economic Theory* 4, 684-704.
[60] Nishimura, K., and M. Yano (1994b), "Durable Capital and Chaos in Competitive Business Cycles," *Journal of Economic Behavior and Organization* 27, 165-181.
[61] Nishimura, K., and M. Yano (1995a), "Nonlinear Dynamics and Chaos in Optimal Growth: An Example," *Econometrica* 63, 981-1001.
[62] Nishimura, K., and M. Yano (1995b), "Non-linearity and Business Cycles in a Two-sector Equilibrium Model: An Example with Cobb-Douglas Production Functions," in Toru Maruyama and Wataru Takahashi eds., *Nonlinear and Convex Analysis in Economic Theory* (Lecture Notes in Economics and Mathematical Systems, 149), Berlin; New York: Springer-Verlag.
[63] Nishimura, K., and M. Yano (1996a), "On the Least Upper Bound of Discount Factors That Are Compatible with Optimal Period-Three Cycles," *Journal of Economic Theory* 69, 306-333.
[64] Nishimura, K., and M. Yano (1996b), "Chaotic Solutions in Dynamic Linear Programming," *Chaos, Solitons and Fractals* 7, 1941-1953.
[65] Phelps, E. S. (1961), "The Golden Rule of Accumulation: A Fable for Growthmen," *American Economic Review* 51, 638-643.
[66] Robinson, J. (1962), "A Neo-classical Theorem," *Review of Economic Studies* 29, 219-226.
[67] Samuelson, P. (1973), "Optimality of Profit-including Price under Ideal Planning," *Proceedings of the National Academy of Sciences of the United States of America* 70, 2109-2111.

[68] Sarkovskii, A. N. (1964), "Coexistence of Cycles of a Continuous Map of the Line into Itself," *Ukr. Mat. Z.* 16, 61-71.
[69] Scheinkman, J. (1976), "On Optimal Steady State of n-Sector Growth Models when Utility is Discounted," *Journal of Economic Theory* 12, 11-20.
[70] Skiba, A. K. (1978), "Optimal Growth with a Convex-Concave Production Function," *Econometrica* 46, 527-540.
[71] Solow, R. M. (1956), "A Contribution to the Theory of Economic Growth," *Quarterly Journal of Economics*, LXX, 1, 65-94.
[72] Sutherland, W. A. (1970), "On Optimal Development in Multi-Sectoral Economy: The Discounted Case," *Review of Economic Studies* 37, 585-589.
[73] Swan, T. W. (1963), "Of Golden Ages and Production Functions," in K.E. Berrill ed., *Economic Development with Special Reference to East Asia*, London: Macmillan.
[74] Topkis, D. (1978), "Minimizing a Submodular Function on a Lattice," *Operations Research* 26, 305-321.
[75] Varian, H. R. (1984), *Microeconomic Analysis*, second edition, New York: W. W. Norton(佐藤隆三・三野和雄訳(1986)『ミクロ経済分析』勁草書房).
[76] Wiggins, S. (1990), *Introduction to Applied Nonlinear Dynamical Systems and Chaos*, New York; Tokyo: Springer-Verlag(丹羽敏雄監訳(1992)『非線形の力学系とカオス』上・下, シュプリンガー・フェアラーク東京).
[77] Yano, M. (1984), "The Turnpike of Dynamic General Equilibrium Paths and Its Insensitivity to Initial Conditions," *Journal of Mathematical Economics* 13, 235-254.
[78] Yano, M. (1990), "Teoria del Equilibrio con Sendas Convertentes," *Curadernos Economicos* 46, 27-59.
[79] Yano, M. (1991), "Temporary Transfers in a Simple Dynamic General Equilibrium Model," *Journal of Economic Theory* 54, 372-388.
[80] Yano, M. (1993), "Dual Characterization of the Bellman Principle, the Differentiability of a Value Function and Support Prices," mimeo.
[81] Yano, M. (1998), "On the Dual Stability of a von Neumann Facet and the Inefficacy of Temporary Fiscal Policy," *Econometrica* 66, 427-451.
[82] 伊藤清三(1963)『ルベーグ積分入門』裳華房.
[83] 宇沢弘文(1990)『経済解析 基礎篇』岩波書店.
[84] 高木貞治(1961)『解析概論』改訂3版, 岩波書店.
[85] 戸瀬信之(2005)『コア・テキスト経済数学』新世社.
[86] 西村和雄(1982)『経済数学早わかり』日本評論社.
[87] 西村和雄(1990)『ミクロ経済学』東洋経済新報社.

索　引

人名索引

Amir, R.　234n
Atsumi, H.　104
Baba, Y.　223
Barro, R.　39n, 73, 75n
Becker, R.　81
Bellman, R. E.　47, 90
Benhabib, J.　172n, 173n, 181n, 183n, 185n, 186n, 232, 234, 244n, 259n, 262n, 264n, 288n
Beneveniste, L.　97, 98n
Bewley, T.　81
Billingsley, P.　214n
Birkhoff, G.　214
Boldrin, M.　238, 243, 251, 270, 271n, 272
Brock, W. A.　41n, 112
Cass, D.　37n, 42n, 57, 112
Clark, C. W.　298n
Collet, P.　201n, 224n
Day, R.　251
Dechert, W. D.　70n, 173n, 232, 300n
Deneckere, R.　236, 243, 251, 253, 271n, 272
Dimitri, N.　251n
Eckmann, J. -P.　201n, 224n
Friedman, M.　73
Gale, D.　104
Grandmont, J. -M.　201n, 224n
Guckenheimer, J.　152n
Hildenbrand, W.　201n
Holmes, P.　152n
Ito, S.　222n
Keynes, J. M.　17
Khang, C.　7n
Koopmans, T.　37n, 42n, 57

Kubo, I.　223
Lasota, A.　219
Li, T.　209, 210, 211, 219
Lin, T. Y.　251
Loève, M.　213n
Majumdar, M.　298n, 300n
Maruyama, T.　265n
Mas Collel, A.　201n
McKenzie, L.　87, 110, 111, 112n, 179n
Milnor, J.　183n
Mirman, L. J.　234n
Mitra, T.　187n, 239, 286, 298n, 300n
Montrucchio, L.　238, 243, 271
Nakada, H.　222n
Nermuth, M.　300n
Nikaido, F.　22n
Pelikan, S.　236, 243, 253
Perkins, W. R.　234n
Phelps, E. S.　24n
Ray, D.　300n
Robinson, J.　24n
Samuelson, P.　179n, 186
Sarkovskii, A. N.　205, 211
Scheinkman, J.　97, 98n, 112
Shell, K.　112
Solow, R. M.　17, 18n
Sorger, G.　239, 286
Sutherland, W. A.　186
Swan, T. W.　24n
Takahashi, W.　265n
Takahashi, Y.　223
Tanaka, S.　222n
Topkis, D.　234n, 235n
Varian, H. R.　9n, 259n
Venditti, A.　288n

Vercelli, A.　251n
von Neumann, J.　214
Weitzman, M.　179n
Wiggins, S.　152n
Yorke, J. A.　209, 210, 211, 219

佐藤隆三　259n
高木貞治　100n
西村和雄　9n, 35n, 70n, 122n, 140n,
　　172n, 173n, 181n, 183n, 185n, 186n,
　　187n, 232, 234, 244, 251, 259n,
　　262n, 264n, 265n, 275, 286, 288n,
　　300n
丹羽敏雄　152n
根岸隆　79
三野和雄　259n
矢野誠　41n, 73, 81, 82, 98, 110, 244,
　　251, 265n, 275, 286

事項索引

欧　文

CES 関数　8
Jensen の不等式　302
ℓ 次同次　3n
S 字型生産関数　297
$\sigma-$ 加法的測度　216

あ　行

鞍状結節分岐　153, 154
安定多様体　138
鞍点　68, 140
遺産　38
位相図　129, 136
位相的カオス　210, 243
1 次同次関数　3
一様有界　115
一般解　27
一般固有ベクトル　35
陰関数定理　153
エルゴード・カオス　216, 273
エルゴード定理　214
エルゴード的　214
オイラー条件　88
オイラーの定理　10, 259n
オイラー方程式　63, 97
凹関数　5
黄金律　23
黄金律成長経路　23
横断性条件　45n, 65, 96

か　行

外部効果(外部性)　83, 287, 288
カオス　151, 201
拡大可能点　103
拡大的　219
攪拌集合　210
確率空間　213
可算集合　209
可測関数　212
価値関数　46, 101, 133
価値評価関数　46
下半連続　122
下方定常解　299
加法的な効用関数　15
観察不可能　212
完全不安定　140
完全予見　37
帰属価値　79
軌道　88, 202
規模の経済性　287
既約型効用関数　83
逆向きの帰納法　52
逆問題　236
極限軌道　116
局所的安定性　68, 100
局所的に安定　25
許容関数　131
許容軌道　131
均衡経路　291
均衡国内総生産　19

索　引——317

均衡の不決定性　295
近傍ターンパイク定理　111
クーン=タッカーの定理　247
熊手型分岐　153, 158
　　下方臨界的——　160
　　上方臨界的——　158
経常価格　48
限界代替率　13
減価償却率　12
現在価格　39
現在価値　39
交叉安定性分岐　153, 155, 156
恒常所得仮説　73
効用関数　13
国民所得　19
コブ・ダグラス型　8
固有値　34
固有ベクトル　34

さ　行

再生可能資源モデル　298
最大値原理　147
最適軌道　88
最適制御問題　131
最適性原理　47, 89
最適成長モデル　41
最適動学関数　61
サザーランド・モデル　194
差分　24
差分方程式　24
サポート　215
サポート価格　101
時間選好率　13
指数　183n
実現可能経路　42
実行可能集合　101
実行可能な軌道　88
実物利子　49
私的見地からの生産関数　288
資本の減価償却率　251
社会的見地からの生産関数　289
社会的厚生関数　12, 42
社会的生産関数　84, 266

周期解　152, 202, 206
周期軌道　202
集積点　225n
収束　116
シュワルツ導関数　223
準凹関数　6, 7
準中立性命題　82
状態変数　88, 131
上半連続　122
上方定常解　299
初期値に関する鋭敏な依存性　217
自律系　27, 90
自律的　57
新古典派生産関数　18
新古典派成長モデル　18
斉一成長解　20, 48
斉一成長経路　48
制御変数　131
絶対連続　216
線形近似　99
総損失価値　104
双対価格　101
双対軌道　95, 134
双対ベクトル　91
双対変数　91
測度空間　212
測度保存的　212
測度論　212
損失価値　87, 103
損失価値の一様性　110

た　行

ターンパイク定理　87, 108
大域的安定性　69, 102
大域的漸近安定性　112
対応　122
退化行列　260
対角行列　261n
対角線論法　117
代替の弾力性　8n
多数消費者　81
単峰写像　220
単峰的　223

中間値の定理　205
超安定的　230
長期均衡　48
長期均衡経路　48
超モジュール性　234
直交行列　261n
定常解　48, 98
定常軌道　98
定常経路　48
テント写像　202
動学関数　57
動学的一般均衡解　41
桃源郷の不可能性　3, 34
等産出量曲線　5
同次系　27
等量曲線　5
特殊解　27
特性解　30, 34
特性関数　214
特性方程式　30, 34

な 行

内部軌道　94, 173
2 部門モデル　257

は 行

倍周期分岐　161
　下方臨界的——　163
　上方臨界的——　163
ハミルトニアン　146, 148
バローの中立性命題　75
ハロッド＝ドーマー・モデル　22
汎関数　132
非可算集合　209
非正定符号行列　261n
非線形動学　201
非同次系　27
評価関数　46, 89
ファイゲンバウム数　228
不安定多様体　139
フォン・ノイマン・ファセット　103
双子の赤字　78
縁付きヘッセ行列式　258

負値定符号　112
不動点　182
部分数列　106
不変集合　221
不変測度　212
不変閉曲線　167
フリップ分岐　161
　下方臨界的——　163
　上方臨界的——　163
分岐　151, 152
分岐図　154
分岐値　152
分岐点　152
ヘッセ行列　112
変関数　132
変分法　129, 132
変分問題　132
ポアンカレの再帰定理　213
包絡線の定理　259
補助関数　27
ホップ＝ミルナーの定理　183
ホップ分岐　153, 166
　下方臨界的——　168
　上方臨界的——　168
ホップ分岐定理　168
ホモトピー　183n

ま 行

窓　229
無差別曲線　13

や 行

ヤコビ行列　166
ヤングの定理　100
要素集約度　262
要素集約度の逆転　266

ら 行

リアプノフ指数　217, 218
リー＝ヨークの定理　249
リカード同等性　73
利子　49
利子率　49

リプシッツ連続　239
ルベーグ測度　212
レオンチェフ型　3n, 8
歴史の非遡行性　201
劣モジュール性　235
連続　216
連続の濃度　210
連続無限集合　210

連立差分方程式　33
ロジスティック写像　207
ロピタルの定理　32n

わ　行

ワイツマン＝サミュエルソン　186, 270
割引因子　39
割引現在価値　39, 42

西村和雄

1946年生まれ．70年東京大学卒．アメリカ・ロチェスター大学でPh. D.取得．東京都立大学，南カルフォルニア大学を経て，87年より京都大学経済研究所教授，現在同所長．専攻は数理経済学．主な著書に『ミクロ経済学入門 第2版』(岩波書店，1995年)，『ミクロ経済学(現代経済学入門)第2版』(同，2001年)がある．

矢野 誠

1952年生まれ．77年東京大学卒．アメリカ・ロチェスター大学でPh. D.取得．コーネル大学，ラトガース大学，横浜国立大学，慶應義塾大学を経て，2007年より京都大学経済研究所教授．専攻は数理経済学．主な著書に『ミクロ経済学の基礎』『ミクロ経済学の応用』(岩波書店，2001年)がある．

マクロ経済動学

2007年9月27日　第1刷発行

著　者　西村和雄　矢野　誠

発行者　山口昭男

発行所　株式会社　岩波書店
〒101-8002 東京都千代田区一ツ橋2-5-5
電話案内 03-5210-4000
http://www.iwanami.co.jp/

印刷・法令印刷　カバー印刷・NPC　製本・松岳社

Ⓒ Kazuo Nishimura and Makoto Yano 2007
ISBN 978-4-00-024804-4　　Printed in Japan

Ⓡ〈日本複写権センター委託出版物〉本書の無断複写は，著作権法上での例外を除き，禁じられています．本書からの複写は，日本複写権センター(03-3401-2382)の許諾を得て下さい．

ミクロ経済学入門 第2版	西村和雄	A5判 472頁 定価 3255円

【現代経済学入門】

ミクロ経済学 第2版	西村和雄	A5判 284頁 定価 2940円
ミクロ経済学の基礎	矢野 誠	A5判 414頁 定価 2940円
ミクロ経済学の応用	矢野 誠	A5判 454頁 定価 3360円

【一橋大学経済研究叢書 54】

マクロ経済分析とサーベイデータ	加納 悟	A5判 238頁 定価 5145円

──── 岩波書店刊 ────

定価は消費税 5% 込です
2007年9月現在